행복을 위한
축복의 아이콘

행복을 위한 축복의 아이콘

초판 1쇄 발행 2020년 5월 4일

지은이 이영철
펴낸이 장길수
펴낸곳 지식과감성#
출판등록 제2012-000081호

디자인 이현
편집 이현
교정 김혜련
마케팅 고은빛

주소 서울시 금천구 벚꽃로298 대륭포스트타워6차 1212호
전화 070-4651-3730~4
팩스 070-4325-7006
이메일 ksbookup@naver.com
홈페이지 www.knsbookup.com

◆ 저자 연락처
수원시 장안구 송죽동 444-2번지
수원 온누리교회   Tel. 031-246-1416

ISBN 979-11-6552-147-9(04230)
값 12,000원

ⓒ 이영철 2020 Printed in Korea

잘못된 책은 구입하신 곳에서 바꾸어 드립니다.
이 책의 전부 또는 일부 내용을 재사용하려면 사전에 저작권자와 펴낸곳의 동의를 받아야 합니다.

이 도서의 국립중앙도서관 출판예정도서목록(CIP)은 서지정보유통지원시스템
홈페이지(http://seoji.nl.go.kr)와 국가자료공동목록시스템(http://www.nl.go.kr/kolisnet)에서
이용하실 수 있습니다. (CIP제어번호 : CIP2020017964)

홈페이지 바로가기

프롤로그

　요즘 우리 젊은이들은 불투명한 미래 때문에 불안해한다. 청춘을 몽땅 던져서 젊음을 불태우며 목숨을 걸고 공부해서 대학에 들어왔다. 그런데 청춘을 노래하거나 즐겨 볼 사이도 없이 취업 때문에 목숨을 걸고 또다시 뛰어야 한다. 자격증이나 스펙 쌓기에 남들보다 더 많이 노력함에도 불구하고 얻고 싶은 것을 얻지 못하는 현실에 부딪친 수많은 청년들이 삶의 노래와 춤을 잃어버렸다. 가장 열정적으로 삶을 노래하며 춤을 추어야 할 청년들이 춤을 잃어버린 것은 그들의 삶의 의미와 목적을 잃어버렸다는 것이다.
　그러나 여기 하나님을 만난 인생은 추어야 할 춤이 있다. 다윗은 하나님 앞에 막춤을 추어야 할 분명한 이유가 있었던 사람이다. 다윗은 자신의 인생의 의미와 가치를 발견하고, 하나님 앞에서 자신의 삶의 이유와 목적을 분명히 발견한 사람이다. 그래서 모든 것을 던져서 행복에 겨워 춤을 추었던 것이다. 그렇다, 인생의 진정한 의미와 목적을 하나님 앞에서 발견한다면 그것이 말춤이 되었건, 막춤이 되었건, 떼춤이 되었건 상관없다. 하나님 앞에 인생의 의미를 발견하고 추는 춤사위는 모두 아름다운 것이다.
　오늘 예수 그리스도를 믿고 홍해를 건넌 우리에게도 그렇다. 우리에게 생명을 던져 흔들 수 있는 깃발이 있어서 좋다. 청년들은 그들의 모든 생을 던져서 다윗처럼 막춤을 추어도 지치지 않는 깃발이 있어서 행복하다. 그 깃발은 바로 진리 되신 예수 그리스도다.
"예수께서 가라사대 내가 곧 길이요. 진리요 생명이니…"(요14:6)
예수 그리스도는 누구에게나 인생의 길이다. 예수를 따라가면 결국 어떤 인생이든 성공할 수 있다. 그분은 우리 모든 생을 던져도 결코 후회하지 않을 깃발이다. 어떤 인생이든지 진리 되신 주님을 만나면 꿈같은 일들이 일어난다. 세상에서 실패한 인생, 버려진 인생, 포기한 인생, 낙인찍힌 인생, 어떤 인생이든지 주님은 우리 인생의 길이 되어 주신다. 그래서 누구든지 주님을 만나면 인생의 진정한 축복이 시작된다. 인생의 고난, 가난, 저주, 상처, 고통도 홍해를 건넌 사람에게는 예수님 때문에 '축복의 아이콘'이 될 수 있다.

이 책은 부족하지만 홍해를 건넌 나를 하나님께서 진리로 훈련하시고 학습시킨 것을 온몸으로 경험한 나의 이야기다. 한시대 목사 이전에 허물 많은 평범한 인간으로서 하나님의 큰 사랑을 깨닫고 보니, 가난은 저주가 아니라 '축복의 아이콘'이 되었다. 고난은 저주가 아니라 축복의 아이콘이 되었다. 진리를 반복해서 살아본 결과 내 개인의 인생뿐만 아니라 어렵고 힘들었던 목회사역에도 꿈같은 일들이 일어났다.

오늘날 홍해를 건넌 사람들 가운데 복음과 삶의 현실 속에서 갈등하는 사람들이 많다. 이 책은 광야 같은 세상에서 현실적으로 부딪치는 어렵고 힘든 경제적인 문제와 환경문제를 복음으로 어떻게 승리할 수 있었는가를 생생하게 나의 삶 속에서 건져 올린 이야기들이다.

홍해를 건넌 사람들에게 주어진 가난과 고난이 어떻게 행복을 위한 축복의 아이콘이 되었는지 틈틈이 메모했던 것을 이번에 정리하게 되었다. 물론 필력도 없고 글을 쓰기에는 턱없이 부족하기 짝이 없다. 그러나 하나님께서 우리를 교육하시는 방법은 어느 시대나 같다고 생각한다. '축복의 아이콘'이라는 책을 통해서 이 시대 우리에게 고난과 가난을 통해서 말씀하시는 성령님의 세미한 음성을 경험할 수 있기를 바란다.

언제나 묵묵히 기도하며 동역해 준 사랑하는 아내와 에스더, 에스라에게 감사하는 마음을 전하고 싶다. 또 부족한 주의 종을 위해 항상 기도해 주시고 격려해 주시는 수원 온누리교회 사랑하는 성도님들에게 감사를 드린다.

그리고 원고를 단숨에 읽고 교정해 주신 임혜은 집사님과 김경임 집사님께 감사를 드린다. 그리고 늘 직접 오셔서 격려해 주신 보이스사 권장로님과 매번 편집에 수고해 주시는 실장님께 감사를 드린다.

20년 동안 부족함이 많은 주의 종을 위해 늘 기도해 주시고 목회에 온 힘을 다해 동역해 주신 보석 같은 셀 리더들, 교구장님들, 교회 중직자들과 중보사역자들, 수원 온누리교회를 섬기는 모든 성도님들 한 분 한 분에게 깊은 감사를 드린다.

하나님께 이 모든 영광을 돌린다.

2014년 2월 10일
His Gardon에서 이영철 목사

추천의 글

　이영철 목사님의 저서 《축복의 아이콘》이 오늘 이 시대에 발간됨은 하나님의 큰 은혜요, 오늘을 사는 우리들에게는 축복된 길로 인도하는 통로가 될 것이라 믿습니다.
　그 시대에 따라 하나님은 선지자를 보내시어 그 종들을 통하여 하나님의 뜻을 이 땅에 완성하셨습니다. 이 시대에도 하나님의 뜻을 이룰, 하나님의 진리에 맞는 축복의 아이콘이 필요한 시대라는 생각이 듭니다.

　이영철 목사님을 합동측 한성노회에서 만났는데 부족한 나에게 신앙 간증을 요청하시기에 4번의 간증 집회를 하게 되었습니다. 그때 목사님의 겸손한 인품에 큰 감동을 받았습니다.
　매일 기도하며 하나님과 친밀하게 동행하시는 목사님의 생활을 볼 때 내 자신이 한없이 부끄럽게 느껴졌습니다.
　목사님에게 개척 20년 동안 누구에게나 따르는 물질적인 가난과 고난이 가장 견디기 힘든 시련이었을 것입니다. 하지만 하나님의 연단임을 알고 더욱더 무릎을 세워 기도로 하나님의 축복의 아이콘을 클릭하여 먼 앞날을 바라보며 오늘의 축복의 꿈을 응답 받으신 줄 압니다.
　기도와 말씀으로 다져진 그의 인품은 언제나 한결같이 넉넉하고 따뜻하여 많은 선교사들을 위해 기도와 넘치는 헌금으로 돕고 있습니다. 또한 교우들을 말씀과 실천적인 사랑으로 감싸주면서 불치의 병에 시달리는 성도들을 위하여 밤이 새도록 땀을 흘리며 기도하시는 그 기도는 하나님의 축복의 기도요, 치유의 능력의 기도이기에 응답의 문이 열렸으리라 믿습니다.

새로운 삶의 세계를 열어준 수원 온누리교회 이영철 목사님 그의 겸손함으로 온 교우와 이웃들을 사랑으로 내 몸같이 감싸는 이 시대에 사명으로 선택받은 목사님이심을 그의 생활을 통하여 느낍니다.

2013년 6월 10일 보이스사에서《축복의 지경을 넓히라》책을 저술하여 큰 은혜의 말씀을 전하였던 목사님이 이제는《축복의 아이콘》이라는 새로운 비전의 책을 저술하였습니다.

목사님의 용기와 말씀 앞에서 최선을 다하시는 그의 생활에 숨겨진 아이콘을 보고 한없는 은혜와 감동 속에 감히 추천의 글을 쓰게 됨이 큰 영광이요, 우리 생활에 꼭 필요한 축복의 아이콘이 될 것 같습니다.

말씀에 굶주리고 신앙생활에 방황하는 성도님들에게 꼭 필요한 아이콘이 되리라 확신하며 추천하고 싶습니다.

하나님의 사역자로 목회사역 중에 기도와 고통의 문제들이 다가온다면 하나님의 축복의 아이콘을 클릭하세요.

신앙생활에 어려운 문제나 기도의 제목을 놓고 기도의 응답을 갈망하시는 성도님들이 계신다면 축복의 아이콘을 클릭하세요. 기도의 문이 열릴 것입니다.

  이영철 목사님이 영의 눈으로 살아온 응답 속에서 얻은 하나님의 축복의 교훈을 생생하게 저술한 책《축복의 아이콘》을 추천하여 드립니다.

장암교회 **장윤근** 장로

추천의 글

고난이 유익이라… 내가 즐겨 부르면서 주님의 위로와 격려를 받고 있는 복음송이 있습니다.

"네 짐이 무겁고 힘이 드냐? 주를 보라.
고난이 유익이라 주님 말씀하시네.
너의 가는 그 길을 오직 주가 아나니
너를 단련하신 후에는 네가 정금같이 나오리
오늘의 아픔은 내일의 소망이요
쓰라린 아픔 뒤에 축복이 있다네."

내가 처음 이영철 목사님을 만난 것은 예수제자훈련(DTS)의 현장이었습니다.

처음 뵈었을 때 그 얼굴이 해같이 빛이 나고 미소 띤 밝은 모습이라서 목사님은 참 목회를 평안하고 순탄하게 잘하고 계신 분이로구나 단순하게 생각했습니다.

기도를 많이 하시는 목사님, 말씀에 깊은 영감을 가지고 목회하시는 목사님이시구나 생각했습니다.

대하기가 평안하였고 겸손하신 분, 항상 말이 아닌 모습으로 친근감을 주시는 분, 본받고 싶었던 분으로 기억되는 목사님입니다. 그렇게 알게 된 목사님께서 목회하시는 수원 온누리교회를 방문한 저에게 《축복의 아이콘》이라는 책의 원고를 주셨습니다. 아내와 함께 집으로 오는 길에 아내가 원고를 읽기 시작하였습니다. 한 참을 소리 내어 읽어 내려가던 아내의 목소리가 작아지기 시작하더니 한참을 멈추었는데, 목이 메어 소리를 내지 못하고 눈으로 읽어가다가 이제는 눈물이 주체 없이 흘러나와 눈으로도 읽지를 못하는 것 같았습니다.

마음을 진정하고 다시 읽어가다가 얼마 안 가서 다시 그러기를 반복합니다. 도대체 어떤 내용이기에 그렇게 목이 메이고 눈물이 나서 그랬을까? 궁금해하며 읽기 시작한 내게도 동일한 증상이 나타나기 시작하였습니다. 마음이 울컥, 목이 메어왔습니다. 코끝이 찡해집니다, 눈물이 주르륵 흘러내렸습니다. 내용이 공부하고 연구해서 쓰신 책이 아니라 믿음으로 살아내신 삶을 기록하신 책이었습니다. 하나님 아버지와 함께 동행하면서 광야를 통과하고, 험난한 고지를 점령하며, 사망의 음침한 골짜기를 통과하여, 정금처럼 연단되어진 건강한 그리스도인의 삶의 실재가 기록되었습니다.

특히 목회자로 부름 받은 사명의 길에서 통과해야 했던 쓰리고 아팠던 험한 골짜기… 견뎌내기 힘겨워하며 주님 앞에 무릎으로 도전해 갔던 추웠던 시절들… 개척자로 굳은 땅을 파야 하고 가시와 엉겅퀴로 덮여 있는 삼림을 개간하며 경작하여 옥토를 만들어 가는 과정에서 경험했던 수많은 추억들이 기록되어 은혜로 다가옵니다.

사망의 골짜기를 통과할 때면 여지없이 기다리셨다가 등장하시는 주님의 따뜻한 손길, 주님께서 함께 고난을 통과하셨던 발자취를 알게 하셔서 아버지 앞에 감격하며 감사의 눈물을 쏟아내게 하셨던 따뜻함을 생각나게 하고 나를 향한 아버지 마음을 알게 합니다.

 이영철 목사님이 주님의 부르심을 받고 십자가의 길을 걸어가신 길, 그 길은 고난의 길이었지만 한편 그 길은 축복으로 연결된 통로를 지나온 길이었습니다.
 추운 시절에 따뜻함을 경험하며 더욱 아버지 집을 견고하게 세워갈 수 있었던 단련의 시간들이었습니다. 이영철 목사님이 살아온 삶의 현장에서 역사하셨던 주님은 오늘 이 시대의 그리스도인들이 걸어가는 길에도 항상 동행하시며 고난의 유익함을 경험하게 하십니다.
 《축복의 아이콘》이란 책에서 우리는 희망을 얻게 될 것입니다. 주님께서 공급하시는 힘을 얻어 고난을 통과하는 돌파력을 행사하게 될 것입니다. 이 책을 읽으면서 우리는 그리스도인의 건강한 삶을 배우게 될 것입니다.
 오늘의 부요한 그리스도인에게 한 가지 1% 부족한 것이 있다면 하나님의 말씀이 그리스도인의 삶에서 실재가 되지 못하고 있다는 것입니다. 세상적이고 육체적인 것들이 주인으로 내 안에 좌정하고 있습니다. 그래서 주인님이 주님이 아니고 말씀이 나를 이끌지 못합니다.
 풍성하게 선포되는 말씀, 홍수처럼 밀려오는 여러 방법들, 태산처럼 쌓여 있는 기독 서적들.
 그럼에도 말씀이 삶에 영향을 주지 못하는 것은 1%의 부족함이다 된 것 같은 99%를 조정하며 결박하고 있기 때문입니다. 살아내지 못하는 말씀은 아무런 변화를 기대할 수 없지요.

살아내지 못하는 말씀은 열매를 기대할 수 없고 진정한 부흥을 이룰 수 없습니다.

이러한 때에 이영철 목사님의 축복의 아이콘은 그리스도인의 삶을 다시 깨우고 진단하여, 새롭게 하는 경종이 될 것입니다. 축복의 통로로 이끌어 통과하게 하는 아이콘이 될 것입니다. 분명 축복의 아이콘을 읽는 분들마다 자신의 삶을 이끌어가는 새 능력을 얻게 될 것입니다. 그래서 이제는 읽고 듣는 기록된 말씀이 살아내는 말씀이 되게 하여 자신의 삶에 변화를 주고 부흥을 가져오게 하는 영향력을 행사하게 될 것입니다.

내가 바뀌고 변화되어 회복이 되면 나로 인하여 내 가정이 변화되고 회복을 이루게 됩니다. 나아가 이웃과 지역 세상을 바꾸고 새롭게 회복해 가는 축복의 아이콘이 될 것입니다.

나의 믿음을 시험하여 확증하게 할 '축복의 아이콘' 이 책을 적극 추천합니다.

목회자DTS 학교장 **김형중** 목사

추천의 글

이 책은 저자의 인생 여정에서 하나님이 고난을 통해 어떻게 하나님의 사람으로 세웠는가, 어떻게 성령님과의 깊은 교제를 하도록 인도하였는가, 그리고 어떻게 축복의 통로가 되게 하였는가를 보여주어 가슴 뭉클한 감동을 느끼게 합니다.

고난의 현장에 있는 분들, 성령님과의 깊은 교제를 갈망하는 분들, 복의 통로가 되기를 원하는 모든 분들에게 깊은 은혜와 깨달음을 줄 것입니다.

건양대학교 대학원 치유선교학과 학과장 **김찬기**

CONTENTS

프롤로그 ··· 3
추천의 글 ·· 6

part 1 예비하신 그 길에서

해골 목사 ··· 18
예수가 정말 진리인가? ·· 24
점쟁이와 대결하다 ··· 30
천국을 침노하라 ·· 34
자아를 포기하라 ·· 44
링 밖을 떠나지 마라 ·· 50
선물로 받은 전 재산 ·· 57

part 2 삶 속에서 발견한 하나님의 법칙

깨어진 유리창 ·· 62
십자가 죄 때문이 아니다 ··· 68
갈비에도 품격이 있다 ·· 72
맨땅에 헤딩하기 ·· 77
광야에서 첫 번째 훈련 ·· 82
헌금을 돌려주어라 ··· 86

오직 하나님만 바라보라 ······················· 95
하나님으로 사는 법을 배우다 ·················· 100
복음에 미치다 ································ 106
고난은 본심이 아니다 ························· 111
복음을 영화롭게 하라 ························· 116
복음을 누려라 ································ 123
걱정하지 마라 ································ 128

part 3 하나님이 주시는 또 다른 선물 고난

틀이 깨어지다 ································ 132
철저하게 버려지다 ···························· 136
하나님의 설득 ································ 142
오직 하나님의 긍휼로 ························· 150
금식 후 찾아온 첫 번째 시험 ·················· 155
나를 키우신 하나님 ···························· 158
주님과 춤을 추어라 ···························· 162

part 4 하나님의 영혼에 대한 사랑과 축복

한 영혼과 일천만 원 ··························· 170
하나님의 음성은 지금도 여전하다 ·············· 174
꿈같은 일이 일어난다 ·························· 179
하나님의 주권 ································ 187
예수를 잘 믿어라 ······························ 190

상한 갈대를 꺾지 않는다 ············· 201
교회생활을 잘하라 ················ 208
용서를 구하라 ··················· 212
말씀에 순종하는가? ··············· 216
심고 거두는 법칙을 경험하라 ········ 220
진리를 학습하라 ·················· 225
하나님 도망가지 마세요 ············ 230
나는 영혼을 사랑한다 ·············· 238
주님이신데 어디를 가요? ············ 245
성령의 인도를 따라 ················ 250
하나님 오늘 하루만 더… 기뻐할게요 ··· 256
사랑과 집착 ······················ 261

part 5 꿈, 비전, 행복

행복을 연습하라 ·················· 268
어떻게 행복을 연습할까? ············ 278
내 안의 행복세포 ·················· 288
꿈, 비전, 환상 ···················· 292
독수리 사랑 ······················ 297

책을 마무리하면서 ················ 302

part 1
예비하신 그 길에서

해골 목사
예수가 정말 진리인가?
점쟁이와 대결하다
천국을 침노하라
자아를 포기하라
링 밖을 떠나지 마라
선물로 받은 전 재산

The Icon of Blessing

해골목사

목회자들 가운데 이런 유머가 있다. 아버지가 목사이고, 아들이 대를 이어 목사가 되면 '진골'이다. 아버지가 장로인데 아들이 목사가 되면 '성골'이다. 그런데 불신가정에서 목사가 나오면 '해골'이라고 한다. 나는 복음의 불모지에서 목사가 되었다. 그래서 나의 신분은 해골 목사인 것이다.

하나님이 나를 부르셨다. 정말 가슴 설레이는 일이다. 모래알 같은 수많은 인생 가운데 하나님이 나를 부르신 것이다. 이것은 마치 많은 무수리들 가운데 왕의 눈에 든 무수리가 하룻밤 왕의 성은을 입으면 신분이 달라진 것과 같다. 희빈, 창빈, 경빈, 인빈, 순빈, 정빈, 온빈, 안빈, 숙빈, 명빈, 영빈, 의빈, 수빈, 원빈, 화빈이 되는 것처럼 내 인생에도 이처럼 신분이 바뀌고 역전이 될 수 있는 기회가 주어진 것이다.

내가 목사가 되기 전에 하나님께서는 많은 영광을 보여주시면서 부르셨다. 그래서 주님의 부르심에 갈등하거나 후회하고 싶지 않았다. 주님을 따르는 길은 주님이 가셨던 좁고 협착한 십자가의 길을 가는 것이다. 인생으로서는 최고의 영광스러운 길이요. 가장 가치 있는 삶이다. 십자가의 길은 이 땅에서는 험한 길이지만 하늘에는 큰 영광이 되는 축복된 길이다.

나의 젊은 날의 영적인 멘토는 우리 교회 집사님이셨다. 언제나 교회에 나가면 하루 일과를 마친 남자 집사님들이 하나님 나라의 비전을 이야기하면서 신령한 떡을 떼며 기도하는 믿음의 사람들이셨다. 매일 밤 기도하던 때 일이다. 내가 교회에서 어슬렁거리면, 집사님들은 나를 불러 함께 기도했다. 한번은 하나님 앞에 은혜를 입은 집사님과 함께 기도를 하는데 하늘 문이 열렸다. 천상에 수많은 천군 천사들 앞에 성경책이 펼쳐져 있었고 비둘기 같은 성령이 임하는 가운데 저 멀리 지평선에서 큰 십자가가 둥실 떠왔다. 십자가는 점점 가까이 오더니 기도하는 우리를 한 바퀴 선회했다. 그리고 그 십자가를 아무것도 모르는 어린 나의 등에 지워주셨다. 이런 환상을 보신 집사님은 "형제님 십자가는 이 땅에 고난이지만 하늘에는 큰 영광입니다. 저는 그렇게 사명을 받고 싶었는데 내가 아니라 하나님은 형제님을 부르십니다"라고 말씀하시면서 잘 감당하라고 말씀하셨다.

주님을 따르는 길은 세상적으로 어떤 것도 보장되지 않는 삶이다. 주님을 따르면 주님께서 아파트를 주신다거나 잘 먹고 잘 살게 된다든지 이 땅에서 부자로 만들어 주신다는 약속은 없다. 오히려 이 세상에 부귀와 영화를 버리고 가는 길이다. 오직 예수가 나의 상급이요, 예수가 나의 기업이요, 예수가 나의 후사요, 예수가 나의 참된 가치요, 예수가 나의 최고의 가치이지만 이 땅에선 아무것도 보장된 것이 없다. 오직 예수 그리스도 한 분, 그분을 믿고 그분이 하신 말씀을 믿고 살아야 하는 일이다. 나는 주님 부르시는 일에 행여 따르다가 후회할까 봐 두려웠다. 나는 후회하지 않기 위해 내가 믿는 하나님이 진리인가를 꼭 한 번 확인하고 싶었다. 어떤 일이든 확인하지 않고 도전했다가 도중에 후회하는 일이 적지 않기 때문이다. 주님을 따르겠다던 많은 제자들이 도중에 포기하게 되는 예화가 생각이 난다.

중세 어떤 유명한 수도원에 수도사가 되기 위해 많은 사람들이 입문했다가 얼마 있지 못하고 수도원을 떠나가는 사람들을 보고 한 제자가 원장에게 물었다.

"원장님 왜 사람들이 수도원에 입문하러 왔다가 구도자의 길을 그냥 떠나갈까요?"

그러자 원장님은 한참 동안이나 먼 산등성을 바라보다가 이렇게 대답을 한다. "토끼를 사냥하는 사냥개들이 있네. 개들이 소리를 내면서 우루루 달려가는데 그들 중에는 도중에 포기하고 돌아오는 개가 있고 끝까지 추적하는 개가 있네. 그대는 무슨 차이가 있는 줄 아는가?"

"무슨 차이가 있는지 잘 모르겠습니다."

원장은 인자한 얼굴로 제자를 바라보면서 이렇게 말했다.

"토끼를 보고 좇는 사냥개는 끝까지 추적하지만 토끼를 보지 못하고 소리만 듣고 좇는 사냥개는 도중에서 포기한다네."

나는 그러고 싶지 않았다. 주님을 따르다가 중간에 포기하고 싶지 않았다. 신앙생활은 윤리나 도덕이나 인격수양이나 철학이나 사상이 아니다. 또한 막연한 자기 확신이나 어떤 확률이 아니다.

이 땅에 종교가 대략 630개나 된다고 한다. 이들 또한 얼마나 자기 확신에 근거해서 자신들이 믿는 신을 진짜라고 주장하는가?

그러나 기독교는 출발부터가 다르다. 모든 종교는 사람으로부터 시작된 종교이지만 기독교는 출발이 사람이 아니라 하나님으로부터 시작되었다. 하나님이 죄인을 찾아오신 것이다. 하나님이 인간의 옷을 입고 인간을 찾아오셔서 탄생된 종교가 기독교다. 그러므로 기독교는 종교가 아니라 생명이다. 나는 나의 선택이나 결정에 대해 결코 후회하고 싶지 않았다. 나는 확인하고 싶었다. 확인하지 않아서 낭패를 보았던 쓰라린 어린 시절의 경험이 있었기 때문이다.

어릴 적에 육식 고기인 돼지고기나 소고기는 지금처럼 흔하게 먹을 수 있는 음식이 아니다. 1년에 명절에나 한두 번씩 먹는 귀한 음식이다. 어느 해 추석 명절이었다. 명절을 지내기 위해서 읍내에 가서 고기를 사오다가 잃어버린 적이 있다. 자전거 뒤에 고무 밧줄로 동이고 집에 까지 자전거를 타고 왔는데, 집에 도착해 보니 고기가 빠져 버린 것이다.

그 당시에는 도로가 신작로 길이었다. 신작로 길은 일 년에 한두 번씩 자갈과 돌을 깔아서 도로를 평탄 작업을 한다. 그러면 신작로 길이 온통 돌덩어리다. 차가 지나가면 신작로에 깔린 돌들이 핑핑 튀겨져 나오는 참 위험한 도로다. 그런 길을 자전거로 다니다가 사고도 많이 난다. 얼마나 덜컹거리는지 모른다. 이런 신작로 길을 덜커덩거리며 왔는데, 그만 자전거 뒤에 실은 고기 덩어리가 빠져 버린 것이다. 어린 마음에 허망한 마음을 부여안고 얼마나 내 자신을 자책했는지 모른다. 나는 왔던 길을 다시 가면서 난생 처음으로 막연한 하나님께 찾게 해달라고 간절하게 기원을 해 보았다. 그러나 결국 찾을 수가 없었다. 집으로 돌아오는 길에 몇 번이고 뒤를 돌아보면서 허망했던 기억을 잊을 수가 없었다. 그렇다, 내가 잃어버린 고기 덩어리는 값어치로 따지자면 돈 만 원도 채 안 된다. 그런데 만약 내 인생을 통째로 잃어버렸다면 그때는 어떨까? 아무리 울면서 수천 년을 후회해도 소용없다. 인생은 돌이킬 수 없기 때문이다. 나는 믿고 투자했는데, 젊음을 투자하고, 물질을 투자하고, 모든 삶을 투자했는데, 잘못 투자한 것이라면 보상받을 길이 없기 때문이다.

그렇다면 오늘 예수님을 믿고 신앙생활을 하는 우리의 모습은 어떠한가. 어떤 사람은 물질을, 시간을, 젊음을 쏟아붓는다. 모든 것을 희생하기도 하고 헌신하기도 한다. 어떤 사람은 내 인생의 전부를 투자하기도 한다. 그런데 만약에 이렇게 믿고 투자한 예수 그리스도가 진리가 아닌 가짜라면 어떤가? 생각만 해도 아득하고 끔찍한 일이다. 얼마나 황당한 일인가. 이것은 인류 최대의 사기다. 나는 믿고 투자했다. 시간을 드리고 물질을 드리고 내 인생을 몽땅 바쳐서 섬겼던 예수 그리스도가 참된 진리가 아니고 가짜라면 얼마나 허망할까?

나는 내가 믿고 따르는 예수가 과연 진리인가 확인하고 싶었다.

이것은 내 인생을 후회 없이 살기 위해서다. 그래서 나는 마음에 한 가지 일을 하기로 결심을 했다.

> **TIP**
> 1. 당신은 믿고 투자했는데 사기를 당한 적이 있었는가?
> 2. 예수가 정말 진리이신 것을 확인해 보고 믿고 있는가?
> 3. 예수가 진리라면 후회하지 않을 수 있는가?

예수가 정말 진리인가?

"내가 곧 길이요 진리요 생명이니 나로 말미암지 않고는 아버지께로 올자가 없느니라"(요14:6)

경상도 할머니 셋이서 뜨개질을 하면서 대화를 나누고 있다.

김씨 할머니: "이 보래이 예수가 죽었단다."
이씨 할머니: "저런 우짜다가 죽었노."
김씨 할머니: "못에 찔려 죽었다카더라."
이씨 할머니: "쯔쯔쯔 내 그 인간 머리 산발하고 맨발로 다닐 때부터 알아봤다."
그 말을 듣고 있던 박씨 할머니가 하는 말,
"그런데 예수가 누꼬?"
김씨 할머니: "모르겠는데… 우리 며느리가 아버지 아버지 하는 걸 보니 우리 사돈인가보다… 요새 내 정신이 오락가락해서‥"

인도는 81%가 힌두교인들이다. 힌두교인들은 갠지스강을 어머니 품으로 여기며 산다. 힌두인들은 죽으면 화장이 되어 어머니 품인 갠지스 강물에 뿌려지는 것이 가장 큰 소원이라고 한다. 그러면 그들은 다음 생에 더 좋은 곳에서 태어난다고 믿는 것이다.

내가 인도를 방문했을 때에도 '바라나시'라는 힌두교의 성지를 방문했다. 바라나시는 갠지스강을 낀 도시다. 그 갠지스 강변에는 힌두교인들을 장례하는 화장터가 있다. 죽은 힌두교인의 시신을 장작더미 위에 놓고 태우는 것을 볼 수 있다. 물론 화장에 쓰이는 나무는 사서 쓴다. 나무가 부족하면 태우다 만 시체를 그냥 강물에 그대로 떠내려 보내기도 한다. 그런가 하면 그들은 갠지스 강물에 목욕을 하면 죄가 씻긴다고 믿고 옷을 벗고 목욕를 한다. 힌두교의 심장부는 '알라바하드'라는 도시다. 그 도시에서 얼마 떨어지지 않은 곳에 '상감'이라는 지역이 있다. 이곳에 갠지스 강물은 힌두인들에게는 영생수로 여겨져서 수백 킬로씩 걸어와서 강물을 떠다가 아플 때 먹기도 하고 아픈 곳에 바르기도 한다. 이들은 수천 년 동안 내려오는 이런 힌두교의 전통를 얼마나 철저하게 믿고 있는지 모른다.

기독교는 사랑과 용서의 종교다. 또한 거듭남의 종교다. 그래서 기독교는 언제든지 새 출발 할 수 있다. 누구든지 언제든지 실패한 인생도 새롭게 새 출발 할 수 있다.

기독교의 핵심은 부활이다. 죽음에 이르는 질병까지도 부활로 치료를 한다. 그래서 기독교는 인생 최고의 종교다. 인간으로 태어나서 천국 가는 것이 최고의 성공이다. 그런가 하면 기독교는 감사의 종교다. 어떤 현대병에서도 치료되게 하는 초월적인 능력이 있는 종교이다.

　인간은 모두가 죄인이다. 죄를 지어서 죄인이 아니라 태어날 때 죄인으로 태어난다. 그래서 "모든 사람이 죄를 범하였으매 하나님의 영광에 이르지 못하더니"(롬3:23)라고 의인은 하나도 없다고 하셨다. 그런데 이렇게 죄에 빠져 죽어가는 인생에게 친히 뛰어 들어와서 인생을 건져내고 대신 죽어주는 종교가 기독교다.

　나는 중학교 1학년 3월에 친구 따라 처음 교회에 나갔다. 교회 가면 탁구를 칠 수 있다는 친구의 말에 교회를 갔다. 토요일 오후 중·고등부 예배모임이었는데 전도사님의 설교가 시작되었다. 나는 설교를 들으면서 친구의 옆구리를 찔렀다.

　"탁구는 언제 치는 거니?"

　친구는 내 귀에다 손을 대고 이렇게 소곤거렸다.

　"조금만 기다려 예배 끝나고…."

　이렇게 나의 신앙생활은 시작이 되었다.

　사람이 물과 성령으로 거듭난다는 것은 인생에 있어서 가장 중요한 일이다. 하지만 거듭나는 것이 그렇게 말처럼 쉬운 것이 아니다. 거듭난 인생은 누가 뭐라고 해도 인생을 성공한 사람이다. 사업에 실패를 하고 부모에게 버림을 받고 설령 수가성 여인처럼 여섯 남편과 살아본 여인이라 할지라도 예수 믿으면 성공한 인생이요, 그 끝은 해피엔딩이다.

　그래서 사람은 거듭나는 것이 중요하다.

　"육으로 난 것은 육이요 성령으로 난 것은 영이니"(요3:6)

그런데 나는 주일학교 교사를 하다가 진정으로 거듭났다. 복음이 무엇인지 그전에는 잘 몰랐다. 그런데 교사를 하다 보니 가르치는 일에 한계가 느껴졌다. 주일이면 아이들을 가르치는 것이 부담스러웠고 힘이 들었다. 그러던 차에 담당 전도사님께서 어린이 전도협회 3일 클럽 훈련을 소개하셨다. 어린이 전도협회에서 실시하는 3일 클럽 교사훈련을 가게 되었다. 교사훈련은 다름 아닌 바로 전도훈련이었다. '글 없는 책'으로 복음을 전하는 것이다. 3일 동안 같은 장소에서 아이들을 불러 모아서 복음을 전하고 설교도 하고 선교사 이야기도 하고 복습게임도 하며 주님을 영접한 아이들을 그 지역교회에 연결시켜주는 전도 훈련이었다. 나는 그곳에서 처음으로 정확하게 복음을 들었다. '글 없는 책'이라는 전도지를 통해서 복음의 진수를 듣는 순간 충격을 받았다. 성령께서 역사하셨다. 복음을 듣는 순간 안개처럼 희미하고 막연했던 십자가의 사랑이 나의 영혼 속에 쏟아져 들어왔다. 눈물이 가슴을 적셨다. 전도협회 구원 찬송가도 내 가슴을 뜨겁게 울렸다.

먹과 같이 검은 죄로 물든 이 마음
주님의 보혈로 눈보다 희어졌네.
천국에 황금길 걷게 되었으니,
오, 그 나라 가기까지 날마다 자라가네.

어둠이 있는 곳에 빛 들고 가리라.
저 슬픈 영혼 위하여 노래를 부르리,

절망이 도사린 곳이나 주님 소식 기다리는 곳에
나를 보내주소서 말씀을 주리라.

저물어 어둠이 덮일 때에 거리를 헤메는
아이에게 구원의 소식을 전했더니 내게는
처음 듣는 소식이오.
들려주오. 들려주오.
구원의 소식을 들려주오.
나처럼 가엾은 아이에게 구원의 소식을 들려주오.

이런 어린이 구원 찬양만 불러도 눈물이 흘렀다. 날마다 울고 다녔다. 십자가의 사랑에 감사해서 울었고, 나의 죄가 생각이 나서 울었다. 찬양을 불러도 들어도 길을 걸어도 사람들이 불쌍해서 눈물이 흘렀다. "어찌하면 내 머리는 물이 되고 내 눈은 눈물 근원이 될꼬 그렇게 되면… 주야로 곡읍하리로다"(렘9:1) 왜 그렇게 눈물이 나는지 몰랐다. 오랫동안 아버지를 떠나서 방황하며 살았다가 마치 그리운 아버지 집에 돌아와서 자비로우신 아버지의 품에 안겨서 느껴보는 내 영혼의 그리움과 포근함과 따듯함 같았다. 그날 이후 모든 것이 새롭게 보였다. 태양도 물도 산도 길가에 나뭇잎도 손을 흔들며 축하해 주는 것 같았다. 바람도 모든 것이 새롭게 느껴졌다. 내가 새 사람이 된 것이다. 내가 거듭난 것이다. 마치 내 인생의 어둠과 저주가 떠나 버린 것 같았다.

"그러므로 이제 그리스도 예수 안에 있는 자에게는 결코 정죄함이 없나니 이는 그리스도 예수 안에 있는 생명의 성령의 법이 죄와 사망의 법에서 너를 해방하였음이라"(롬8:1-2)

내 작은 가슴에 기쁨과 환희가 넘쳐 흘렀다. 내가 마치 구름 위에 둥실 떠다니는 것 같았다. 예수 믿지 않는 사람들을 볼 때 전에는 한 번도 느끼지 못한 연민의 정이 느껴졌다. 불쌍하게 여겨져서 나도 모르게 눈물이 핑 돌았다. 하늘을 바라보면 하나님의 큰 손이 나를 보호하고 있는 것 같았다.

복음을 깨닫고 나자 내 삶이 담대해졌다. 오늘 밤에 죽어도 천국 갈 수 있다는 큰 확신이 생겼다. 그때부터 미친듯이 전도를 했다. 나의 주머니 속에는 내가 전도해야 할 이름이 적힌 명단들이 있었다. 복음이 나의 운명을 완전히 바꿔버린 것이다. 내 신분이 바뀐 것이다. 내가 하나님의 자녀가 된 것이다. 사실 복음의 능력은 못 바꿀 인생이 없었다. 주님은 못하실 일이 없으셨다. 그때의 나의 마음은 복음이 전부였다.

> **TIP**
> 1. 당신은 진정으로 거듭났는가?
> 2. 십자가에 예수가 진정 당신의 구주와 주인이 되셨는가?

점쟁이와 대결하다

"주는 그리스도시며 살아계신 하나님의 아들이시다"(마16:16)

"으음… 점괘가 안 나옵니다. 무슨 일로 오셨지요?"
"그래요. 점괘가 안 나와요? 다시 한번 해 보시지요."
점쟁이는 다시 한번 해 보라는 내 말에 처음과 똑같이 행하다가 갑자기 점상 앞에 앉아 있는 내 안에 주님의 강한 임재를 느꼈는지 얼굴이 하얗게 돌변하더니 달달달 떨고 있었다.
2000년 전에 귀신 들린 사람이 예수님을 만나자 "지극히 높으신 하나님의 아들 예수여 당신과 무슨 상관있나이까"(막5:7) 라고 주님 앞에서 소리치며 자신의 정체를 고백하는 것처럼 똑같은 일이 내 눈앞에서 벌어졌다.
점쟁이는 내 안에 강한 주님의 임재 앞에 부들부들 떨면서 자신의 과거를 고백하기 시작했다.
그는 7살 때 조실부모하고 점쟁이 집에 들어가서 일을 배웠으며 지금까지 해온 것이라고 한다.
"그래서 얼마나 많은 사람들을 속였습니까?"

나의 묻는 말에 그는 솔직하게 말을 했다.

"예 농장 하나 사고 집 두 채 장만했습니다."

난 순간적으로 점쟁이 손을 딱 잡으며 말했다.

"난 예수 믿는 사람이오. 오늘 하나님께서 당신을 구원하시려고 날 보냈소… 이제 그만 이런 일 치우고 예수 믿읍시다."

점쟁이가 기겁을 하면서 사정을 했다. 그는 점괘를 다 챙기지 못한 채 황급히 다른 방으로 도망을 쳤다. 나는 점쟁이가 못다 챙긴 점괘를 주어서 왔다.

무속인들도 신분이 있다. 직접 신이 내려 무속인이 된 자를 강신무라고 한다. 그런데 점치는 법과 굿하는 법을 배우고 익혀서 된 사람을 학습무라고 한다. 집안 대를 이어 무당이 된 사람을 세습무라고 한다. 이들이 가장 두려워하거나 꺼려하는 자들이 바로 예수 믿는 자들이다.

"주는 그리스도시오, 살아계신 하나님의 아들이시기 때문이다"(마 16:16)

예수의 이름 앞에 모든 세계가 보이는 것이든 보이지 않는 것이든 다 무릎을 꿇는다. 그래서 예수가 어떤 분이신가를 확인하려면 우리 주위에 있는 점쟁이 집을 가보면 알 것이다. 믿는 사람은 저주로부터 해방되었기에 점괘가 나오지 않는다. 그런가 하면 신명나게 뛰는 굿판에 예수 믿는 사람이 구경만 가도 작두를 타던 무당이 힘을 잃고 만다.

우리 교회 집사님은 누나가 무속인이다. 사람들이 누나에게 점치러 오거나 굿하러 오면 가만히 신당에 가서 사도신경만 외워도 누나가 어느새 알고 나와서 손사래를 치며 역정을 내며 저리 가라고 내쫓는다고 한다.

예수가 그리스도이기 때문이다. 예수만이 진리다. 예수님은 십자가에서 우리의 모든 저주를 담당하셨다. 우리 동네 길목에 어떤 무속인이 가게를 차렸다. 그냥 지날 때마다 예수 그리스도 이름으로 선포만 했다. 장사가 되지 않았다. 얼마 가지 않아서 간판을 내렸다. 예수 그리스도는 어제나 오늘이나 영원토록 우리와 함께하시는 살아계신 하나님의 아들이시다. 복음의 실체요, 진리이시다.

어느 날 어떤 사람의 아내가 귀신이 들려서 불신 남편이 아내를 교회로 데리고 왔다. 그래서 시험 삼아서 불신자인 남편에게 예수 이름으로 귀신을 향해 떠날 것을 선포해 보라고 했다. 남편은 우리가 시키는 대로 명령을 했다.

"예수 그리스도의 이름으로 명하노니 귀신아 떠날지어다."

남편이 명령을 하자 아내가 씨익 웃으면서 하는 말이 가관이다.

"예수도 없는 것이…" 그러면서 남편을 향해 달려들었다. 놀란 남편이 기겁을 하고 도망을 갔다. 그래서 이번에는 남편을 데려다가 예수님를 영접시켰다. 남편에게 복음을 전하고 예수를 영접시키려는 순간이다. 그의 아내가 벼락같은 소리를 질렀다.

"안 돼! 예수를 영접하면 안 돼!" 남편은 아내가 지르는 소리에 겁을 먹고 망설였다. 우리는 남편을 안심시키고 예수를 영접시켰다.

그리고 남편에게 이제 하나님의 자녀가 되었다고 성경 속의 약속을 보여주었다.

"영접 하는 자 곧 그 이름을 믿는 자들에게는 하나님의 자녀가 되는 권세를 주셨으니"(요1:12)

이제 예수 그리스도 이름의 권세를 사용할 수 있다고 설명한 후에 한 번 더 예수 이름으로 귀신을 향해 떠날 것을 선포해 보라고 했다. 한번 놀란 남편은 주춤거리며 망설였다. 우리는 남편에게 예수가 진리다. 그리고 예수님의 이름의 권세가 얼마나 놀라운지, 지금 당신이 예수 그리스도의 이름을 사용해 보면 안다고 우리들이 촉구하자, 용기를 얻는 남편이 선포를 했다. 남편이 예수 그리스도의 이름으로 명령하자 그의 아내는 조금 전과는 180도 달랐다. 예수를 영접한 남편의 입에서 예수 그리스도의 이름이 선포되어지자 그의 아내는 무서워하며 떨었다. 이처럼 "주는 그리스도시며 살아계신 하나님의 아들이시다."(마16:16)

나는 2000년 전에 역사하신 주님이 오늘 나와 함께하신다는 사실을 온몸으로 체험했다. 예수 그리스도가 진리 자체이신 것을 확실하게 확증하게 되었다. 나는 그날 이후 나의 삶을 주님께 드렸다. 그리고 한 번도 뒤돌아보거나 갈등을 하거나 후회해 본 적이 없었다.

💡 TIP
1. 예수님을 믿는 사람은 왜 점괘가 안 나올까요?
2. 당신은 복음을 정확하게 설명하실 수 있나요?
3. 예수님을 믿고 영적인 대결을 해보신 적이 있나요?

천국을 침노하라

"…지금까지 천국은 침노를 당하나니 침노하는 자는 빼앗느니라"

(마11:12)

20대가 되면 사람은 누구나 3가지 문제에 대해 한번쯤 깊이 생각하며 고민을 한다. 청춘이 아픈 것도 3가지 이유 때문이다.

첫 번째는 직업이다.

두 번째는 결혼이다.

세 번째는 인생의 비전과 가치이다.

요즘 청년들은 죽어라고 목을 내놓고 공부를 했는데 일할 곳이 없다. 그래서 박탈감을 갖는다.

결혼도 마찬가지다. 결혼할 나이가 되었는데 결혼할 만한 형편과 사정이 안 된다. 그래서 청년들이 의욕을 잃고 힘이 없다.

내가 무엇을 위해 살 것인가? 하는 인생의 비전과 가치이다.

비전을 볼 수 없고 잡을 수 없을 때 우리 청년들은 방황을 한다. 그러나 나는 우리 청년들에게 감히 "천국은 침노하는 자의 것"이라고 말해주고 싶다. 천국은 밭에 감추인 보화와 같다. 이것을 발견한 사람은 자신의 전 재산을 팔아서 그 밭을 산다.

청년 시기에는 모든 것이 녹록지 않다. 그렇다고 해서 언제까지나 우리에게 주어진 현실에 불평하며 안일하게 있을 수만은 없다. 사회적인 구조와 시스템 속에서 생겨난 취업난과 경기 침체만을 탓하고 지낼 수만은 없다.

왜 그런가? 하늘은 스스로 돕는 자를 돕기 때문이다. 천국은 침노하는 자의 것이다. 누구나 젊은 날에 실패와 실수와 좌절의 깊은 쓴맛을 보며 인생을 배워간다. 인생의 눈물이 무엇인지 고난이 무엇인지 모르는 채 성공을 하게 되면 반드시 마음이 높아져서 교만해진다.

옛 이야기에 젊어서 과거에 합격을 하거나 약관의 나이에 출세를 하면 좋게 죽지 못한다는 말이 있다. 젊은 나이에 너무 빨리 출세해 버리면 뒤끝이 별로 좋지 않다는 말이다. 그래서 젊은 나이에 벼슬을 하거나 성공하는 일을 경계했다. 작은 성공으로 인해 미래를 망칠 수 있기 때문이다. 작은 성공으로 마음이 높아져 버리면 이런 사람은 사람을 무시할 수 있다. 사람을 섬기는 것이 아니라 군림하려고 한다. 왜 그럴까? 인생의 눈물과 아픔과 고난과 실패를 잘 모르기 때문이다. 인생은 발이 빠르다고 선착하는 것이 결코 아니다. 내가 좋은 조건에서 태어나서 재능이 많고 출발이 좋다고 인생을 잘 사는 것은 아니다.

"교만은 패망의 선봉이요 거만한 마음은 넘어짐의 앞잡이니라"(잠 16:18)

젊은이들이여 내가 평생 무슨 일을 하면서 살아갈까? 직업에 대해서 많은 생각을 하고 고민을 하라. 그런가 하면 내가 어떻게 살 것인가? 고민을 하라. 이것은 비전과 가치관의 문제이다. 그리고 내가 누구와 함께 결혼하여 살 것인지 고민하라. 고민을 하되 하나님 앞에서 하라. 진리 안에서 하라. 여러분을 이 땅에 보내주신 창조주 앞에서 하기를 부탁한다.

나는 30살에 결혼을 했다. 아무것도 가진 것이 없는 자였다. 가진 것이라고는 복음밖에 없었다. 복음을 깨닫고 뜨겁게 기도하면서 비전을 발견하고 내 인생을 주님께 드렸다.

그래서 나의 직업과 비전은 이미 결정이 되었다. 내게 남은 것은 '내가 누구와 함께 살 것인가?' 하는 결혼 문제만 남았었다. 나의 배우자는 나와 함께 하나님 나라의 비전을 가진 목회를 할 사람이면 되었다. 나는 그 비전에 맞는 배우자를 선택해야 했다. 많은 기도와 생각 끝에 나는 배우자에 대한 결혼 조건을 두 가지만 기준으로 삼았다.

첫 번째 조건은 말에 실수가 없는 여자이다. 교회에 모든 문제는 말에서부터 시작이 된다.

"말이 많으면 허물을 면키 어려우나 그 입술을 제어하는 자는 지혜가 있느니라"(잠10:19)

두 번째 조건은 하나님 앞에 헌신된 여자다. 내가 결혼하는 이유와 목적은 사랑도 중요하지만 사랑보다 더 중요한 것은 목회를 위한 것이다. 목회를 하기 위해서 하나님이 준비시켜 준 경건하게 헌신된 여자면 되었다. 시골 교회 목사님께서는 여기저기 교회에서 봉사를 많이 하는 아름다운 자매들을 주선해 주셨지만 나에게는 무엇보다도 이 두 가지 조건이 가장 중요했다.

나는 복음의 불모지에서 처음으로 예수를 믿고 주의 길을 가기에 누가 나를 위해 기도해 주는 사람이 없다. 그래서 모든 일에 하나님 앞에 몸으로 감당하는 수밖에 없다. 하나님 앞에 기도할 수밖에 없고, 매달릴 수밖에 없다.

그런데 내 결혼기도를 해 주신 분이 한 분 계신다. 나를 아들처럼 여겨 늘 기도해 주시는 시골 교회 권사님이시다. 그 권사님은 평소 새벽 2시나 3시에 눈을 뜨면 교회에 맨 먼저 나오셔서 청소를 하신다. 늘 수건을 깨끗이 준비하셨다가 교회에 오시면 강대상부터 청소하시면서 "하나님 우리 목사님 이곳에서 말씀을 선포하실 때 어떤 영혼이 올지라도 하나님을 만나게 하시고 문제가 해결되게 하옵소서…"라고 기도하신다. 그리고 바로 피아노를 청소하신다. 피아노를 청소하시면서는 날마다 나의 결혼 기도를 해주신다.

나는 군대를 갔다 와서 약 2년 동안 직장 생활을 했다. 하나님께서 주신 은혜가 많아서 마음의 선물을 드리고 싶었다. 목사님께 말씀을 드렸더니 목사님께서는 피아노가 필요하다고 말씀하셨다. 나는 목사님과 함께 최고로 좋은 피아노를 들여왔다. 그 모습을 보신 권사님은 내 두 손을 꼭 잡으시고 이렇게 말씀하셨다.

"이렇게 귀한 성물을 우리 재직들이 해야 하는데, 아이고…."

권사님은 내 손을 꼭 잡고 몇 번이나 아들과 같은 나에게 결혼 기도를 해 주시겠다고 약속해 주셨다.

그날 이후 권사님은 매일 새벽마다 피아노를 청소하시면서 나의 결혼 기도를 해주셨다. 누구 하나 기도해 줄 사람이 없는 척박한 나에게 권사님의 기도는 언제나 큰 힘이 되었다.

그 권사님의 기도가 어느 날 그대로 응답이 되었다. 내 아내는 어린이 전도협회 출신이다.

어린이 전도협회는 미국의 오버 홀쳐 목사님이 어린아이들도 구원받을 수 있고 어릴 때 예수를 믿고 헌신하면 일생을 주님 앞에 헌신할 수 있다는 것을 깨닫고 조직한 단체다. 우리나라는 1963년에 들어왔다. 어린이 전도협회의 사역 중에 교사훈련, 교사 강습회, 새 소식반, 3일 클럽 등이 있다.

1989년 봄학기 교사강습회에 참여했는데 서울 시내 교사들과 전도사님들이 약 800명가량 참여했다. 그중 한 여자 간사님이 나와서 90분 동안 강의를 하는데 나의 눈과 귀를 완전히 사로잡았다. 90분 동안 강의하는데, 간사님은 말에 실수가 없었다.

그날 이후 전도협회에 훈련을 받으러 다니면서 강의를 했던 그 간사님을 주목해서 보았다. 자매는 말에 실수가 없을 뿐만 아니라 하나님 앞에 온전히 헌신이 되어 있었다. 나는 하나님 앞에 기도하기 시작했다.

"하나님, 저 자매가 마음에 듭니다. 저에게 배우자로 허락해 주십시오."

하나님 앞에 간절하게 부르짖어 기도했다. 하나님은 어느 금요 철야 시간에 응답을 주셨다.

"천국은 침노하는 자의 것이니라" 한 말씀으로 응답해 주셨다. 나는 하나님의 응답을 받고 가슴이 벅찼다. 큰 확신을 갖고 자매에게 프러포즈를 했다. 당시 자매는 많은 전도사님들에게 선망의 대상이었지만 하나님의 은혜로 지금의 나의 아내가 되었다.

자매의 사역은 늘 밤늦게 끝이 났다. 나는 자매를 기다렸다가 집까지 바래다주었다. 지하철을 타고 집까지 바래다주는 것이 우리가 하는 유일한 데이트였다.

우리의 사랑과 비전을 키워가던 어느 날 결혼을 1달 앞두고 위기가 찾아왔다. 그날도 자매를 집에까지 데려다주기 위해 우리는 1호선 전철을 기다리고 있었다. 그런데 어느 날 자매님이 나에게 심각하게 이야기를 꺼냈다.

"전도사님… 아무래도 결혼을 못할 것 같아요."

"자매님 무슨 말씀이세요?"

"……."

"자매님… 왜요?"

"건강이 많이 안 좋아서요."

"무슨… 말씀이세요?"

"제가 전에 사역하다 2번이나 쓰러졌지요. 그때부터 조금만 무리하면 심장이 아파요. 가슴이 답답해지고 호흡이 곤란해져요."

"그래서요…?"

자매는 담담하게 말을 해 나갔다.

"결혼해서도 만약 임신을 하려면 전문의와 상의해야 한다고 했어요. 임신 중에 배가 불러와 심장을 압박하면 위험하다고 하더군요."

"그럼… 심장이 안 좋다는 것인가요?"

"네… 제가 목회를 뒷바라지해 줄 자신이 없네요. 아무래도 결혼을 못 하겠습니다. 제 건강이 도저히 안 될 것 같습니다. 우리 결혼 이야기 없었던 것으로 해요."

자매는 자신이 가진 심장병 때문에 이별을 고하는 것이었다. 나는 자매의 손을 꼭 잡았다. 고개를 숙이고 한참 동안이나 두 눈을 감고 있었다. 전철을 타고 내리는 수많은 사람들이 우리 앞을 스치고 지나갔다. 나는 조용히 그리고 확신 있게 자매에게 물었다.

"자매님… 자매님은 저 사람들이 다 살아있다고 보십니까?"

"아니지요."

"자매님, 그러면 되었습니다. 자매님은 살아있지 않습니까? 우리는 거듭났지 않았습니까? 우리는 영생을 소유하고 있지 않습니까? 오늘 밤에 죽어도 우리는 천국 갈 수 있지 않습니까?

자매님, 괜찮습니다. 우리가 결혼해서 단 하루만 살다 죽더라도 괜찮습니다. 우리는 천국에서 다시 만날 것입니다. 자매님, 염려하지 말고 우리 결혼합시다."

우리의 결혼은 그렇게 시작이 되었다. 하나님은 우리 부부를 불쌍히 여기셔서 지금까지도 생명을 연장시켜 주셨다. 아내는 두 딸을 낳아 건강하게 키웠다. 물론 아내가 심장 때문에 숨을 제대로 못 쉬고, 가슴을 움켜쥐고, 방바닥에서 뒹굴 때도 많이 있었다. 마치 산소가 부족한 환자처럼 금방이라도 숨이 끊어질 듯 창가에 코를 대고 숨가쁘게 허덕이며, 밤이면 밤마다 가슴에 통증을 호소하며 몸부림치다가 119를 부를 때도 있었다. 그러나 지금까지도 우리 부부는 하나님의 은혜로 잘 살고 있다.

어느 목사님의 시가 생각이 난다.

곁에 누운 아내
숨소리 들리지 않고 이불도 들썩이지 않는
아내의 이부자리가 하도 염려스러워,
아내 이마에 손 얹어 보고 숨은 쉬는지 귀를 가만히
코에 대어보고는 따뜻한 온기 느껴져 마음 놓는다.
하루도 보지 않으면 불안하던
젊디젊은 시절부터 같이하여...
이때까지 살았어도 둘의 정은 여전하다.
둘이서 주님 앞에 섰을 때도
그대로 혼인 첫날의 감동을 다시 누리고 싶다.

한 여인 내 곁에 있으니

한 여인 내 곁에 있으니
나의 마음이 한껏 여유롭다
빈자리 메워주고 빈 마음 채워주고
흠집 난 가슴 덮어주고
눈을 감고 있어도
은쟁반에 옥구슬 구르듯
들리는 목소리 날 깨우니
지상에서 천상의 세계로

현실에서 환상의 나라로
육에서 영의 공간으로 이끈다.
오늘도 곁에 있어
내 눈으로 보는 세상 내 귀로 들리는 세계
모두 다 행복하다.

"남편 된 자들아 이와 같이 지식을 따라 너희 아내와 동거하고 저는 더 연약한 그릇이요 또 생명의 은혜를 유업으로 함께 받을 자로 알아 귀히 여기라 이는 너희 기도가 막히지 아니하게 하려 함이라"

(벧전3:7)

교회 사택 주위에 공원이 있다. 종종 아내와 함께 손을 잡고 걷는다. 처음 만나서 아내의 손을 잡았을 때 유난히 따뜻했던 아내의 손은 세월이 흘렀는데도 여전히 따뜻했다. 내 나이 30에 만나 함께 길을 걸었는데 벌써 50대 중반이 되었다. 험한 인생길이었는데, 고난의 길이었는데, 나를 믿고 함께 걸어준 아내가 정말 고마웠다. 우리 두 사람이 가는 길은 결코 만만치가 않았다. 때로는 두렵고, 무섭고, 힘들었지만 주님이 함께하셨기에 꽃길은 아니었어도 정말 행복했다.

지금까지 나를 믿고 함께 걸어준 아내가 언제나 고마웠다. 요즘은 죽은 듯이 잠자는 아내의 모습을 내려다보면서 더욱 감사한다.

아내는 올해 57살이다. 아내가 나보다 두 살이나 많다. 그럼에도 불구하고 아내는 나에게 언제나 존댓말을 쓴다. 살아오면서 농담도 한마디를 못하던 아내가 50이 넘고부터는 나에게 종종 농담을 한다. 지금도 생각하면 배를 잡고 웃던 일이 생각이 난다.

철야기도를 인도하고 나면 몸이 약한 나는 어떤 때는 몸살기가 있다. 그러면 아내는 침대에 누워있는 나에게 몸살 약을 가지고 와서 권한다. 나는 가급적이면 약을 복용 안 하려고 고개를 살레살레 흔들면서 싫다고 한다. 그러면 아내는 나를 물끄러미 바라보다가 침대에 누워 싫다고 손사래를 치는 나에게 다가와 내 눈을 들여다보면서 이렇게 말을 한다.
"누나 말 들어."
"하하하."
우리 부부는 한바탕 배를 잡고 웃는다. 결국 나는 약을 받아 들고 아내에게 묻는다.
"여보, 그런데 이 몸살 약 누구 것인데…."
아내는 자연스럽게 말한다.
"어… 그 약 제 몸살 약이에요."
"당신… 몸살 약을 내가 왜 먹어요? 약을 오용하거나 남용하면 안 되지…." 그러면 아내는 자신 있게 말한다.
"괜찮아요, 얼마 전에 ○○약국에서 지어 왔어요."
매번 아내 몸살 약을 내가 이렇게 대신 먹기도 한다.

> **TIP**
> 1. 천국은 침노하는 자의 것이다. 어떻게 생각하는가?
> 2. 당신은 젊은 날에 직업과 배우자와 비전에 대해서 고민을 해보았는가?

자아를 포기하라

"무릇 내게 오는 자가 자기 부모와 처자와 형제와 자매와 및 자기 목숨까지 미워하지 아니하면 능히 나의 제자가 되지 못하고 누구든지 자기 십자가를 지고 나를 좇지 않는 자도 능히 나의 제자가 되지 못하리라"(눅14:26-27)

주님을 따르는 데 힘이 드는 이유가 있었다. 그것은 주님의 말씀에 불순종하기 때문이다. 주님은 분명히 우리에게 이렇게 말씀하셨다. 자기 십자가를 지고 주님을 좇으라고.

여기서 십자가는 자기 부인이다. 매 순간마다 우리는 자신을 부인하고 주님을 따라야 한다. 그런데 사람이 자신을 부인하기가 참 어렵다. 그래서 많은 사람들이 주님을 따르는 일에 힘들어한다. 나 또한 마찬가지다. 누구 때문에 힘이 든 것이 아니다. 내 자신이 포기되지 않아서 사실 힘이 든 것이다.

내 자신의 자아, 욕망, 고집, 혈기, 자기 확신, 내 자신의 의로움, 이런 육신의 성향들이 나를 힘들게 하는 것이다. 특히 주님을 섬기는 자들은 철저하게 자기를 포기하지 않으면 주님의 교회를 섬기는 것이 어렵다.

선배 전도사님이 개척을 한다기에 축하해주려고 설립예배에 참석했었다. 마침 노회에서 많은 목사님들이 오셨다. 그중 나의 시골 교회 목사님께서도 오셨다. 참 반가웠다. 그런데 목사님은 나를 보시더니 이런 제안을 하셨다.

"이 전도사 칠보교회에 담임목회자가 없는데, 이 전도사가 그곳에 가서 목회했으면 하는데 어떤가?"

나는 생각지 않은 일이었다.

"목사님… 저는 안돼요."

"왜?"

"저는 부족하기도 하구요, 앞으로 유학도 가고 싶고, 그리고 지금 섬기고 있는 교회에서 2년만 사역하다가 선교사로 파송해 주시겠다고 하셨어요. 그리고 지금 C국에서 선교사로 오라고 초청장을 받아 놓고 있는 상태에요."

목사님은 웃으시면서 말씀하셨다.

"그것은 전도사님 생각이고… 기도해 봐요. 하나님의 뜻이 어디에 있는지 기도해 보세요."

"예 알겠습니다."

나는 다음날부터 기도하기 시작했다.

그런데 사실 기도가 아니라 변론이었다. 만삭이 된 아내도 새벽예배에 함께 기도했다.

그러던 어느 날 비몽사몽간에 환상 하나가 보였다. 하나님께서 나를 어떤 반석 위에 세우셨다. 내 앞에서 큰 두루마리가 하늘로부터 아래로 펼쳐졌다. 그 두루마리 속에 성도들의 명단이 쭉 적혀 있었다. 어떤 음성이 나서 두루마리 맨 끝에 서명을 했다. 내가 서명에 동의를 하자, 다시 음성이 들렸다.

"준비가 다 되었다. 너는 가기만 하라."

깜짝 놀라서 깨어 보니 꿈이었다. 시계를 보니 새벽기도를 갈 시간이었다.

그날 새벽예배에 가서 간밤의 꿈을 생각하면서 기도하는데 주님은 말씀으로 나를 찾아왔다.

"사람이 감당할 시험 밖에는 당할 것이 없다"(고전10:13)

부족하고 두렵고 아무것도 모르는 나에게 첫 목회는 이렇게 시작이 되었다. 그 무렵 어떤 친구는 개척을 준비하고, 어떤 친구는 유학을 준비하기도 했다. 그런데 나는 막막했다. 친구가 봉천동에 개척 장소가 있다고 함께 가보자고 했다. 그래서 나는 하나님께 이런 기도를 했다.

"하나님, 친구들은 이렇게 저렇게 개척 준비를 하는데, 저는 어떻게 해요."

그러자 하나님은 한 말씀만 하셨다.

"목양지 걱정은 하지 말고 넌 준비만 하거라."

그래서 목양지에 대해서는 사실 전혀 아무런 걱정 없이 학교를 다녔다. 하나님은 졸업 한 학기를 남겨 놓고 나를 전라북도 정읍의 한 교회로 인도해 주셨다. 하나님은 내게 약속하신 것을 신실하게 지키신 것이다.

시골 교회 첫 부임은 그렇게 시작되었다. 인자하고 후덕하신 장로님과 권사님 집사님들의 사랑을 흠뻑 받으며 나는 마음껏 영혼들을 사랑하며 섬겼다. 교회가 나날이 부흥하게 되었다. 예배는 늘 축제였다. 20년이 지난 지금에도 그때 그 시절을 못 잊어 하고 그리워하는 권사님, 장로님이 계신다.

그 교회에 어떤 집사님이 계셨다. 그 집사님은 주님을 사랑해서 처녀로 헌신해서 교회와 영혼들을 섬기다가 50살이 넘어버리셨다. 밤새워 영혼들을 위해 기도하시던 집사님이다. 사랑이 많아서 전도도 잘하신다. 교회는 평안한 가운데 날로 부흥을 했다. 내가 속해 있는 노회에서 2-3번째 큰 교회로 성장을 했다. 그래서 나는 심방 전도사님을 하나 두었으면 해서 어느 날 장로님께 말씀을 드렸다.

"장로님! 우리 교회 심방 전도사 한 분을 모셨으면 합니다."

"전도사님 그러시지요."

"네… 장로님, 우리 교회 집사님들 가운데 한 분을 세우셨으면 합니다."

"아, 그래요?"

"예, 장로님, 제가 보아하니 O집사님은 어떨까요? 제가 보기에는 열심도 있고, 영혼도 뜨겁게 사랑하고, 기도도 많이 하시고 그래서 우리 교회에서 심방 전도사로 사역을 하게 하시면 어떨까요?"

"그 사람요… 안 돼요."

장로님께서 펄쩍 뛰셨다. 한마디로 단호하게 거절하셨다. 나는 왜 장로님께서 그 집사님을 그렇게 거절하셨는지 처음에 영문을 몰랐다. 그런데 얼마 가지 않아서 이유를 알게 되었다. 어느 주일

낮예배를 마치고 교회 뒤 마당을 가려고 돌아서는데, 웬 다투는 소리가 났다.

"이게 무슨 소리지? 누가 무슨 일로 싸우나?" 하고 소리나는 쪽을 보니 그렇게 기도를 많이 하고, 전도에 열정이 있고, 주님의 사랑 때문에 헌신해서 일하는 그 집사님과 장로님이 말다툼을 하고 있었다. 다른 것은 몰라도 장로님을 무시하는 말투가 역력했다.

"장로님은요? 잘한 게 뭐 있어요? 우리가 장로님 때문에 얼마나 힘든 줄 아세요?"

충격이었다. 누가 옳고 그른 것을 떠나서 그 사건을 목격하고 많은 생각을 했다. 집사님이 기도를 아무리 많이 한들 무슨 소용이 있는가? 사랑의 봉사를 아무리 많이 한다고 한들 무슨 소용이 있는가? 자신의 전 제산을 다 드려 물질로 교회의 필요를 섬긴들 무슨 소용이 있는가?

주님이 세운 질서나 권위에 순복이 안 되면 아무런 쓸데가 없기 때문이다. 내가 주님께 헌신해서 평생을 몸 바쳐 교회를 섬기면 뭐하겠는가? 내가 죽은 자를 살리는 능력이 있고 몸을 불사르게 내어 구제를 해도, 주님이 세운 질서 속에 순종이 되지 않으면 정말 아무런 유익이 없기 때문이다. 나는 집사님의 모습을 보고 충격을 받았다. 겉으로 보이는 모습과는 전혀 딴판이었기 때문이다.

예수님을 믿고 따르는 사람들은 매 순간 자기 자신을 부인해야 한다. 그렇지 아니하면 내 안에서 언제나 내 자아가 왕 노릇을 한다. 매 순간마다 내 자신을 부인해야 하며 경계해야 한다. 내 자신의 의와 교만이 내 안에 자리하지 못하도록 날마다 십자가에 죽어야 한다. 많은 그리스도인들이 교회 안에서 이런 실수를 범한다. 왜 그러는가? 매 순간 십자가를 지지 않기 때문이다. 자기 자신을 포기하지 않기 때문이다. 십자가에서 나의 옛사람이 죽은 것을 망각하기 때문이다. 그래서 죽었던 옛 사람이 수시로 되살아난다.

그렇다면 죽은 옛사람이 살아오면 어떻게 해야 할까? 십자가를 들이대며 외쳐라.

"ㅇㅇㅇ 넌 죽었어! 넌 이미 십자가에서 죽었잖아!"

단호하게 외치며 속지 말아야 한다. 연민의 정에 끌려 살아 돌아온 옛사람의 손을 잡아 주면 안 된다.

> **TIP**
> 1. 당신은 어떤가, 자아가 무엇인지 아는가?
> 2. 하나님께서 교회에 세우신 질서 속에 순복하는 자인가?

링 밖을 떠나지 마라

"선지자 갓이 다윗에게 이르되 이 요새에 있지 말고 떠나 유다 땅으로 들어가라 다윗이 떠나 헤렛 수풀에 이르니라"(삼상22:5)

"다윗! 링 밖을 떠나지 마시오! … 아시겠소?"
"다윗… 빨리 유다 땅으로 들어가시오."
갓 선지자 말에 다윗은 정신이 번쩍 들었다.
사울의 추적을 피해서 다윗은 유다 지역을 잠깐 벗어난 것이다.
링 밖으로 벗어난 것이다.

하나님은 우리 인생의 연출자이시다. 하나님은 다윗을 왕재로 예선을 하신 후 사울을 통해서 고난도의 훈련을 하셨다. 그래서 다윗은 사울의 추격을 피해 여기저기 도망 다니다가 두려움을 느낀 나머지 결국 다윗은 사울의 눈을 피해 이스라엘 유다 땅을 떠나게 되었다.

즉 하나님께서 훈련하시려고 설정해 놓으신 링을 떠난 것이다. 이것은 권투선수가 시합을 하다가 링을 벗어난 것과 같다. 링 밖에서 아무리 잘 싸워도 그것은 인정이 되지 않는다. 다윗이 링 밖을 벗어난 것이다. 사울에게 쫓기다 보니 다급해진 마음에 이웃나라를 은신처로 삼은 것이다. 우리 인생을 훈련하시는 하나님은 불꽃같은 눈동자로 이것을 보고 계셨다.

하나님은 갓 선지자를 보내 링 밖으로 떠나 있는 다윗에게 사인을 보낸 것이다. 하나님은 지금 다윗에게 무엇을 원하는 것인가 힘들어도 링 밖으로 떠나지 말라는 것이다.

훈련을 받을 때 철저하게 링 안에서 훈련을 받아야 한다. 주님이 허락하신 링 안에서 훈련을 받아야 하나님께서 원하시는 믿음의 사람으로 만들어진다.

설령 하나님께서 설정해 놓으신 환경과 상황에서 훈련받다가 감당치 못할 것 같으면, 우리의 체질을 잘 아시는 주님께서 외치실 것이다.

"그만! 그만! 이제 됐다 됐어." 말씀하실 것이다.

주님께서 인정해 주실 때까지 내 임의대로 훈련을 포기하거나 주어진 환경과 상황을 벗어나서는 안 된다.

하나님의 절대 주권을 믿고 지금 주어진 환경 속에 최선을 다해서 훈련에 임하라. 그렇지 않으면 고난의 시간이 길어질 수 있다.

요즘 성도들은 인내하지 못한다. 그래서 좋은 믿음의 일꾼이 잘 세워지지 않는다. 큰 기둥으로 쓰일 나무는 쉽게 크지 않는 것처럼 좋은 믿음은 쉽게 자라지 않는다.

요즘 성도들은 조금만 자존심이 상하든지 감정이 상하면 떠나 버린다. 링을 떠나 버린다. 그러니까 주님이 원하시는 사람이 만들어지지 않는다. 축복의 그릇이 만들어지지 않는다.

　하나님 나라의 쓸만한 믿음의 사람은, 많은 연단 속에서, 고난 가운데, 훈련가운데, 믿음이 다져지기 때문이다.

　다윗이 한 나라의 왕인 사울의 눈 밖에 났다는 것은 바로 죽음 자체였다. 일개 촌부가 한 나라의 왕에게 미움을 산 것이다. 이것은 바로 죽음이다. 그러나 이런 훈련은 하나님이 작정하신 것이기에 다윗은 절대로 사울에게 죽지 않는다. 다윗은 이런 고난도의 훈련을 잘 견디어 내었다.

　크리스찬들은 어떤 경우든지 하나님의 허락 없이 내 마음대로 직장을 옮기고, 교회를 옮기고, 이혼하고, 가정을 파괴하지 말아야 한다. 철저하게 하나님이 내 인생의 주인 되심을 인정하며, 훈련에 임하라. 그리하면 훈련에 대한 보상이 반드시 예비되어 있다.

　나에게도 그런 시절이 있었다. 하나님께서 나를 훈련하시려고 수많은 사람들을 붙이셨다. 내가 원치 않는 환경과 상황 속에서 많은 사건으로 연단을 하셨다. 나는 주어진 지하실 교회에서 환경이 어둡고, 불편하고, 냄새나서 하루 빨리 벗어나고 싶었다. 그래서 성도들과 함께 교회를 한번 옮겨보려고 여기저기 이전 장소를 물색하러 다녔다. 지하실뿐만 아니라, 이 지역에서 벗어나고 싶었다. 이 동네에서, 사람들에게서 벗어나고 싶었다.

　훌쩍 떠나서 다른 곳으로 가고 싶었다. 그래서 이전 장소를 찾아 다녔다. 때마침 교회 이전 장소도 적당한 2층 100평 정도 되는 건물이 준비되어 있었다. 이제 나만 결정하면 되었다. 그런데 나는 주님으로부터 윤허를 받아야만 했다. 왜냐하면 하나님께서 지금 지하실 교회 장소를 분명히 예비해 주셨기 때문이다. 나는 그곳에서 하나님이 허락하신 훈련을 끝내고 싶었다. 그곳이 바로 내가 훈련받아야 할 '링'이였다. 교회를 개척하려고 20일 금식기도를 했다. 주님은 약속의 말씀으로 찾아와 주셨다.

"나만 의지할 수 있겠느냐?"

"주님, 전 아무것도 없습니다. 혹은 병거 혹은 말을 의지하나(시 20:7) 저는 주님만 의지하겠습니다."

주님 한 분 의지하고 아무런 연고 없는 수원에 왔다. 개척할 교회 건물은 35평 정도 되는 지하실 상가였다. 지하실 가운데 큰 기둥이 하나 세워져 있었다. 그 장소를 계약하려고 올라오기 전날 밤이었다. 하나님이 꿈속에서 어떤 장소를 하나 보여 주셨다. 네모가 반듯한 직사각형으로 된 깨끗한 장소였다. 나는 아침에 일어나서 아내와 함께 버스를 타고 수원에 왔다. 건물 주인을 처음으로 만났다. 계약을 하려고 탁상 앞에 앉았다. 건물 주인이 물었다.

"그런데 무엇을 하려고 그러세요?" 업종을 묻는 것이다.

"예, 교회를 하려고요."

"네엣? 교회요?" 건물 주인이 펄쩍 뛰었다.

"내가 여호와 증인인데, 교회는 안 됩니다."

복덕방 아저씨가 사전에 이야기를 안 하신 모양이었다. 당황한 중개인은 우리 부부를 데리고 여기저기 다른 장소를 보여 주었다. 하지만 장소가 마음에 안 들었다. 우리 부부는 중개인에게 인사를 하고 부동산을 나와서 시골로 향했다.

부동산을 나와서 몇 걸음 가고 있는데… 전화벨이 울리더니, 중개인이 전화기를 손에 든 채 우리를 부른다.

"잠깐만요, 딱 한 군데만 더 보고 가시지요?"

우리를 불러 세우더니 중개인이 앞장을 섰다. 우리를 안내한 곳을 따라 지하로 들어가 보니 네모반듯한 직사각형 건물인데 기둥이 없었다. 천장도 텍스트로 중천이 잘 되어 있었다.

"앗, 이 장소는……"

순간 나는 깜짝 놀랐다. 어젯밤 꿈에 보았던 그 장소였다. 그렇다면 이 장소는 하나님이 예비하신 곳이었다. 주님이 인도하신 것이다. 건물 주인은 철탑과 간판을 걸지 말라고 당부하시면서 계약을 했다.

개척 준비를 하려고 내부 인테리어를 할 때이다. 어떤 목사님과 사모님이 찾아왔다. 우리를 보자마자 목사님이 하시는 말씀이다.

"이 장소를 어떻게 얻었습니까?"

"왜 그러세요?"

이 건물 주인이 화성과 용인 군수를 역임하신 분이신데, 돈이 많다고 한다. 작년에 건물을 준공해 놓고 다른 곳은 다 나갔는데 이 지하실만은 임대하러 오는 사람들마다 교회만 달라고 찾아오더라는 것이다. 많은 목사님들이 와서 달라고 해도 건물 주인은 불교 신자라 절대 교회는 안 준다고 했단다.

찾아온 목사님 부부도 1주일 전에 다녀갔다고 했다. 그런데 어떻게 건물을 얻게 되었느냐는 것이다.

사실 아버지가 인도하신 것이다.

"왕의 마음이 여호와의 손에 있음이 마치 보의 물과 같아서 그가 임으로 인도하시는도다"(잠21:1)

아버지가 주시고 싶은 자에게 주신 것이다. 그래서 아버지가 보관하고 계셨다가 나에게 허락해 주신 것이었다. 아무리 건물 주인이 독실한 불교 신자일지라도 하나님은 사람의 마음을 주관하시는 분이시다. 건물 주인의 마음을 하나님이 움직이셨던 것이다.

나는 지하실에서 벗어나고 싶었지만, 하나님의 허락이 있어야 했다. 지하실은 내가 훈련받는 '링'이었다. 그래서 그 링에서 내가 쓰러질 때까지 스파링을 하는 것이다.

연출자 되시는 우리 주님이 "아들아 그만! 그만! 됐다 됐어"라고 말씀하실 때까지 나는 링을 떠나지 않았다.

그 결과 7년을 가득 채운 어느 날 하나님은 상상할 수 없는 일로 축복해 주셨다. 마치 훈련이 끝난 후 다윗에게 부어 주셨던 축복이 내게도 그대로 주어졌다.

"만군의 하나님 여호와께서 함께 계시니 다윗이 점점 강성하여 가니라. 두로 왕 히람이 다윗에게 사자들과 백향목과 목수와 석수를 보내매 저희가 다윗을 위하여 집을 지으니 다윗이 여호와께서 자기를 세우사 이스라엘 왕을 삼으신 것과 그 백성 이스라엘을 위하여

그 나라를 높이신 것을 아니라"(삼하5:10-12)

소정의 훈련을 마친 다윗에게 하나님은 사람을 보내어 다윗의 모든 필요를 채워 주셨다. 다윗과 함께해 주셨고 다윗에게 집을 주셨다.

나에게도 이런 축복이 그대로 임했다. 하나님이 먼저 아파트를 주시고, 약 350석을 갖춘 큰 예배당을 선물로 주셨다. 그리고 사역에 성령의 기름을 부으셨다. 내 인생에 꿈같은 일이 일어났다.

나는 하나님을 신뢰하며 절대 주권을 믿는 성도들이 육신의 안일함을 위해, 불편함을 해소하기 위해, 자존심 때문에, 링 밖을 떠나지 않았으면 한다. 주어진 교회와 직장과 인간관계를 너무 쉽게 정리하고 떠나는 성도들에게 부탁하고 싶다.

"하나님께서 허락하신 링 밖으로 떠나지 마십시오." 연출자 되신 하나님이 우리의 귓가에 말씀하실 것이다.

"얘야 수고했다. 이제 그만 됐구나! 내가 너를 믿는다." 말씀하실 때까지 주어진 링을 떠나지 말고 주어진 자리에서 충성을 다하며 훈련하시길 바란다.

> **TIP**
> 1. 당신은 링 밖으로 떠나보신 적이 있는가?
> 2. 훈련되지 않으면 장소에 상관없이 반복해서 그 문제가 찾아 옵니다. 당신은 그런 경험이 있는가?

선물로 받은 전 재산

"더러는 좋은 땅에 떨어지매 혹 백 배, 혹 육십 배, 혹 삼십 배의 결실을 하였느니라"(마13:8)

"하나님… 지상에 방 한 칸만 주세요. 내년 6월까지 방 한 칸만 주세요. 아버지 방 한 칸입니다. 아셨지요?"

왜 6월까지 데드라인을 정했냐고 하면 7월부터 여름이 시작되기 때문이다. 장마가 시작되면 지하실은 습기와 냄새가 피어오른다. 그래서 하나님 앞에 나는 기도했다.

"하나님! 내년 6월까지에요. 아셨지요?"

그리고 잊어버렸다. 어느덧 해가 바뀌어 6월이 되었다. 6월 2째 주일날이 되었다.

신갈에 사는 친구가 찾아왔다. 이 친구는 체육대학 3학년 때 주님으로부터 부름을 받았다. 그래서 대학을 졸업하고 축구선수 이영무씨와 함께 교회를 섬기면서 이영무씨가 창단한 할렐루야 축구팀에서 활동하다가 수원에 있는 합동신학원에 입학을 했다. 그리고 결혼을 해서 신혼살림을 신갈에 차렸다. 신학교 4학년 졸업반이 되자 서울에 ○○교회에서 전임전도사로 청빙을 했다. 교회에서 방 두 개가 있는 사택을 마련해 주었다.

그들은 신갈에서 700만 원 전세로 살고 있었다. 이삿짐을 정리하고 전세금을 찾아서 통장에 예치를 시키려고 하는데 자꾸만 주님이 우리 부부를 생각나게 하시더라는 것이다. 그들은 성령께서 감동하시는 데로 전세금 칠백만 원을 들고 우리 부부를 찾아왔다. 나는 깜짝 놀랐다.

"이보게 자네 웬일인가?"

놀라는 내 앞에 그들은 700만 원을 선뜻 내 놓았다.

"주님이 자꾸만 갖다주라고 견딜 수 없는 감동을 주어서 왔네. 부담 갖지 말고 받게."

"아닐세."

나는 급하게 손사래를 쳤다.

"이것은 자네 전 재산 아닌가? 이걸 내가 어떻게 그냥 받을 수 있나, 내가 무이자로 쓰겠네."

친구는 웃으면서 내 손을 따뜻하게 잡아 주며 입을 열었다.

"이것은 주님이 주시는 것이네. 나는 단지 심부름만 할 뿐이라네."

친구는 자신의 전 재산을 놓고 서둘러서 일어섰다. 나는 가슴이 먹먹해 왔다. 가슴 깊은 곳에 하나님이 베풀어 주신 은혜가 출렁거렸다.

"아!… 하나님께서 나의 기도를 이렇게 응답해 주셨구나!"

신실하신 하나님은 6월이 가기 전에 나의 기도를 응답해 주신 것이다. 나는 친구가 전해준 700만 원을 가지고 지상에 방 한 칸을 얻었다. 원룸 같은 방 한 칸을 얻어서 사택이 지상으로 올라왔다. 나는 이사하는 날 얼마나 감사했는지 모른다. 나는 가만히 벽지를 손으로 쓰다듬어 보았다.

새로 풀칠해서 마른 벽지를 아래 위로 쓰윽쓱 쓰다듬어 보면서 아버지께 감사를 드렸다.

"아버지 고맙습니다. 아버지 참 좋네요. 제가 열심히 더 잘할게요. 감사해요 아버지……."

"더러는 좋은 땅에 떨어지매 혹 백 배, 혹 육십 배, 혹 삼십 배의 결실을 하였느니라"(마13:8)

어릴 때 논두렁 밭두렁에 다니면서 콩을 심은 적이 있다. 노는 땅을 없애기 위해서다. 밭이 없으면 만들어서 심었던 것이다. 진리로 사는 사람들은 밭이 보이면 심어야 한다. 밭이 없으면 밭을 만들어서라도 심어야 한다. 씨를 심어라. 반드시 거두리라. 인생은 기회리라.

나는 하늘 아버지께 더 많이 잘하고 싶었다. 지하에서 지상으로 이사하던 그날 밤 나는 잠을 이룰 수가 없었다. 단칸방에서 잠을 자는데 얼마나 행복한지 몰랐다. 학교를 다니는 아이들도 참 행복해 했다. 방 안에 세탁기도 놓고 썼다. 딸아이 학교 친구들이 우리 집에 놀러온다. 그러면 친구들이 딸아이에게 묻는다.

"얘, 네 방은 어디 있니?"

"나의 방?"

"응 네 방?" 우리에게는 낯선 단어였다. 그러면 우리 딸은 언제나 이렇게 말한다.

"어, 이게 내 방이야."

당당하게 말하는 딸아이 모습이 지금도 눈에 선하다. 하나님은 이렇게 한 걸음씩 나를 키우시고 인도하셨다.

하나님은 7년 동안 나를 지하실에 가두시고 훈련하시더니 가난이 축복의 아이콘 되게 나를 축복의 사람으로 빚어 가셨다.

> **TIP**
> 1. 당신은 기도를 응답하심을 믿는가?
> 2. 응답받은 경험을 함께 나누어 보자.

part 2

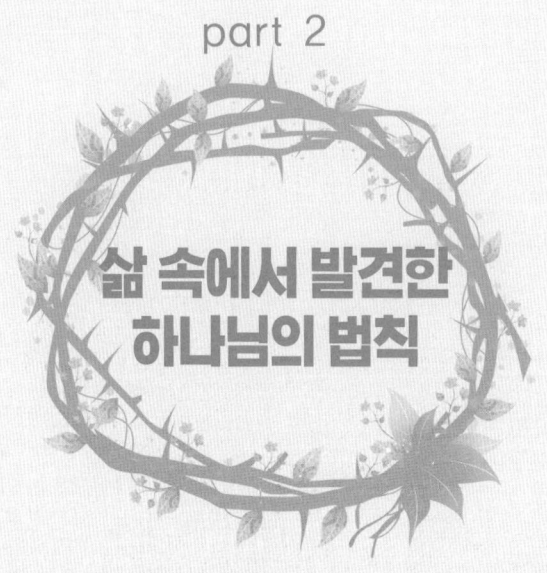

삶 속에서 발견한 하나님의 법칙

깨어진 유리창
십자가 죄 때문이 아니다
갈비에도 품격이 있다
맨땅에 헤딩하기
광야에서 첫 번째 훈련
헌금을 돌려주어라
오직 하나님만 바라보라
하나님으로 사는 법을 배우다
복음에 미치다
고난은 본심이 아니다
복음을 영화롭게 하라
복음을 누려라
걱정하지 마라

The Icon of Blessing

깨어진 유리창

"여호와께서 말씀하시되 오라 우리가 서로 변론하자 너희 죄가 주홍 같을지라도 눈과 같이 희어질 것이요 진홍같이 붉을지라도 양털같이 되리라"(사1:18)

"쨍그랑!"

친구들과 전쟁놀이 하다가 이웃집 가게 유리창을 깨버렸다. 유리창 깨지는 소리에 친구들은 놀라서 도망을 쳤다. 결국 아저씨에게 붙잡힌 것은 나였다. 아저씨는 내 멱살을 잡고 소리쳤다.

"너 이놈! 어떻게 할거냐?" 협박을 했다.

"아저씨 죄송합니다. 미안합니다. 용서해 주세요."

내 생각에는 한 번만 용서해 주면, 다시는 안 그럴 것 같아 잘못을 빌고 또 빌었다. 다시는 안 해야겠다는 결심을 하고 또 결심했다. 그런데 이미 재산상의 피해가 났으니 이것은 말로 될 일이 아니었다. 아저씨에게 붙잡혀 빌고 있는데, 마침 어머니가 시장을 다녀 오시다가 그 모습을 보았다.

"아저씨 왜 그러세요?"

"이놈이 우리 유리창을 깨버렸소."

"어떻게 하겠소?"

어머니는 곧바로 이렇게 말씀하셨다.

"죄송합니다. 물어 드리겠습니다."

멱살을 잡았던 아저씨는 나를 풀어 주었다.

"다친 데는 없니?"

"응, 엄마"

"다행이구나, 큰일 날 뻔했구나. 다음부터는 조심하거라."

어머니는 그날로 변상을 해 드렸다.

다음 날 나는 그 골목으로 또 놀러 나갔다. 어슬렁거리는 나를 보시더니 가게 아저씨는 손짓하며 나를 불렀다.

'너 어제 유리창 깬 죄를 네가 알렸다'라는 표정으로 불렀다.

"아저씨, 왜요?"

"너! 어제 유리창 깼지!"

"아저씨 물어 줬잖아요?"

"뭐야! 요놈이."

"물어 줬잖아요!"

나는 당당하게 말했다. 그렇다. 우리는 죄인이다. 죄를 지어서 죄인이 아니라 죄인으로 태어나서 죄인이다. 하지만 예수께서 우리의 모든 죗값을 갚아 주셨다. 그러므로 예수 안에서 우리는 자유해야 한다.

그런데 우리 교회 셀 리더로 수고하시다가 84세에 주님 품으로 가신 권사님이 계신다. 권사님은 미국 시민권을 포기하시고 우리

part 2 삶 속에서 발견한 하나님의 법칙

교회에서 셀 리더로 섬기시며 남은 인생의 여정을 알뜰하게 사셨다. 권사님은 늘 이어폰을 끼고 설교말씀을 들으며 말씀에 순종하려고 애를 쓰신다. 참 잊을 수 없는 어머니 같은 분이셨다. 늘 철이 되면 첫 과일을 제일 먼저 하나님께 드리는 마음으로 주의 종을 대접해 주셨다. 권사님의 맑고 아름다운 환한 미소가 생각이 난다. 어느 날 새벽 예배를 마치고 기도하고 있는데 강대상 앞에 서서 누가 나를 불렀다.

"목사님! 목사님!"

기도하다 말고 고개를 돌려보니 그곳에 우리 권사님이 서 계셨다.

"권사님 무슨 일이세요?"

권사님께서 머뭇머뭇 거리시면서 입을 여셨다.

"목사님 누구를 미워했는데, 기도 좀 해주세요."

"아 그러세요? 권사님 그러면 그 죄를 하나님께 회개하시면 돼요."

기도를 해드렸다. 권사님은 기쁜 마음으로 돌아가셨다. 그런데 그다음 날이었다. 새벽예배를 마치고 기도를 하는데, 강대상 앞에서 누가 나를 불렀다.

"목사님! 목사님!"

돌아다보니, 어제 그 권사님이셨다.

"권사님 왜요?"

머뭇머뭇하시더니 입을 여셨다.

"목사님 어제 그 죄가 또 생각이 나요."

어제 회개하고 기도했는데, 또 그 죄가 생각이 난다는 것이다.

"권사님! 한번 회개한 죄는 주님이 기억하지 않으신대요."

"네 네, 목사님"

기도해 드렸다. 그리고 다음 날 새벽이 되었다.

새벽예배를 마치고 기도하려는데, 이제는 권사님이 의식이 되었다.

오늘 권사님이 또 오실까? 통성으로 부르짖어 기도하면서도 슬적슬쩍 그쪽을 바라보았다. 기도를 중언부언하다가 슬쩍 그곳을 보는 순간 가슴이 덜커덩 내려앉았다.

이게 웬일인가? 어느새 권사님이 또 서 계신 것이 아닌가?

"아이고 권사님이세요!"

"예, 목사님 저예요."

얼마나 놀랬는지 모른다.

"왜요? 권사님."

"목사님 또 그 죄가 생각이 나요. 생각이 나도 너무 나요."

순간, 나는 아득해졌다. 우리가 하나님 앞에서 이런 모습이겠구나 싶은 생각이 들었다.

"권사님 한번 회개한 죄는 주님이 다시 기억하지 않으시고 깨끗하게 다 처리하셨대요. 여기 주님의 약속을 보세요."

"만일 우리가 우리 죄를 자백하면 그는 미쁘시고 의로우사 우리 죄를 사하시며 우리를 모든 불의에서 깨끗하게 하실 것이요"(요일1:9)

"권사님 이 말씀 믿으시지요?"

"믿기는 믿는데… 자꾸 그 죄가 생각이 나요."

신앙생활을 하다 보면 권사님처럼 회개했던 죄가 자꾸 생각나는 경우가 있다.

"권사님, 이제 그 죄가 또 생각이 나면 예수 그리스도의 이름으로 선포해 보세요."

회개란? 지은 죄에 대해서 후회하는 것이다.

그리고 후회하고 끝나는 것이 아니라, 행동을 돌이키는 것이다. 그래서 진정으로 회개를 하면 사람이 변화가 되는 것이다.

"그러므로 회개의 합당한 열매를 맺고"(마3:8)

그렇다면 참된 회개를 왜 해야 하는가?

"너희 허물이 이러한 일들을 물리쳤고 너희 죄가 너희에게 오는 좋은 것을 막았느니라"(렘5:25)

죄는 우리에게 오는 모든 좋은 것을 가로 막는다.

그러므로 죄는 모양이라도 버려야 한다. 영육 간에 복을 받았던 많은 믿음의 사람들은 죄를 잘 다루었다. 죄를 잘 처리할 줄 알았다.

죄를 안 짓는다는 말이 아니다. 사람이 축복받는 비결 가운데 하나가 죄를 다루는 데 영혼의 수고를 해야 한다는 것이다.

다윗과 사울은 어떤가? 다윗은 죄를 깨닫는 즉시 회개를 하여 죄를 잘 해결하였지만 사울은 자신의 죄와 잘못을 회개하지 않아 결국 비참한 결과를 낳게 되었다. 죄를 잘 처리하고 다루면 복이 주어지지만 죄를 잘못 다루면 저주가 찾아온다.

그렇다면 어떻게 죄를 잘 다스릴 수 있을까?

죄를 짓고 나면 남는 것이 있다. 죄의식과 죄의 세력과 저주가 남는다. 이런 우리의 체질을 아시는 주님께서 우리의 죄를 깨끗하게 처리하기 위해 구약에 아사셀 숫염소에게 전가하여 멀리 광야로 끌고 가서 다시 돌아오지 못하도록 절벽에 던져 버렸다.

구약에 아사셀 숫염소는 훗날 예수 그리스도가 십자가를 지고 영문 밖에서 죽음을 당하신 모형이다.

"내가 네 허물을 빽빽한 구름의 사라짐같이, 네 죄를 안개의 사라짐같이 도말하였으니 너는 내게로 돌아오라 내가 너를 구속 하였음이니라"(사44:22)

약속하신 주님의 말씀을 믿음으로 취하라. 주님께서 우리에게 행하신 일은 완전한 것이다.

그 죄가 또 생각이 나는가? 속지 마라.

예수 그리스도가 십자가에서 이미 우리의 죗값을 물어 주셨다. 완벽하게 죗값을 지불하셨다. 그래서 십자가가 우리의 자랑이다.

> **TIP**
> 1. 당신은 죄가 자꾸 생각난 적이 있는가?
> 2. 과거, 현재, 미래의 우리가 지을 죄 값까지 십자가에서 주님이 담당하셨다는 사실이 믿어지는가?

십자가는 죄 때문이 아니다

"너희 지체를 의의병기로 하나님께 드리라"(롬6:13)

"하나님, 교회 봉고차 하나 주세요… 하나님…."

예배 때마다 중보기도 시간에 새벽기도 시간에 자동차를 위해서 기도를 했다. 하나님은 기도의 응답으로 자동차 헌금 100만 원을 주셨다. 어떤 자매님이 퇴직금 가운데 100만 원을 드린 것이다.

나는 설레는 마음으로 100만 원을 들고 중고 자동차 시장으로 뛰어갔다. 100만 원을 주고 13년 된 그레이스 봉고를 샀다. 하나님께 감사하며 차를 교회 앞에 세우고 세차를 했다. 물을 떠다가 찬양을 부르며 청소를 하는데 행복한 마음이 밀려왔다. 그런데 걸레를 빨면 빨수록 물이 점점 줄어들면서 시커먼 물이 되었다.

내 마음속에 갑자기 이런 생각이 들었다.

"돈 100만 원을 투자한 목적이 뭐냐? 자동차인가? 시커먼 구정물 때문인가?"

나는 아내를 불렀다.

"여보!"

지하실을 향해 아내를 힘차게 불렀다.

"왜요?"

"이리 와 보세요."

"무슨 일인데요?"

손에 고무장갑을 끼고 고개를 길게 빼며 아내가 다가왔다.

"이것 보구려!"

나는 시커먼 물을 가리켰다.

"……."

"내가 100만 원을 투자한 것이 이것이요."

아내는 웃으면서 내 얼굴을 바라보더니, 손가락을 돌리면서 지하실로 내려갔다. 하나님께서 갑자기 이런 감동을 주셨다.

"얘야… 100만 원을 투자한 목적이 뭐냐? 구정물을 얻기 위한 것이냐? 아니면 차를 쓰려고 투자한 것이냐?"

내가 100만 원을 투자한 목적은 차를 깨끗이 청소해서 복음을 실어 나르는 도구로 사용하려고 투자한 것이다.

"그렇다면… 십자가에서 주님이 생명을 지불하신 것은 죄 때문이 아닌가요?"

"맞다, 그러나 그것이 목적이 아니다."

주님이 십자가에서 죽으신 것은 우리의 죄 때문이 아니다.

죄… 그것이 목적이 아니다. 죄와 허물로 더러워진 우리를 깨끗이 씻어서 우리를 당신의 의의 병기로 사용하기 위한 것이다. 복음을 위해서 우리를 사용하기 위한 것이다.

우리를 열방을 섬기는 의의 병기로 사용하시기 위함이다.

"우리 중에 누구든지 자기를 위하여 사는 자가 없고 자기를 위하여 죽는 자도 없도다 우리가 살아도 주를 위하여 살고 죽어도 주를 위하여 죽나니 그러므로 사나 죽으나 우리가 주의 것이로다. 이를 위하여 그리스도께서 죽었다가 다시 살으셨으니 곧 죽은 자와 산 자의 주가 되려 하심이니라"(롬14:7-9)

오늘날 주님께서 십자가에서 죽으신 목적이 마치 죄 사함이 전부인 양 하나님께 헌신하지 않는다. 그래서 십자가의 복음이 값싼 복음이 되어 버렸다. 사람들이 죄 사함 받은 것에 만족하며 주님께 헌신하지 않는다.

13년 된 봉고차는 나에게 잊지 못할 교훈을 주었다.

그러나 복음은 절대로 값싼 것이 아니다. 하나님이 우리에게 복음을 주신 것은 당신의 전부를 주신 것이다. 그런데 우리는 복음을 하찮게 여길 수가 있다. 너무 쉽게 일상적인 것처럼 값싼 복음으로 치부할 수 있다. 그래서 우리는 자칫 속아서 산다. 헌신하지 않는다. 엄청난 복음을 소유하고도 우리 가슴이 뛰며 설레이지 않는 것이다.

"천국은 마치 밭에 감추인 보호와 같으니 사람이 이를 발견한 후 숨겨 두고 기뻐하여 돌아가서 자기의 소유를 다 팔아 그 밭을 샀느니라"(마13:44)

복음은 마치 이와 같다. 하나님 나라는 그것을 얻기 위해서는 다른 모든 소유를 포기할 수 있을 정도로 큰 가치를 지니고 있다. 그런데 값싼 은혜는 절대로 자신을 포기하지 않는다.

우리 성도들은 예수를 믿고 무엇을 얻었고 무엇을 잃었는지, 예수 믿고 무엇을 소유하고 무엇을 버렸는지를 분명히 보여 줄 수 있어야 한다. 나는 예수 믿고 영생을 얻었고, 진리를 소유했고, 천국을 얻었고, 하나님을 얻었다. 그리고 나는 교만을 버렸다. 혈기를 버렸다. 내 자신의 욕망을 버렸다. 나의 꿈을 버렸다. 내가 십자가에서 죽었기 때문이다. 오직 십자가의 예수만이 우리의 자랑이기 때문이다.

> **TIP**
> 1. 당신은 예수 믿는 목적이 무엇인가?
> 2. 당신은 예수님이 십자가에 죽으신 목적이 무엇이라고 생각하십니까?

갈비에도 품격이 있다

"내 양은 내 음성을 들으며 나는 저희를 알며 저희는 나를 따르느니라"(요10:27)

　수원에는 맛이 좋기로 유명한 갈빗집들이 있다. 대표적으로 가보정과 수원왕갈비와 삼부자 갈빗집이다. 이들은 각각 맛에 특색이 있다고 식도락가들은 말을 한다. 가보정은 밑반찬이 깔끔하고 맛이 좋다고 한다. 그리고 서비스가 좋다. 연 매출액이 200억 정도라고 한다. 1일 매출이 5천만 원에 달한다고 한다. 수원에 외국인 관광객이 오면 반드시 경유하는 코스로 지정될 정도다. 그렇게 유명하다는 갈빗집에 어느 날 우리 교회 집사님이 저녁 식사를 초대했다. 처음으로 가보았다. 집사님은 갈빗집에 도착하자 나에게 이렇게 말했다.
　"목사님 이 가보정 주인이 우리 고향 오빠에요, 독실한 불교신자인데 예수님 믿게 꼭 복음을 좀 전해주세요." 기특한 일이다.
　정말 모처럼 갈비 먹으러 갔는데, 집사님 부탁을 듣고 보니 마음 편히 먹기는 틀렸다. 일면식도 없는 갈빗집 사장님에게 복음을 전해 달라고 부탁을 받았으니 목사로서 최선을 다해야 한다. 복음을 전해야 한다는 부담감에 갈비 맛을 느낄 수가 없었다. 그래서 대충 식사를 하면서 사장님이 나타나기만을 기다렸다. 이윽고 사장님의 모습이 보이자 집사님은 반갑게 소개를 했다.

"오빠, 우리 교회 목사님이셔. 인사해요."

서로 인사를 했다. 사장님은, "찾아 주셔서 감사합니다. 맛있게 드십시오." 인사를 하신 뒤 자리를 떴다.

사실 복음은 이렇게 전해지는 것이 아니다.

그렇다면 복음은 어떻게 전해지는가?

복음은 반드시 '관계'라는 다리를 통해서만 다른 사람에게 건너갈 수 있다. 관계라는 다리가 없으면 복음은 절대로 건너갈 수가 없다. 그런데 때로는 많은 전도자들이 이런 사실을 잘 모른다. 물론 성령의 역사로 처음 만나서 능력 전도를 할 수도 있다. 그러나 대부분의 전도는 관계를 통해서 복음이 건너간다.

삼부자 갈비다. 이 갈빗집은 타 지역에서 손님들이 많이 찾는다고 한다. 서울 사람들은 이 삼부자 갈비를 최고로 쳐준다고 한다. 집안 대대로 내려오는 전통이 있다. 그래서 고기 맛이 으뜸이라고 한다. 육질과 색깔이 좋다고 한다. 아직 가 본 적은 없다.

수원 본 갈비다. 일명 왕갈비다. 이 갈빗집의 특징은 갈빗대가 크고 양이 많다. 그래서 고기 양이 많다는 것을 눈으로 확인시켜 준다.

한번은 교회 초청 잔치가 있는데 교회 집사님이 그 갈빗집 부사장을 알고 있다며, 복음 좀 전해 달라고 왕갈비 집으로 나를 초대를 했다. 사람들이 줄을 서서 기다리다가 자리가 생기면 들어가서 먹곤 했다. 이번에도 역시나 갈비를 먹는데 부사장님이 우리 테이블에 나타나서 인사를 했다. 목회자는 복음의 전문가다. 그래서 늘 복음을 전할 준비를 하고 살아야 한다. 그런데 정말 즐겁게 음식을 먹어야 할 음식점에서 생면부지의 전도 대상자에게 복음을 전하는 것이 사실 쉽지 않다. 내 인생에 가장 소중한 복음을 가장 존귀하신 주님을 내가 가장 가치 있게 여기는 주님을 아무렇게나 소개하고 싶지 않다. 앞으로는 식사는 즐겁게 할 수 있도록 목회자들에게 자유를 주었으면 한다. 수원에 온 지 20년 만에 한 번씩 찾았던 유명한 갈비의 맛을 전혀 느낄 수가 없는 아쉬움이 남았다.

우리 교회에서 멀지 않은 곳에 꽤나 규모가 있는 큰 한우 갈빗집이 생겼다. 그래서 교회에서 귀한 강사님이나 목사님이 오시면 그곳에서 접대를 했다. 한번은 집회를 인도하신 강사 목사님을 그곳으로 모셨다. 우리는 저녁 식사를 하면서 이런저런 목회 이야기를 하면서 갈비 1인분을 추가로 주문을 했다. 그리고 열차시간이 임박해서 강사 목사님을 수원역에 모셔다 드리고 차를 운전하고 돌아오는 길이었다. 내 마음속에 성령님께서 말씀을 걸어오셨다.

"식사 값 계산이 덜 되었구나."

"주님, 덜 되었다니요?"

"추가로….”

"그랬던가요?"

성령님은 추가로 시킨 갈비 값이 계산이 덜 되었다고 말씀하시는 것이다.

"주님! 알겠습니다… 제가 나중에 퇴근하면서 들르겠습니다."

"아니다. 지금 곧바로 가거라." 주님이 재촉을 하셨다.

"알겠습니다." 나는 즉시 순종했다. 그리고 곧바로 식당으로 갔다.

"어떻게 오셨어요?"

"예, 좀 전에 식사를 하고 갔는데요. 계산이 잘못되어서 왔습니다."

"계산요?… 좀 전에 저쪽 테이블이죠? 계산이 정확하게 되었는데요?"

"네, 저희가 갈비 1인분을 추가로 먹었는데요. 그게 계산이… 안 되었거든요."

"그래요?"

카운터를 보시는 주인은 활짝 웃으시면서

"감사합니다. 손님 같은 분 처음 봤어요. 수많은 사람들이 다녀갔지만 이렇게 선생님처럼 계산이 덜 됐다고 다시 와서 돈을 내고 가시는 분은 지금까지 한 분도 없었거든요."

"그러세요?… 저는 저쪽에 있는 빨간 벽돌로 지어진 교회 있지요? 바로 온누리교회 목사입니다."

"아! 목사님이셨구나!"

그날 이후 갈빗집 주인은 나를 각별하게 대해 주었다.

내가 가면 "목사님 목사님" 하면서 나를 VIP 대접을 해 주었다.

갈빗집 주인은 증정품으로 제주도 왕복 비행기 티켓 2장을 선물로 주기도 했다. 물론 시간이 없어 못 갔다.

그러나 마음이 너무 행복했다. 성령님께 순종한 결과 많은 보너스를 얻었다. 중요한 것은 주님이 말씀하실 때 즉시 순종하느냐가 중요하다.

"내 양은 내 음성을 들으며 나는 저희를 알며 저희는 나를 따르느니라"(요10:27)

성령님은 오늘도 우리에게 말씀하시고 우리를 인도하시길 원하신다. 귀를 기울이면 들릴 것이다. 하나님의 음성은 은사가 아니다. 훈련과 학습에 의해 되어지는 것이다.

"주님, 음성이 들립니다."

하루 속히 우리 모두에게 이런 고백이 있었으면 한다.

> **TIP**
> 1. 성령님의 음성에 순종한 적이 있었는가?
> 2. 하나님의 음성은 은사가 아닙니다. 어떻게 생각하는가?
>   요10:27을 읽고 나누어 보자.

맨땅에 헤딩하기

"혹은 병거 혹은 말을 의지하나 우리는 여호와 우리 하나님의 이름을 자랑하리로다."(시20:7)

지금은 수영장 시설이 잘되어 있지만 우리 어릴 땐 저수지가 수영장이다. 친구들과 물장구를 치다가 다이빙을 하곤 한다. 그런데 다이빙을 잘못하면 얼굴이 깎이고 깨진다. 그래서 여름날에 쓰라린 상처로 인하여 진물이 나는 얼굴로 다닌 적이 있다.

어떤 일이든지 아무것도 없이 시작한다는 것이 참 어렵고 힘이 드는 것은 사실이다. 나는 교회 개척을 마치 맨땅에 헤딩하기처럼 시작을 했다.

20일 금식 끝에 아무런 연고가 없는 수원 땅에 교회를 개척했다. 건물의 보증금이 이천만 원인데 보증금 일천만 원이 부족했다. 그래서 시골에 사는 누나에게 부탁을 했다. 누나는 농협에서 대출을 받아 주면서 이렇게 말했다.

"알지? 이자… 날짜 잊지 말고 꼬박꼬박 넣어야 해."

"알았어요, 누나."

유난히 눈을 크게 뜨고 누나는 몇 번이고 나에게 확인했다. 수원 온누리교회는 이렇게 시작이 되었다. 처음부터 맨땅에 헤딩하기였다.

큰딸이 17개월 되었을 때 둘째 아이를 출산했다. 둘째 아이를 출산한 지 20일 만에 교회 개척이 시작되었다. 전세 2천에 월 20만원씩 주기로 하고 지하 50평 상가건물을 임대했다. 지하에 우리가 살 방을 꾸몄다. 주방 하나 안방 하나 비상구 쪽에 내 서재를 꾸몄다. 그런데 방을 꾸미는데 지하실 바닥에 스티로폼을 깔고 그냥 보일러를 놓자고 한다. 그런데 아무래도 내 생각에는 여름철에 지하에 물이 차오를 것 같았다. 우리 부부는 상관 없지만 어린 아이들 생각에 만일 물이 차오를 것을 대비해서 바닥을 조금 띄워서 나무를 깔고 보일러를 설치했다.

둘째 아이를 출산한 지 20일 만에 아내는 미처 몸조리를 다 하지 못한 채 이삿짐을 풀었다. 지하실은 화장실이 없고, 하수도 시설이 없지만 우리는 불편을 감수했다. 지하실 한쪽 구석에 물이 고이면 모터로 펌핑을 해서 밖으로 퍼 올리는 집수장이 있다. 그곳에 음식물 찌꺼기라도 막히면 어떤 때는 교회까지 물이 넘쳐 왔다. 온통 교회 안에 하수구 냄새가 나기도 했다.

몇 명의 청년들이 지방에서 올라와 함께 공동체 생활을 하였는데, 이들을 섬기는 것도 다 아내의 몫이었다. 아내는 몸조리를 하지 못한 채 새벽부터 늦은 밤까지 사람들 밥을 해서 먹이고 세탁하고 어린 두 딸을 키우는데 몸이 몇 개라도 모자랄 판이었다.

날마다 이런 일들은 되풀이되었다. 일은 해도 끝이 없었다. 아내는 치우다가 피곤에 지쳐 자리에 눕는다. 그러다가도 새벽이면 어김없이 새벽예배를 드려야 했다. 지금 생각하면 산후조리를 해야 하는 산모인데 너무 과로를 한 것이다.

사실 지하실은 아무런 일을 하지 않아도 스트레스가 쌓이는 곳이다. 아내는 젖먹이를 안고 편하게 젖병을 물려 본 적이 거의 없다. 무엇보다도 우리 부부는 서로가 서로를 챙기거나 돌아볼 마음적인 여유가 없었다. 우리 부부가 쉴 만한 공간이 없었기 때문이다. 아이들 기저귀는 모든 일과가 끝난 밤늦게 상가 2층 화장실에 가서 빨아야만 했다. 해골 목사의 교회 개척은 말 그대로 죽음이었다. 마치 맨땅에 다이빙을 한 꼴이었다.

한국에서 이렇게 교회 개척하는 목사님들이 어디 나뿐이겠는가? 개척교회 목사님들의 수고와 어려움은 말로 다할 수 없으리라.

코끼리마저 울렸다는 유머가 있다. 코끼리 쇼를 보여주던 조련사가 군중을 향해 외칩니다.

"여러분 이 코끼리는 감성이 풍부합니다. 누구든지 이 코끼리를 울게 하면 상금으로 1,000달러를 주겠소."

그러자 여기저기 관중석에서 웅성거리며 코끼리를 울리겠다고 나섭니다. 모두가 실패를 했다.

그런데 어떤 관광객 한 사람이 코끼리에게 다가가더니 코끼리의 커다란 귀를 들고 귓속말로 뭐라고 하는지 소곤소곤 거렸다. 한참 소곤거리자 아무 반응이 없던 코끼리가 갑자기 뿌우웅… 하며 코를 하늘로 높이 들더니 훌쩍 거리며 울기 시작했다.

"와우 이럴 수가? 코끼리를 울리다니… 어떻게 해서 울렸을까?"
조련사는 깜짝 놀라서 물었다.
"선생님! 제가 약속대로 천 불을 드리겠습니다. 그런데 선생님께서 코끼리에게 무슨 이야기를 했기에 코끼리가 저렇게 슬프게 웁니까?"
관광객은 빙긋이 웃으면서 입을 연다.
"저는 한국에서 온 목사입니다. 코끼리에게 별 이야기 안 했습니다. 그저 내가 개척할 때 고생했던 이야기 몇 마디 했더니… 저렇게 훌쩍훌쩍 우네요."
"아… 네, 그랬군요?"
조련사는 이해할 수 없는 표정으로 다음 프로그램을 진행한다.
"여러분, 이번에는 코끼리가 펄쩍펄쩍 뛰는 공연을 보여드리겠습니다. 그런데 공연에 앞서 누구든지 나와서 이 코끼리를 한번 뛰어 보게 하는 자에게 또 상금 천 불을 드리겠습니다."
여기저기 관중석에서 사람들이 나와서 육중한 코끼리를 뛰어 보게 하려고 갖은 방법을 다 동원해 본다.
그런데 코끼리는 요지부동이다.
그러자 이번에는 좀전에 나왔던 한국에서 왔다는 목사가 나오더니 코끼리 귀를 들고 간단하게 한마디 하자, 갑자기 코끼리가 앞발을 들고 펄쩍 뛰었다.
조련사가 급히 다가와 어떻게 된 일이냐고 또다시 묻자 한국에서 온 목사가 씨익 웃으면서 말을 한다.
"제가 코끼리 귀를 들고 살짝 이렇게 말했습니다."

"무슨 말을 했소?"

"너… 나랑 개척할래?"

물론 유머지만 개척교회의 어려움을 잘 말해주고 있다.

나는 의지할 것이 아무것도 없어서 주님 앞에 몸으로 때우는 수밖에 없었다. 그래서 밤낮으로 주님께 매달렸다. '주님, 저는 아무것도 의지할 것이 없습니다. 오직 저는 주님께서 약속하신 말씀만 의지하겠습니다.'

그런데 나에게 인간적으로 물질이나, 탁월한 재능이나, 능력이 많았다면 나는 그것 때문에 육신적으로 편하게 목회를 시작할 수 있었을 것이다. 그리고 목회하는 데 어느 정도 도움이 될 수도 있었을 것이다. 그러나 그것들 때문에 주님을 의지하거나 신뢰하지 않는다면 그것은 진정한 축복이 아니다. 나는 아무것도 의지할 것이 없어서 오히려 주님만 의지하며 목회를 한 것이 내 자신에게 엄청난 축복이 되었다.

지금도 따뜻한 주님의 음성이 들려온다.

"나만 의지할 수 있겠냐?"

"예… 주님 병거나 말을 의지하지 않고 저는 당신만 의지하겠습니다."

📍TIP
1. 당신은 맨땅에 헤딩으로 시작한 경험이 있는가?
2. 당신도 앞만 보고 달려온 세월이 있는가?
   부부가 서로 차를 한잔 마시며 마음을 나누어 보자.

광야에서 첫 번째 훈련

"스스로 속이지 말라 하나님은 만홀히 여김을 받지 아니하시나니 사람이 무엇으로 심든지 그대로 거두리라"(갈6:7)

하나님께서 나에게 첫 번째 하신 훈련은 가난이라는 고난을 통한 물질 훈련을 하셨다. 훈련 받기 전에는 하나님에 대해서 착각을 많이 했다. 하나님은 좋으신 분이시니까, 하나님은 사랑이 많으신 분이시니까, 하나님은 자비롭고 인자하시고 선하신 분이시니까, 때가 되면 나를 축복하실 것이며, 때가 되면 교회도 부흥되고, 때가 되면 물질적인 축복도 받게 될 것이라는 막연한 생각을 했다.

목회를 하면서도 하나님에 대한 이런 나의 생각은 변함이 없었다. 개척을 한 지 얼마 되지 않은 어느 부활절 때 일이다. 아내가 이런 말을 한다.

"여보 이번 부활절에는 우리 부활절 헌금으로 20만 원 정도 하면 어떨까요?"

"그래요? 그렇게 하구려."

아내에게 이렇게 말을 하고 돌아섰는데 내 마음속에 아까운 생각이 들었다.

'아니! 이 사람이 돈이 어디 있다고… 개척교회 형편에 가뜩이나 어려운데…….'

속으로 그런 생각을 하고 몇 발자국을 걸어왔다. 그런데 갑자기 마음속에서 주님의 음성이 들렸다.

"애야 돈 20만 원이 그렇게 아깝니? 나는 너에게 모든 것을 주었는데……."

순간 '주님' 하면서 걸음을 멈추고 무릎을 꿇었다. 주님 죄송합니다. 주를 위해 목숨도 바치고 몸도 바치겠다고 울면서 결심하고 목회를 하는데 돈 20만 원을 아까워하는 내 모습이 정말 주님께 부끄러웠다. 내가 이것밖에 안 되는 사람인가 싶었다. 나는 하나님 앞에 앉아서 울다가 내 모습을 돌아보았다.

왜 하나님께 인색한 마음이 들었을까? 하나님 앞에 앉아 곰곰이 나의 내면을 살펴보았다. 본질적으로 나의 내면에 꿈틀거리는 몇 가지 죄를 발견했다.

첫 번째는 나의 물질관이 잘못되어 있었다. 물질의 주인이 바로 나였던 것이다. 그래서 하나님께 드릴 때 내 것을 드린다고 생각하니까 아깝고 망설임이 있었던 것이다. 분명히 물질의 주인은 하나님이신데 입술로는 그렇게 고백하지만 실제는 아니었다. 물질의 실제 주인은 나였던 것이다.

두 번째는 교회의 주인이 하나님이신 것을 잊었다. 교회의 실제 주인은 하나님이시다. 그런데 현실적인 어려움 때문에 가장 단순한 진리를 내가 잊어버린 것이다. 나의 비전이나 계획이나 다른 어떤 것보다도 가장 중요한 것은 교회 주인 되신 주님을 인정하고 우리는 주님의 뜻을 섬기는 자가 되어야 한다. 그런데 이런 단순한 사실을 나는 놓쳐 버린 것이다.

세 번째 나의 모든 공급자가 하나님이신 것을 망각했던 것이다.

그래서 하나님 앞에 물질이 아깝고 인색했던 것이다. 많은 성도 님들이 나처럼 이렇게 착각을 하며 산다. '물질의 주인이 나다. 하나님이 아니다.' 그래서 아깝고 인색한 모양이다. 물질이 아까운 원인을 생각해 보니 그동안 내 삶 속에 진리가 학습이 되지 않았던 것이다. 진리를 머리로만, 지식적으로만 알았던 것이다. 그래서 나는 하나님을 착각하면서 믿었던 것이다. 진리를 제대로 실천하거나 학습하지 않으면서 막연하게 축복만을 원했던 것이다. 하나님은 나를 사랑하시니까… 하나님은 참 좋으신 분이시니까… 하나님은 참으로 자비로우신 분이시니까 때가 되면 '나를 축복하시겠지'라고 막연하게 생각했던 것이다. 이것이 얼마나 허황된 생각이라는 것을 주님은 내 인생의 광야를 통해서 깨닫게 해 주셨다.

어느 날 주님은 이렇게 말씀하셨다.

"사람이 무엇으로 심든지 그대로 거두리라. 네가 목사라도 진리로 심지 않으면 거둘 수 없다."

진리를 믿고 선포하는 목사가 성경에 말씀대로 심고 거두는 진리의 법칙대로 살라는 강한 깨달음을 주셨다.

"목사라도 진리대로 살지 않으면 복을 거둘 수가 없다"는 말에 충격을 받았다. 나는 그때부터 하나님을 향한 허황된 내 마음의 욕심을 버리고 진리대로 심고 거두는 법칙을 실천하기도 했다. 하나님은 심는 대로 내 인생 가운데 30배 60배 100배를 거두는 체험을 하게 해 주셨다.

> 💡 TIP
> 1. 현재 당신에게 물질의 주인은 누구인가?
> 2. 물질을 심어야 거둔다는 사실을 어떻게 생각하는가?

헌금을 돌려주어라

"…참 연보답고 억지가 아니니라"(고후9:5하)

"목사님…."
"권사님 웬일이세요?"
"목사님 제가 아무리 생각해도 이 교회를 떠나야겠어요."
"아니… 권사님 무슨 말씀이세요… 왜요 무슨 일로 그러세요?"
"성도들이 방언으로 기도하는 것, 저는 시끄럽고 싫어요. 목사님 교회 형편이 어려우시겠지만 제가 전에 교회 건축으로 500만 원 헌금한 것 돌려주셨으면 해요."

기가 막힌 일이다.

어느 날 같은 지역에 사시는 목사님이 찾아오셨다. 사연인즉 교회 안에서 성도들이 은혜를 받아서 방언으로 기도를 하자, 교회를 섬기던 권사님께서 아주 싫어하시면서 교회를 떠나가겠다고 하신단다. 교회를 떠나시려면 그냥 가시면 되는데, 문제는 권사님이 전에 건축헌금으로 하나님께 드렸던 500만 원을 돌려 달라고 한다는 것이었다. 어떻게 하면 좋을까? 고민하다가 상담하러 오신 것이다.

어쩌면 이것이 오늘날 교회의 모습 같아서 마음이 아파왔다. 헌금은 주님께 드리는 것이다. 헌금은 물질만 드리는 것이 아니라, 내 몸을 드리는 것이며 마음을 드리는 것이다. 교회를 충성스럽게 섬기던 권사님이 교회가 마음에 들지 않아 떠나면서 돌려 달라고 한다는 것이다. 같은 목회자로서 안타까웠다.

나는 주님께 물었다.

"주님 어떻게 해요? ○○권사님이 건축헌금을 돌려 달래요? 어떻게 해요?"

주님은 부드럽게 말씀하셨다.

"얘야 돌려 주거라! 주되 이번 주일날 제직회를 열어서 이 사실을 말해 보거라."

목사님은 주일날 제직회를 열었다.

안건을 이야기하자 그 자리에서 한 남자 집사님이 손을 들었다.

"목사님, 그 돈 제가 대신 심겠습니다."

주님은 참으로 멋진 분이시다. 인생은 기회다. 심을 수 있는 기회다. 그러므로 기회가 주어지면 심어야 한다. 심을 곳이 보이면 즉시 심어야 한다. 반드시 심는 대로 거두게 되어 있다.

헌금 이야기가 나왔으니 몇 가지 우리 교회에서 있었던 일을 이야기하고 싶다.

어느 해 춘계 심방 때 일이다. 사업하시는 부부집사님 가정에 심방을 갔다. 기도 제목을 물었더니 이렇게 말했다.

"목사님, 우리 사업이 잘되어서 한 달에 십일조 일천만 원씩 드렸으면 합니다. 사업장을 위해 기도해 주십시오."

나는 가슴이 벌렁거렸다.

"이야… 십일조를 천만 원씩이나"

나는 그날부터 새벽마다 기도를 했다.

하나님 그 사업장 사업이 잘되게 해 주세요.

그 후 6개월이 지나서 추계 심방 때 그 가정을 심방하게 되었다.

기도 제목을 물었다.

"목사님, 우리 기도 제목은 십일조 일천만 원입니다."

말이 끝나자마자 집사님은 벌떡 자리에서 일어나시더니 냉장고 위에 있는 대학노트를 들고 펼치면서 나에게 말을 했다.

"목사님, 그동안 십일조 못낸 것 여기에다 다 이렇게 적어 놓았습니다. 그동안 밀린 것 ○○○얼마입니다."

나는 순간 정신이 아득해 왔다.

이미 그 사람은 복을 받을 수 있는 그릇이 아니었다.

그 후 다시는 십일조 일천만 원 기도는 하지 않았다. 왜 그럴까? 지금 주신 것 가운데 십일조 못 떼는 사람이 어떻게 더 많은 수입의 십일조를 뗄 수 있겠는가?

"땅의 십 분일 곧 땅의 곡식이나 나무의 과실이나 그 십분의 일은 여호와의 것이니 여호와께 성물이라 사람이 그 십분 일을 속하려면 그것에 그 오분 일을 더할 것이요"(레27:30-31)

요즘 성도들은 십일조에 대한 개념 없이 신앙생활을 하는 자가 많다. 십일조는 하나님의 것이다. 그래서 십일조는 헌금이 아니다. 십일조는 원래 하나님 것이다. 하나님께 속한 것은 거룩한 것이다.

그런데 하나님께 속한 거룩한 것을 우리가 평범하게 대하면 거기에는 항상 죽음이 일어난다.

그렇다면 거룩한 것과 평범한 것의 차이가 뭘까?

언약궤는 거룩한 것이다. 그래서 언약궤는 특정한 사람들만 만질 수 있다.

"저희가 나곤의 타작 마당에 이르러서는 소들이 뛰므로 웃사가 손을 들어 하나님의 궤를 붙들었더니"(삼하 6:6)

이동 중인 언약궤가 떨어지려고 하자, 웃사가 선한 의도로 손을 댔다. 웃사가 나쁜 사람이 아니다. 악한 사람이 아니다. 웃사는 좋은 의도로 언약궤에 손을 댔다. 그런데 죽게 되었다.

왜 그럴까? 하나님이 화가 나셔서 죽이셨을까? 아니다. 거룩한 것을 평범한 것으로 다루면 그곳에는 항상 이렇게 죽음이 일어나기 때문이다.

에덴동산의 선악과나무도 그렇다. 에덴동산의 모든 나무는 다 평범한 나무다. 우리가 마음대로 다 먹을 수 있다. 그러나 구별된 한 나무가 있다. 거룩한 나무다. 선악과는 하나님께서 구별한 나무다. 이것은 먹기 위한 것이 아니다. 그래서 손을 대면 안 된다.

선악과는 "너의 인생의 주인이 누구냐? 너냐? 하나님이냐?" 이것을 가름하는 나무다. 우리 인생의 주인이 누구인가를 알려주는 구별된 나무다.

하나님이 구별해 놓은 거룩한 나무를 아담과 하와는 평범하게 대했다. 그래서 인류에게 죽음이 초래된 것이다.

사도행전 5장에서 아나니아와 삽비라도 마찬가지다. 그들에게 땅이 있었다. 그들이 가진 땅은 평범한 땅이다. 그래서 그들은 그 땅을 그들이 원하는 대로 마음대로 할 수 있었다. 그런데 그들이 그 땅을 하나님께 바쳤다. 그러면 물건의 소유권과 가치가 바뀐다. 사람의 소유인 평범한 땅이었던 것이 하나님의 소유인 거룩한 것이 되는 것이다.

이들은 그 땅을 하나님께 바쳤다. 이들이 선택한 것이다. 이제 거룩한 것이 되었다.

그런데 이들이 거룩한 땅을 매매 후에는 평범한 것으로 대한다. 하나님 것에 손을 댄 것이다. 그래서 죽음이 일어난 것이다.

오늘날 많은 신앙인들이 이 원리를 어기는 사람들이 많다.

돈과 관련해서 십일조는 거룩한 것이다. 하나님의 것이다. 그런데 많은 사람들이 십일조를 자신의 주머니 속에 넣는다. 자기 것으로 생각한다. 그래서 맘몬의 영에 잡혀 산다.

그렇다면 십일조는 어떻게 어디에 드려야 하는가?

십일조는 소득의 10%다. 형편이 어려워서 나름 십일조라고 생각하고 드리는 9% 8% 7% 6% 5%는 십일조가 아니다. 십일조는 10%다.

말라기 3장 10-12절을 보자.

십일조는 창고에 드리라고 한다. 창고가 어디일까? 창고는 내가 다니는 지역의 본교회이다. 십일조의 창고는 내가 다니는 본 교회에 드리는 것이다.

십일조는 선교사에게 보내는 것이 아니다.

그전에 어떤 집사님이 땅이 보상이 나와서 주님께 십일조를 드리는데 그 돈을 가지고 선교헌금도 좀 나누어서 드리고 싶다고 했다.

"집사님 십일조는 손대는 것이 아닙니다. 십일조는 하나님의 것이기 때문입니다."

어떤 집사님은 십일조를 시골 교회가 어려워서 나누어 드리고 싶다고 한다.

"집사님 십일조는 본 교회에 드리는 것입니다."

십일조는 선교 단체에 보내는 것이 아니다. 십일조는 어려운 시골 교회에 보내는 것이 아니다. 십일조는 지금 내가 섬기는 본 교회에 정확하게 드리는 것이다.

십일조는 헌금이 아니라 하나님께 속한 하나님의 것이다. 그래서 십일조는 온전하게 드려야 한다.

그렇다면 하나님은 왜 십일조를 자신의 것으로 거룩하게 드리게 하셨을까?

십일조는 하나님께서 우리에게 더 많은 물질을 주시기 위한 자격시험과 같다.

당신이 정말 부자로 살고 싶은가? 온전하게 십일조를 하라.

"너희가 만일 남의 것에 충성치 아니하면 누가 너희의 것을 너희에게 주겠느냐"(눅 16:12)

"너희가 만일 남의 것" 여기서 남의 것이란 돈과 관련해서 십일조로 해석을 해도 무리가 없다.

십일조는 하나님의 것이기에 내 것이 아니다. 남의 것이다. 하나님의 것이다. 하나님의 것인 십일조에 충성치 아니하며 누가 너희에게 진정한 부를 주겠는가?

이것이 하나님이 우리에게 정하신 재정의 원칙이다. 그러므로 다른 방법은 없다. 부자로 살기를 원하신다면 이 원칙을 따라야 한다.

그렇다면 또 하나 하나님은 왜 십일조를 자신의 것으로 거룩하게 드리게 하셨을까?

온전한 십일조는 우리로 하여금 가난의 영이 끊어지게 한다.

십일조는 하나님의 기적이 풀어지게 한다.

십일조는 하늘 문을 여는 열쇠이다.

십일조를 드리는 것은 하나님의 축복을 실질적으로 풀어내는 행동과 같다. 십일조는 하나님의 기적을 풀어내는 단추요, 하나님의 축복을 풀어내는 열쇠이다.

그런데 이스라엘 백성들은 하나님이 정하신 이 규례를 어김으로 저주의 올무에 걸리고 만다.

많은 사람들이 가난에서 벗어나고 싶어 한다. 빈곤과 가난에서 벗어나려면 하늘 문이 열어져야 한다. 하늘 문이 열어지는 비결은 바로 하나님께 속한 거룩한 십일조를 하나님께 드리는 것이다.

많은 사람들이 예수를 믿노라고 하면서도 현금의 신인 맘몬에 영에 잡혀서 하나님께 온전한 십일조를 아까워서 못 드리며 늘 인색한 영에 잡혀 산다.

오늘 여러분은 어떤가? 여러분이 온전한 십일조를 하려고 하면 맘몬은 여러분의 생각에 속삭일 것이다.

"야 바보야 너 미쳤니… 엉? 10%가 얼마나 큰돈인 줄 아냐… 엉? 10% 너는 돈이 충분하지 않을 거야"라고 맘몬의 영은 여러분에게 속삭일 것이다.

그러나 선포하십시오. 나는 돈을 신뢰하지 않는다. 나는 하나님을 신뢰한다. 그래서 십일조를 하나님의 창고에 가지고 간다.

내가 돈의 여분이 있어서가 아니라, 돈이 충분치 않지만 하나님께서 초자연적인 일을 하실 것을 내가 믿는다.

"맘몬의 영은 떠날지어다. 가난의 영은 떠날지어다."

담대하게 선포하라.

십일조는 가난의 영을 끊어 버리고, 맘몬의 영을 끊어 버리고, 인색한 영을 끊어 버리고, 돈에 대한 두려움의 영을 끊어 버릴 것이다.

하나님은 왜 십일조를 자신의 것으로 거룩하게 드리게 하셨을까?

하나님은 우리에게 더 많은 축복을 주시길 원하신다. 그래서 지역 교회에서 십일조를 제대로 하면 그 교회 위에 하늘 문이 열린다. 그 교회 안에 치유가 많이 일어난다. 기적이 일어난다. 그리고 교회 안에 말라기 3장 11절같이 꿈같은 일들이 일어날 것이다.

그런데 안타깝게도 십일조가 하나님의 것을 관리하는 것이라는 것을 알지 못하거나 배우지 못한 사람들이나, 이 사실을 알고도 가르치지 않는 교회에는 인색함으로 하늘 문이 열리지 않는다. 십일조는 진정한 부가 풀어지게 한다.

우리가 주님의 십일조를 잘 관리하면 주님께서 그런 사람과 교회 위에 더 많은 기적을 주시고 더 많은 치유를 주시고 더 많은 회복을 주시고 더 많은 물질을 주시고 꿈같은 일들을 더 많이 경험케 하고 초자연적인 일들이 평범하게 일어날 것이다.

교회에서 생활비를 받아서 나는 즉시 아내에게 넘겨준다. 한번은 그날도 생활비를 받아서 양복 주머니에 넣었다. 그런데 봉투가 빠져 버린 것이다. 나는 아내에게 늘 봉투를 넘겨주었던 것처럼 돈 봉투를 넘겨주었다고 생각하고 있었다. 아내는 이틀이 지나서 생활비 봉투를 달라고 했다.

"아니? 여보 내가 당신에게 주었는데… 무슨 소리야?"
"저에게 안 주셨는데요?"

아내는 받은 적이 없다고 한다. 양복 안주머니에 넣었던 봉투가 빠져 버린 것이다. 3일이 지났다. 아무런 일도 일어나지 않았다. 4일이 지났다. 밤에 큰 방 주인이 찾아왔다.

당신이 새벽에 일을 나가는데 길거리에 봉투가 떨어져 있더라는 것이다. 봉투를 잡는 순간 '돈이구나' 생각이 들어서 너무 기분이 좋았다고 한다. 그래서 화장실에 가서 꺼내 보니… 봉투 겉에 '목사님 생활비'라는 글씨를 보고 차마… 그 돈을 꿀꺽 삼켜 버릴 수가 없었다고 봉투를 들고 왔다. 온전한 십일조는 반드시 나가는 구멍을 막아 주신다.

> 📖 TIP
> 1. 인생은 기회이다. 왜 그런가?
> 2. 우리가 밭이 보이면 심어야 한다. 왜 그런가?

오직 하나님만 바라보다

"저가 여호와의 말씀과 같이 하여 곧 가서 요단 앞 그릿 시냇가에 머물매 까마귀들이 아침에도 떡과 고기를 저녁에도 떡과 고기를 가져 왔고 저가 시내를 마셨더니"(왕상17:5-6)

나는 척박한 가정에서 목사가 되었다. 아무런 기도의 후원도 없이 교회를 개척한 것이다. 세월은 여전히 물처럼 흘러갔다. 금방 교회는 부흥될 것 같았는데, 교회 부흥은 내 마음과 생각대로 그렇게 되질 않았다.

한번은 주일날 아침이다. 주방에서 주일을 준비하던 아내가 나를 부르는 소리가 들렸다.

"여보!"

"어엉 왜 그래요?"

나는 대답을 하고 바라보니 아내가 손에 고무장갑을 낀 채 하하핫… 하하핫… 하하핫 하하핫 이상한 웃음소리를 내더니, 그 자리에 쓰러져 버렸다. 아내가 이상해진 것이다. 미친 것이다.

두 아이를 키우랴 청년들 뒷바라지 하랴 개척교회 뒷일은 모두

다 산모인 아내의 몫이었다. 이를 악물고 견디어내던 아내가 육체적으로 정신적으로 쉬지 못한 것이 원인이 되었다. 땅바닥에 쓰러진 것이다. 헛소리하는 아내를 어떻게 할 수가 없었다. 아내가 정신적으로 이상해져 버린 것이다. 순간 눈앞이 캄캄했다. 아득한 절망의 늪으로 떨어지는 것 같았다. 병원은 돈이 없어서 갈 수가 없었다. 쓰러진 아내를 붙들고 외쳤다.

"여보! 여보! 정신 차려!"

나는 울다가 기도하다가 이런 모습을 여러 성도들에게 보이면 덕이 안 될 것 같아서 의식을 잃고 헛소리를 하는 아내를 등에 걸쳐 업고 가까운 이웃집으로 옮겼다.

"하나님… 도와주세요. 하나님… 도와주세요."

하나님의 도우심만을 바랐다. 아내를 옮겨놓고 주일 낮예배를 인도하기 위해 강대상에 섰는데 하염없이 눈물이 흘러내렸다.

아!… 이런 것이 목회인가 싶기도 했다. 그 후 아내는 하나님의 은혜로 회복이 되었지만 교회 개척이라는 열악한 환경과 가난이라는 굴레는 좀처럼 벗어지지 않았다.

우유가 없어서 젖먹이 아이가 울 때면 끓여 놓은 보리차를 유우 대신 주었다. 아내는 단돈 몇 백 원을 아끼기 위해 어린 것을 업고 때로는 5키로 정도 되는 시장까지 가서 발품 팔아 식품을 사오곤 했다. 이렇게 춥고 배고픈 가난한 삶을 통해서 하나님은 우리에게 가르치고 싶은 교훈이 있었다.

이것을 배우지 못하면 우리가 겪는 고난은 저주요, 우리 가슴에 아픈 상처가 되어 트라우마가 될 것이다. 바로 춥고 배고픈 가난을 통해서 하나님은 목회자인 나를 교육하셨다.

나는 성경에서 하나님께서 이스라엘 백성들을 광야에서 어떻게 훈련하셨는가를 살펴보았다. 출애굽기 16장에 보면 출애굽을 한 이스라엘 백성들에게 하나님은 만나를 내려 주시는데 만나를 날마다 거두게 하신다. 하나님은 이스라엘 백성들에게 양식을 주실 때 식량을 한꺼번에 주시지 않으시고 왜 날마다 일용할 양식만 주시는 것일까?

하나님이 인색하셔서 그럴까? 결코 그런 것이 아니다. 하나님은 당신의 백성들에게 하나님으로 사는 법을 가르치기 위한 것이다. 그래서 하나님은 날마다 일용할 양식을 주시면서 하나님과 이스라엘 백성이 어떤 관계인지를 가르치시길 원하셨다.

하나님은 이들에게 공급자이시다. 이것을 가르치시기 위해 하나님은 만나를 날마다 내려 주셨던 것이다. 그래서 이스라엘 백성들은 언제나 하나님 앞에 있어야 했다. 그리고 하나님으로 사는 법을 배워야만 했다.

이스라엘 백성들을 가르치셨던 하나님은 오늘도 우리를 가르치시길 원하신다. 이런 주님의 훈련이 나에게도 시작이 되었던 것이다.

주님은 마치 나를 도망가지 못하도록 지하실에 가두어 놓으시고 훈련하시는 것이다. 개척교회를 하다 보면 때로는 먹거리가 없다. 그래서 원치 않게 때로는 금식을 한다. 우리 부부는 은혜로 견딜 수 있지만 어린 젖먹이에게 우유가 떨어지면 참 비참해진다. 목사가 생활이 어렵다고, 돈이 떨어졌다고, 내 새끼 우유가 떨어졌다고, 사람들에게 손을 벌린다는 것은 모양새가 우습다. 살아계신 하나님을 믿고 산다는 목사가 먹을 양식이 없다고 사람에게 손을 벌릴 수는 있다. 그러나 나의 신앙은 그것이 용납이 되질 않았다. 하나님이 살아계신 분이라고 믿고 의지하고 선포하며 설교하는 목사가 양식이 떨어졌다고 성도들에게 손을 벌린다는 것은 나의 신앙 양심상 죽어도 그렇게 할 수 없는 일이었다.

"저가 여호와의 말씀과 같이 하여 곧 가서 요단 앞 그릿 시냇가에 머물매 까마귀들이 아침에도 떡과 고기를 저녁에도 떡과 고기를 가져 왔고 저가 시내를 마셨더니"(왕상17:5-6)

이런 환경 속에서 하나님은 까마귀를 보내주셨다. 성경 속에 역사적인 사건으로만 알았던 엘리야의 까마귀를 하나님은 나에게도 동일하게 보내주셨다. 그릿 시냇가에 숨어 있는 엘리야에게 까마귀를 보내서 먹이신 하나님이 지금도 당신의 백성들에게 사람 까마귀를 보내시고 또 보내신다.

하루는 그날도 젖먹이 우유가 떨어져서 기도만 하고 있었다. 그런데 처남이 지나는 길에 들렀다. 왠지 들리고 싶어서 왔다고 하면서 분유를 사들고 온다. 까마귀를 통해서 엘리야를 먹이신 하나님, 성경의 역사 속에 사건이 실제 나에게도 일어난 것이다. 이처럼 하나님은 우리 부부에게 가난이라는 고난 속에서 하나님으로 사는 법을 가르치셨다. 이런 춥고 배고팠던 가난한 시절이 있었기에 나는 성령님으로부터 민감할 수 있었다.

지금도 새벽기도를 하다가 성령님이 문득 말씀하신다.

"애야 ○○교회 목사님이 굶고 있단다." 그런 감동이 오면 "네 주님 알았어요" 하고 나는 벌떡 일어나서 후다닥 그 교회를 찾아가 쌀가마니를 놓고 온다.

"목사님 힘내세요. 주님이 목사님의 기도를 들으십니다"라는 메모지와 함께 두고 온다. 목사님은 그날 아침도 하나님께 여러 형편을 간구하다가 기도를 마치고 나오는데 문 앞에 식량이 있는 것을 보시고 눈물이 핑 돈다고 하셨다.

"아!… 하나님이 나의 형편을 아시는구나……."

> **TIP**
> 1. 당신이 가장 춥고 배고팠던 시절이 언제였나요?
> 2. 당신은 까마귀를 경험하셨는지요?

하나님으로 사는 법을 배우다

"이것이 무엇이냐 하니 모세가 그들에게 이르되 이는 여호와께서 너희에게 주어 먹게 하신 양식이라(출16:15)

　서울에 볼일이 있어서 외출을 해야 했다. 그런데 아내가 아침부터 몸이 아파서 누워 있었다. 젖먹이 작은 딸은 아내 상태가 어떤지 모르고 아내 곁에 붙어서 누워 있고 큰 아이는 가습기 대용으로 교회 청년들이 설치해 놓은 어항에 손을 집어넣으려고 발꿈치를 들고 위태롭게 매달려 있다. 어항 테두리에 손이 상하지 않도록 고무커버를 씌워 놓았는데 테두리가 벗겨져 있어서 아무래도 손이 상할 것 같았다.
　아내는 마치 죽은 듯이 고통스러워하며 누워 있었다. 외출을 해야 하는 나는 아무래도 마음이 놓이지 않았다. 그래서 나는 외출을 하는 척하고 방문을 닫고 나갔다가 살짝 방문을 열고 한쪽 눈으로 방안을 살며시 들여다보고 있었다. 여전히 방 안에는 아내가 아파서 누워 있고 둘째 아이는 엄마 곁에 누워 잠들어 있고 큰아이는 열심히 어항에 손을 넣어 금붕어를 만지려고 몸부림치고 있었다. 한참 동안이나 방 안을 바라보고 있는데… 갑자기 죽은 듯이 누워 있던 아내가 벌떡 일어났다. 아내는 순식간에 두 아이를 후다닥 챙겨가지고 황급히 뒷문으로 도망을 쳤다. 순간적으로 일어난 일이다.

순간 아내가 아프다는 것이 믿기지 않을 만큼 지하실 비상구 문으로 황급히 빠져나갔다. 정말 순식간에 일어난 일이었다. 밖으로 나간 아내는 지나가는 사람들에게 정신없이 소리를 치며 도움을 호소했다.

"도, 도둑이에요, 우리 집에 도둑이 들어왔어요. 도와주세요!"

우리 집에 도둑이 들어왔다고 사람들에게 도와 달라고 호소하고 있었다. 아내의 모습은 말이 아니었다. 공포에 질려 초점을 잃은 휑한 눈에 머리는 풀어져 헝클어졌지요, 맨발에 두 아이는 걸쳐 멨지요, 비는 부슬부슬 내리지요, 누가 보아도 영락없이 미친 여자의 모습이었다. 나는 급하게 다가가서 외쳤다.

"여보! 왜 그래? 나야! 엉 나였어!"

"도, 도둑이 들어왔어요! 도와주세요!"

아내는 나를 알아보지 못했다.

"누가 우리를 노려보고 있었어요."

나는 휑한 눈으로 외치는 아내를 꽉 안아 주었다.

"도, 도둑이……."

아내는 한참 만에 진정이 되었다. 아내가 눈을 떠보니 웬 낯선 사람이 어둠 속에서 방문을 조금 열고 자신과 아이들을 노려보고 있더라는 것이다. 아내는 죽을힘을 다해 도망쳐 나온 것이라고 했다. 사실 지하실 비상구로 나가는 길목은 내 서재로 꾸며 책상을 놓았기 때문에 웬만하면 잘 넘어가지 못한다. 그런데 아내 눈에는 아무것도 보이지 않더라는 것이다.

나는 아내를 겨우 진정을 시켜 놓고 강남에 있는 노회 서기 목사님에게 볼일이 있어서 서울에 올라왔다. 사무실에 들어가니 전도사님이 안내를 해주었다.
"담임 목사님께서 지금 구역장 교육 중이신데 잠시만 기다려 주시면 곧 끝날 것입니다."
"네…."
나는 사무실에 앉아서 기다리고 있었다.
그런데 전도사님이 연신 나를 힐금 힐금 쳐다보고 또 쳐다보더니 나를 따라오라고 한다. 전도사님은 무슨 생각이 들었는지 나를 1층 국밥집으로 인도하더니 따뜻한 국밥 한 그릇을 시켜 주었다.
"헉! 어떻게 알았을까? 내가 아침을 굶고 왔는데…."
국밥을 앞에 놓고 하나님! 하고 식사 기도를 하려고 머리를 숙였는데, 울컥하더니 눈물이 앞을 가렸다. 힘없이 굶고 누워 있는 아내를 생각하니 더 목이 메어 왔다. 연신 눈물을 훔치며 국밥을 먹고 일을 마치고 돌아오는데, 전도사님이 내 손에 10만 원을 쥐여 주었다. 하나님은 나의 형편을 아시고 그렇게 공급해 주신 것이다. 나는 지금도 춥고 배고팠던 그때 그 시절에 따뜻한 국밥 한 그릇을 잊을 수가 없다. 전도사님이 쥐어준 그 돈으로 쌀을 사고 아이들 분유를 샀다. 집으로 돌아오는데 내 마음이 얼마나 부요했으며 얼마나 행복했는지 모른다. 나를 도와준 전도사님은 그 후에 이집트 선교사로 나갔다.

　몇 년 후에 어떤 성도님이 서울에 있는 집을 팔았다고 십일조를 드리고 선교헌금 일천만 원을 자동차 헌금으로 드렸다. 우리 교회에서는 협력으로 돕는 선교사님들이 많이 있다. 한 해를 마무리하면서 선교비를 보내려고 선교사님들 이름을 불러 가면서 기도를 하는데 성령님께서 한 사건을 생각나게 해 주셨다. 몇 년 전에 따뜻한 국밥과 자신의 돈 10만 원을 춥고 배고픈 나에게 심었던 전도사님이 생각이 났다. 이집트 선교사로 나가 있는 그에게 그해 12월 30일날 송금을 해드렸다. 선교사님의 간증을 통해서 나중에 알게 되었지만 선교사님은 어린 자녀들과 차량을 위해 매일 기도를 해왔다. 그런데 어느 날 아들이 물었다.

"엄마! 하나님은 왜 우리 기도를 안 들어 주시는 거야?"
"아니야, 하나님은 우리 기도를 들어 주시는 분이시지."
"그런데 왜 우리에게 자동차를 안 주시지?"
"하나님은 올해 안에 우리에게 자동차를 꼭 주신다고 했어."
"정말?"
"그래 12월까지는 응답해 주실 거야."

　선교사님은 뜨거운 모래바람을 맞으면서 선교지를 걸어다니는데 걸어다니다가 지쳐버린단다. 그래서 올해는 하나님이 반드시 자동차를 주실 것이라고 하나님이 약속했다고 아이들에게 그렇게 말해버린 것이다.

　날마다 가정예배를 드리며 아이들은 날짜를 헤아리며 기다리는 어린 아들에게 어느덧 연말이 다가오자 사모님은 걱정이 되었다고 한다. 자동차가 없어 불편한 것은 괜찮은데, 만약 12월까지 기도가 응답되지 않으면 아이들이 하나님에 대해 실망할까 봐서다. 12월 30일이 지났는데 아무런 연락이 없었다. 사모님은 아무런 기대 없이 12월 31일 통장을 찍어봤다. 기적이 일어난 것이다. 자동차 헌금으로 일천만 원이 입금되어 있었던 것이다.

"아이고! 하나님 감사합니다."

그날 그들은 눈물로 감사했다고 한다.

하나님은 가난이라는 고난을 통해서 우리를 교육하시길 원하신다. 하나님으로 사는 것을 배우길 원하신다. 하나님은 우리의 공급자이신 것이 지식이 아니라 실제로 체험적으로 우리의 삶에 현장에서 경험적으로 알기를 원하신다.

그렇다면 하나님은 우리에게 왜 이런 교육과 훈련을 하시는 걸까? 이스라엘 백성들이 광야에 나왔을 때 이들의 삶의 가치관은 어떤가? 애굽에서 내가 쌓아둔 재물로 살았다. 내가 배운 지식으로 살았다. 나의 건강과 내 능력으로 살았다. 오직 인생의 주인이 나였기 때문이다. 내가 내 인생 주인으로 살아왔기 때문이다. 이런 가치관이 예수를 믿어도 쉽게 바뀌지 않는다.

그래서 하나님은 가난이라는 고난 속에서 당신의 백성들을 하나님으로 사는 법을 가르치신다. 하나님이 내 인생의 공급자인 것을 철저하게 가르치신다. 하나님은 날마다 일용할 양식을 주시면서 우리를 가르치신다. 우리 부부는 처음에는 이런 하나님의 의도를 잘 알지 못해서 많은 시간을 낭비해 버렸다.

> **TIP**
> 1. 가난과 고난이 주어질 때 당신은 어떻게 직면하는가?
> 2. 하나님의 도우심을 온전히 의지해 보신 적이 있는가?

복음에 미치다

"너는 말씀을 전파하라 때를 얻든지 못 얻든지 항상 힘쓰라 범사에 오래 참음과 가르침으로 경책하며 경계하며 권하라"(딤후4:2)

나는 처녀 목회를 전북 정읍에서 했다. 하나님의 은혜 가운데 교회가 나날이 부흥이 되었다. 매주일 11시 예배를 마치면 점심식사를 하고 봉고차로 성도들과 함께 마을마다 전도하러 다녔다. 어떤 마을은 예수 믿는 성도가 그 마을에 두 가정뿐이었다. 1년 후 30가정으로 늘어났다. 주일학교부터 장년에 이르기까지 복음을 외치며 노방전도를 했다. 성도님들은 누구를 만나든지 담대하게 복음을 전했다.

"면장님 예수 믿읍시다." 복음의 능력은 거침없이 증거되었다.

어느덧 교회는 성장하여 지역노회에서 2-3번째 교회로 성장하게 되었다. 그리고 20일 금식 끝에 아무런 연고 없는 수원에 교회를 개척을 했다. 수원은 전국에서 복음화가 비교적 낮은 도시다. 제주도 지역과 강릉지역 울산지역에 이어서 수원도 전도하기가 만만치 않은 지역이다.

나는 교회를 개척하고 밤이나 낮이나 기도하고 전도하는 일에만 전념했다. 새벽마다 수원역 광장에 나가 외침전도와 노방전도를 했다. 청년들은 퇴근하면 교회로 와서 라면을 끓여 먹고 전도를 했다. 주님을 향한 사랑과 복음의 열정으로 열심히 목회를 했다. 그리하여 한 영혼이 전도되어 교회에 나오려면 엄청난 소란과 소동이 벌어졌다. 동네가 들썩거렸다. 어떤 남편은 칼을 들고 교회를 찾아오기도 하고, 어떤 남편은 예배드리는데 와서 아내 머리채를 잡고 가기도 했다. 어떤 남편은 성령받고 기뻐하는 아내를 밤에 잠을 재우지 않고 괴롭혔다.

한 영혼의 절댓값은 똑같다. 특별히 개척교회는 늙고 춥고 배고픈 사람들이 많이 온다. 교회가 이런 사람도 전도해야 된다. 또한 세상적으로 힘과 돈 있는 사람도 전도해서 하나님의 자녀가 되게 해야 한다. 복음이 누구에게나 들어가면 가치관이 달라진다. 나는 교회에 물질적으로 보탬이 될 만한 사람들을 전도하고 싶었다. 병원 의사를 전도하기로 했다. 의사를 전도하려면 병원을 가야 했다. 그래서 환자로 가장을 하고 병원을 찾아갔다.

"어떻게 오셨어요?"

"예… 배가 아파서 왔는데요."

"어떻게 아픈데요?"

"음식을 먹으면 소화가 잘 안 되고…."

"알겠습니다… 정확하게 검진하기 위해 위내시경 검사를 해야겠습니다. 오늘 저녁 금식하고 내일 오전 중에 나오세요."

의사는 위내시경 검사를 해 보자고 했다. 나는 저녁을 금식하고 다음 날 아침에 병원에 가서 위내시경 검사를 했다.

난생 처음으로 받는 위내시경 검사는 만만치가 않았다.

"우웩! 우웩!" 소리를 내면서 검사를 마치고 난 후 나는 진료한 의사의 손을 잡았다. 그리고 복음을 전했다. 의사는 인격적으로 복음을 다 들어 주었다. 그렇게 시작된 전도가 끈질기게 줄다리기를 했다. 내과 및 소아과 의사인 그는 내가 전도하러 병원에 가면 때로는 진료실에 있다가 나를 보면 밖으로 나갔다. 나를 피하는 것이다. 그러던 어느 날 나는 사택으로 찾아갔다.

퇴근하면 만나려고 대문 앞에서 기다렸다. 그날따라 의사는 친구들과 술을 마시고 밤 11시쯤 귀가하는데 내가 대문 앞에 서 있자 화들짝 놀라며 술이 확 깨버렸다고 한다. 어쨌거나 강권하는 주님의 사랑에 못이겨 그 의사는 교회를 나오게 되었다. 참 가난하고 어려운 시절인데 그는 처음 교회에 나오자 흰 봉투에 첫 감사 헌금를 드렸다. 일만 원권 지폐가 10장이나 들어 있었다.

예배 후에 그는 나에게 이런 고백을 했다.

"목사님 내 아버지는 장로님이셨습니다."

"네, 그러셨어요?"

"우리 아버님에게는 믿음이 좋은 의사 친구가 있었습니다. 그분은 꼭 수술 전에 환자에게 복음을 전하고 예수를 영접시켰습니다. 그리고 환자에게 이렇게 말을 합니다.

'근본적으로 치료는 하나님이 하십니다. 나는 당신을 단지 케어할 뿐입니다. 내가 최선을 다해 수술을 할 테니까 잘 치료되고 회복되면 예수 믿읍시다.'"

그래서 저희 아버님 친구 의사는 많은 영혼들을 전도했습니다. 아버지는 그 모습이 너무 좋아서 저를 의대에 보내셨습니다. 그런데, 아버지의 뜻과는 다르게 저는 군의관으로 군대를 다녀온 후 주님을 떠나 버렸습니다."

그는 자신을 돌아온 탕자라고 고백을 했다.

한번은 길거리에서 경기도 도지사를 만났다. 내가 경기도에서 목회를 하니까 지역에 어른 되신 도지사에게 복음을 전하고 싶었는데 잘되었다 싶었다. 수행원들이 함께 오는데 나는 주저 없이 그의 손을 잡았다. 사실 능력 전도를 할 때는 거리가 중요하다. 거리에 따라 친밀감과 성령님의 역사가 다르다. 손을 잡고 복음을 전하는 것과 그냥 전하는 것은 다르다. 웬만한 사람은 손을 잡아 보면 알 수 있다.

"도지사님, 예수 믿으십니까?"

"안 믿는데…."

"그렇다면 도지사님은 죄 지은 것 있으십니까? 없습니까?"

"죄… 많이 지었지요."

"그럼 그 죄 가지고 죽으면 어디가지요?"

"글쎄요?"

"도지사님 바로 심판받고 지옥에 갑니다."

"……."

"도지사님 하나님께서 저와 도지사님을 사랑하셔서 그 아들 예수를 보내주셨습니다. 하나님은 그 아들 예수에게 도지사님의 모든 죄와 허물을 십자가에서 다 담당시키셨습니다.

예수님은 십자가에서 "내가 다 이루었다."라고 말씀하셨습니다. 예수님이 천국 가는 길을 다 이루어 놓으셨다는 말입니다. 도지사님, 이 예수를 믿으면 오늘 밤에 죽어도 천국갈 수 있습니다. 어떻게 하시겠습니까? 예수 믿고 천국 가시겠습니까? 아니면 지은 죄 때문에 심판받고 지옥에 가시겠습니까?"

그러자 도지사는 쿨하게 대답을 했다.

"예수 믿고 천국가고 싶습니다."

"그러면 저를 따라서 진심으로 기도해 주시기 바랍니다."

나는 도지사의 손을 잡고 이렇게 간절하게 기도했다.

"하나님 저는 죄인입니다. 오랜 세월 방황하다가 이제 돌아옵니다. 예수님 나의 죄 때문에 십자가에서 내 대신 심판 받고 죽어주셨습니다. 부활하신 예수님 이제 내 마음 문을 열고 예수님을 나의 구주로 영접하오니 내 안에 들어와 주옵소서. 예수님은 나의 구주가 되셨습니다. 이제 예수님은 내 인생의 주인이 되셨습니다. 지금부터 영원토록 나를 인도하시고 축복하옵소서. 예수님의 이름으로 기도합니다. 아멘."

그는 기도를 또박또박 따라했다. 복음의 능력은 거침없이 어둠 가운데 있는 심령을 정복해 나갔다.

> **TIP**
> 1. 당신은 주님을 인격적으로 영접한 적이 있는가?
> 2. 당신은 언제든지 복음을 정확하게 전할 수 있는가?

고난은 본심이 아니다

"주께서 인생으로 고생하며 근심하게 하심이 본심(本心)이 아니시로다"(애2:33)

어느 날 어떤 남자 집사님이 내게 찾아와서 상담을 요구했다. 내용인즉 그분은 하는 일마다 잘 안되고 계속적으로 사업에 실패를 했다는 것이다. 예수 믿으면 복을 받고 잘 살아야 하는데 도대체 하나님의 뜻이 어디에 있으며 나는 왜 이렇게 하는 일마다 안 되는지 알고 싶었던 것이다. 그분이 고생한 이야기를 듣다 보니 가슴이 아파왔다. 낙뢰(벼락)을 두 번이나 맞고도 살아나셨던 것이다. 이분은 내가 이렇게 고생을 많이 하고 고난을 많이 당하고 하는 일마다 안 되니… 도대체 왜 그런지 하나님의 뜻을 알고 싶은 것이다. 나는 조용히 성령 하나님께 여쭤어 보았다.

"주님 이 집사님에게 왜 이렇게 고난이 많지요?"

"얘야 보거라."

성령님은 내게 감동을 주시면서 손가락 5개를 펴게 했다. 성령님은 손가락 하나씩을 가리키시면서 말씀하셨다.

"모두 내가 사랑하는 자식이란다.

첫째 손가락을 잡고 이 자녀는 사인(sign)만 해도 순종을 아주 잘 하는 사람이란다.

둘째는 고난이 오면 즉시로 순종하는 사람이란다.

셋째는 참 고집스럽다. 지독하게 말을 듣지 않는단다… 그래서 모진 고난을 당해도 고집을 꺾지 않는 사람이란다.

넷째는 다른 사람들을 보면서 반면교사를 삼는 사람이란다. 그런데 지금 이 아들은 세 번째와 같다."

나는 성령님께서 말씀하신 대로 집사님에게 그대로 말씀을 드렸다. 그는 고개를 떨구더니 말없이 눈물을 훔쳤다. 내 가슴이 아파왔다.

순종의 반대는 불순종이 아니라 고집이다.

"…이는 거역하는 것은 사술의 죄와 같고 완고한 것은 사신 우상에게 절하는 죄와 같음이라"(삼상15:22-23)

고집은 우상 숭배와 같다.

하나님은 거역하고 완고한 우리의 자아를 하나님은 고난을 통해서 꺾으시고 내려놓게 하신다. 그러나 우리는 반드시 기억해야 할 것이 있다.

"주께서 인생으로 고생하며 근심하게 하심이 본심(本心)이 아니시로다"(애2:33)

우리 육신의 생각은 참 어둡고 미련하다. 그래서 절구에 넣고 공이로 찧어도 육신의 생각이 잘 벗어지지 않는다. 그래서 하나님은 사랑의 손길을 사용하신다. 하나님의 손길이 바로 우리에게 고난이다. 그래서 고난은 하나님께서 큰 소리로 말씀하시는 확성기라고 한다. 이 세상에는 고난이 없는 사람은 없다는 말이다.

'난 고생 참 많이 했어.' 어릴 때 조실부모하고 어려운 가정환경 속에서 성폭행당하고, 결혼해서도 매일 술 먹고 폭행하는 남편 때문에 죽지 못해 산다는 이야기, '세상에는 나처럼 고생을 많이 하고, 나처럼 고난을 많이 겪은 사람은 없을 거야'라고 말하는 사람들이 많다. 그래서 그 사람의 지나온 삶의 여정 속에 고생한 이야기를 듣다 보면 눈물이 날 만큼 아프기도 하고 한편으로는 안타깝기도 하다. 어떤 때는 한나절을 풀어 놓아도 끝이 없다.

그러나 예수 믿는 사람은 고난당할 때 절대로 간과하지 말아야 할 것이 있다.

고난을 많이 당한 것이 중요한 것이 아니다. 고생을 많이 한 것이 중요한 것이 아니다. 아무리 기가 막힌 고난을 당했을지라도 그 고난을 통해서 하나님의 뜻을 깨닫고 변화되지 못한다면, 그 고난은 저주가 되고 아픔이 되고 상처가 되어 우리의 마음속에 쓴 뿌리가 된다.

고난 속에서 하나님의 뜻을 발견하지 못한 사람은 남을 원망하고 분노하고 용서하지 못하는 모습을 많이 본다. 또 인격이 더 고집스러워지고 강퍅해지고 고약스러워지는 모습을 볼 수가 있다.

왜 그럴까?

"미련한 자를 곡물과 함께 절구에 넣고 공이로 찧을지라도 그의 미련은 벗어지지 아니 하느니라"(잠27:22)

고난을 허락하신 하나님의 의도를 모르고 고난을 내 입장에서 내 관점에서 바라보기 때문이다. 하나님의 의도를 깨닫지 못하는 고난은 사실 우리에게 아무런 의미가 없다 그러나 고난을 주신 하나님의 뜻을 깨닫고 헤아린다면 고난은 진정한 축복의 아이콘이 될 것이다.

"우리가 알거니와 하나님을 사랑하는 자 곧 그 뜻대로 부르심을 입은 자들에게는 모든 것이 합력하여 선을 이루느니라"(롬8:28)

우리에게 찾아오는 고난의 내용이 어떠하든지 진정한 축복의 아이콘이 되기 위해서는 예수 믿는 사람은 고난을 통해서 더 부드러워져야 한다. 예전보다 더 겸손해져야 한다. 더 분별할 수 있는 지혜가 생겨야 한다. 더 주님의 인격을 닮아가야 한다. 더 하나님을 사랑하고 이웃의 영혼을 사랑하는 존재로 빚어져야 한다. 예전보다 더 순종하는 인격이 되어야 한다. 더 많은 눈물이 회복되어져야 한다. 더 은혜로운 사람이 되어야 한다. 더 후덕한 믿음의 사람이 되어야 한다. 하나님께 더 소망을 두는 진리의 사람이 되어야 한다.

하나님을 더 의지하며 하나님과 더 친밀한 사람이 되어야 한다. 고난을 통하여 더 순수한 복음의 사람이 되어야 하며, 생명이 풍성한 사람이 되어야 한다. 그래서 성령님과 친밀함 속에 교제하는 순종의 사람이 되어야 한다.

하나님은 오늘도 사랑하는 당신의 자녀가 온전한 믿음의 사람, 소망의 사람, 사랑의 사람으로 학습시키시고 가르치고 계신다.

> **TIP**
> 1. 고난은 하나님의 본심이 아니다. 어떻게 생각하는가?
> 2. 당신은 고난을 통해서 변화된 것이 있는가?

복음을 영화롭게 하라

"천국은 마치 밭에 감추인 보화와 같으니 사람이 이를 발견한 후 숨겨두고 기뻐하여 돌아가서 자기의 소유를 다 팔아 그 밭을 샀느니라"(마13:44)

복음이란 무엇일까? 우리가 복음을 가졌는데도, 복음의 능력도 기쁨도 누림도 없이 세상 문제 속에 휘둘리며 산다. 그렇다면 도대체 우리가 믿는 복음이 무엇을 의미할까? 사람들이 교회는 다니면서도 복음의 의미를 깊이 알지 못하기에, 능력 있게 살지 못한다. 인생의 문제 앞에서 별 볼 일 없는 복음이라면, 아무런 힘과 능력도 없는 복음이라면 사실 목을 매고 예수 믿을 필요가 없다. 신앙생활을 잘할 필요 없다. 누가 이런 복음을 위해 일생을 바치겠는가? 누가 이런 복음 앞에 감격하며 자신의 소유를 팔아 복음을 위해 투자하겠는가?

십자가의 복음은 결코 값싼 복음이 아니다. 복음은 인생 모든 문제를 다 해결할 수 있다. 복음은 실로 엄청난 것이다.

그런데 우리는 복음을 대충 알고 믿어 왔는지도 모른다. 그래서

다 믿는다고 말은 하는데 한 번도 복음의 본질 앞에 직면해 본 적이 없다. 죄로 인한 비참한 내 인생 실존을 알고 '어찌할꼬?' 절망해 본 적이 없는 사람은 십자가에서 단번에 이루신 이 복음이 얼마나 완전한 복음인지 예수를 믿는 성도들이라면 반드시 한 번쯤은 깊이 대면을 해야 한다.

그렇다면 복음이 무엇인가? 복음의 실체는 바로 예수 그리스도다. 주님은 우리에게 죄로부터, 죽음으로부터 우리를 해방시켜 주셨다. 사단의 권세로부터, 인생의 가난과 저주로부터 우리를 해방시켜 주셨다. 그래서 이 복음을 발견한 자는 이와 같다.

"천국은 마치 밭에 감추인 보화와 같으니 사람이 이를 발견한 후 숨겨두고 기뻐하여 돌아가서 자기의 소유를 다 팔아 그 밭을 샀느니라"(마13:44)

길을 가다 돈 만 원짜리 한 장만 발견해도 가슴이 뛴다. 그런데 보화가 묻힌 밭을 발견했다고 하자, 이것은 엄청난 것이다.

그래서 복음을 정확하게 깨닫고 소유한 사람은 이 땅에 아무것도 가진 것이 없어도 예수 믿고 구원받은 이것만으로도 인생을 성공한 사람이다. 소유한 것이 정말 아무것이 없어도 복음을 소유한 사람은 인생을 성공한 사람이다.

불가마처럼 뜨거운 어느 해 여름이었다. 축호 전도를 나갔다. 빌라 한 동을 다 다녔는데 아무도 만날 수가 없었다. 그래서 옥상까지 올라가 보니 마침 옥탑 그늘 밑에서 한 할머니가 아들 손주를 보고 있었다.

"할머니 날씨가 더운데 수고가 많으십니다. 예수 믿으라고 왔어요." 할머니는 손사래를 치며 목청을 높여 말한다.

"아휴! 내일 모레가 칠월칠석이라 절에 가려고 오천 원을 준비해 놓았다오."

말씀하시는 할머니의 얼굴에는 짙은 근심과 병색으로 어두워 보였다.

"할머니 그 돈으로 손자 과자 사주시고요. 교회 한번 나와 보세요. 자비로우신 부처님께서 교회 한번 나갔다고 화내시지 않을 거예요… 할머니, 예수님 믿으면 꿈같은 일이 일어나요. 그리고요 문제가 해결이 돼요. 인생의 문제가 해결이 돼요."

그렇게 전한 복음이 하나님이 역사하셔서 할머니가 난생처음으로 67년 만에 교회를 나오신 것이다. 주일 예배를 마치고 식사를 한 후에 난 할머니에게 기도 제목을 물어보았다.

그러자 할머니는 자신에게는 심장병과 혈압과 관절에 병이 있고 40살이 넘은 큰아들은 술 중독자라 직장 생활을 못하고 큰 딸은 무당이고 70살이 넘은 남편이 일용직으로 노동해서 생활한다고 했다.

"할머니, 그럼 내일부터 새벽기도 나오세요. 하나님은 우리 기도를 들으셔요. 나오셔서 함께 기도해요."

"네에." 할머니는 의외로 쉽게 대답을 하셨다.

사실 난생 처음 교회 나온 사람에게 새벽기도를 출석하라고 말은 했지만 나오리라고는 기대하지 않았다. 그런데 할머니는 다음 날 새벽기도를 나오셨다. 그만큼 절박했던 모양이었다. 앞자리에서 3번째 줄 의자에 앉아서 기도를 했다. 새벽마다 서러워서 울고, 한이 많아서 울고, 죄 때문에 울고, 감사해서 울고, 아들 때문에 울고, 큰딸 때문에 울고, 하나님 앞에 울며 기도하자 하나님은 먼저 할머니의 심장병을 고치시고 관절염을 고치시고 몸에 모든 질병을 고치셨다.

그런데 문제는 술 중독이 된 큰아들이다. 그는 한번 술을 먹으면 밥을 일절 끊고 며칠이고 밤낮 술만 먹었다. 그리고 깨어날 때는 계속해서 오바이트를 하면서 깨어났다. 그러니 사람의 모습이 아니다. 인근 공원을 안방 삼아 잠을 잤다.

"목사님 내 아들이 쓰러졌어요."

전화가 오면 이제는 내가 달려가야 했다. 길거리에 쓰러진 아들을 몇 번이고 데려다가 케어를 해야 했다. 그런데 이 친구는 술이 깨어나면서 환각과 환청 현상을 보였다.

"목사님! 누가 저기서 날 불러요."

4층 창문을 향해 밖으로 뛰어내리려 했다. 방심했다가는 큰일 날것 같았다. 길거리 노숙자 냄새, 오줌 냄새, 술 냄새로 찌들어 버린 친구를 깨끗하게 씻기기도 하고 기력이 너무 쇠약해서 회복이 잘 안되면 링거액을 놓아주었다. 그런데 몸의 힘이 조그만 회복되면 이 친구는 또다시 술을 가져다 입에 대었다. 술 중독은 참 고치기 어려운 질환이다. 중독자들이 격리 병동에서 몇 년씩 금주를 하면서 매일 정신 교육을 받고 눈물을 흘리며 결심을 한다. 그런데 밖으로 나오면 단 몇 분 만에 술을 입에 가져다 댄다. 아무리 결심을 해도 몸이 먼저 반응을 하기 때문이다. 육신을 이길 수가 없기 때문이다. 술 중독자인 이 친구도 마찬가지다. 수없이 결심을 하지만 그때뿐이다. 70이 넘은 아버지가 노동 시장에 나가서 하루하루 벌어서 생활한다. 그러니 대낮에 술 취해서 사람 구실도 못하고 길바닥에서 딩구는 아들을 볼 때마다 아버지는 속에서 천불이 난다고 한다.

"이놈아! 죽어라 차라리…."

"미안해요 아버지…."

아버지가 모진 학대를 하고 주먹다짐을 해도 소용이 없었다. 결국 부모도 완전히 포기한 지 오래되었다.

그러던 어느 여름날이다. 그때도 술을 먹고 길거리에 쓰러져 있는 친구를 나는 달려가서 교회로 데리고 왔다. 마치 여름 수련회가 이틀 후면 시작할 때인지라, 이틀을 교회에서 케어를 한 후에 이 친구와 함께 수련회 장소로 갔다. 수련회 장소에 친구를 내려놓고 집회를 시작했다. 찬양하고 기도하고 말씀 전하고 밥 먹고 찬양하고 기도하고 말씀 전하고, 첫날에는 아무런 변화가 없었다. 둘째 날에 모든 성도들에게 회개의 영이 부어졌다. 이 친구도 울면서 회개하기 시작했다. 그 장소에 들어오는 사람들마다 회개의 영이 부어졌다. 스멀거리며 알 수 없는 눈물이 흘렀다. 계속되는 회개 속에 수련회 장소 안에 있는 모든 사람에게 성령이 임한 것이다. 입을 열어서 기도하는 모든 사람에게 방언이 임했다. 강력한 성령님이 임하자, 그 형제를 그토록 괴롭히던 술 마귀가 떠나 버렸다.

계속되는 성령의 역사로 강력하게 기도하는데 하나님은 이 친구에게 환상을 하나 보여주셨다. 바로 동남아시아, 아프리카 쪽에 자신이 다니면서 복음을 전하며 선교하는 환상을 본 것이다.

"목사님, 저 환상 봤어요."

"환상을… 웬 환상…?"

"목사님! 제가요 저 동남아시아 지역에 가서 사람들에게 전도를 하는 환상을 봤어요."

"오호! 그래요?"

나는 이 친구가 매번 술이 깨어날 때마다 헛것을 많이 보고 헛소리를 많이 하였기에 형제의 말을 웃으면서 듣고 흘려버렸다. 그런데 하나님의 능력은 놀라웠다. 그날 이후 형제가 은혜를 받고 변화가 되자, 그 형제를 보면서 모든 교회가 하나님께 영광을 돌렸다. 하나님은 못 고칠 인생이 없구나. 하나님은 정말 못 하실 일이 없구나. 사람들마다 이구동성으로 하나님께 영광을 돌렸다. 복음이 영화롭게 된 것이다. 형제는 새벽에 2시간씩 기도를 계속했다. 당시 우리 교회에 심방 전도사님이 한 분 계셨다. 음악대학을 나와서 신학을 한 전도사님이셨다. 남편 없이 두 아들과 함께 살면서 신실하게 교회를 섬기는 전도사님이셨다. 형제가 성령을 받고 변화되자, 주님은 형제에게 말씀하셨다.

"아들아 심방하는 전도사님이 네 아내 될 사람이다."

"예!"

주님의 음성을 듣고도 형제는 믿기지가 않았다. 자신의 환경과 처지가 말이 아니기 때문이다.

형제는 아무것도 가진 것이 없는 사람이었다. 학벌도 없다. 직업도 없다. 술만 좋아하는 노숙자였다. 신체 조건도 체격도 외소하고 키도 작다. 교회에서 먹고 자고 지내는 형편이다. 사람들이 그러는데 그의 얼굴을 보면서 술만 잘 먹게 생겼다고 한다. 그래서 선뜻 고백을 못하고 하나님께 기도만 하고 있었다.

그런데 하나님께서 전도사님에게 주일날 선포되는 룻기를 통해서 말씀하시고 응답하셔서 전도사님이 먼저 프러포즈를 했다. 이렇게 하나님의 은혜로 두 사람의 결혼이 발표되자, 교회와 동네가 온통 난리가 났다. 정말 상상할 수 없는 일이 벌어진 것이다. 사람들의 통념을 모두 깨버린 것이었다. 어떤 사람은 멘붕이 왔다고 한다. 복음이 사람을 이토록 영화롭게 변화시킬 줄은 아무도 몰랐다.

소망이 전혀 없는 인생, 버려진 인생, 술 중독자, 무능력한 인생이 하나님을 만나자 꿈같은 일이 일어난 것이다.

그렇게 두 사람은 결혼을 해서 지금은 하나님이 보여주신 동남아시아에 있는 태국에 선교사로 나가서 일을 하고 있다. 하나님은 참으로 멋진 분이시다. 모든 영광을 하나님께 돌린다. 복음은 참으로 우리 인생을 영화롭게 한다.

> 💡 **TIP**
> 1. 당신에게 복음은 무엇인가?
> 2. 복음으로 인생의 모든 문제를 해결할 수 있다고 생각하는가?

복음을 누려라

"너희는 하나님께로부터 나서 그리스도 예수 안에 있고 예수는 하나님께로서 나와서 우리에게 지혜와 의로움과 거룩함과 구속함이 되셨으니"(고전1:30)

하나님이 우리에게 주신 복음은 완전한 복음이다. 우리의 과거, 현재, 미래의 모든 죗값을 완벽하게 지불하셨다.

믿음으로 우리는 복음을 누리면 된다. 예수의 고난이 나의 고난이요, 예수의 죽음이 나의 죽음이요, 예수의 부활이 나의 부활이요, 예수의 후사가 나의 후사이다. 예수의 거룩이 나의 거룩이다.

이처럼 복음은 완전한 것이다. 복음은 우리의 모든 것이다. 그런데 복음의 가치를 모르면 우리가 복음을 가졌는데도 누리며 살지 못한다.

이런 예화가 있다.

산을 무척이나 좋아하는 사람이 등산을 하다 폭설을 만났다. 조난을 당한 등산가는 길을 잃고 헤매다가 죽음 직전에 한 초가집을 발견했다. 할머니 혼자 사는 오두막집이었다.

그는 집을 발견한 후 할머니를 발견하자마자 너무 지쳐서 정신을 잃고 쓰러져 버렸다. 할머니는 아들 같은 그를 지극한 정성으로 간병을 했다.

다음 날 정신을 차린 등산가는 자신을 구해준 할머니가 너무 고마웠다. 할머니는 정신이 돌아온 그에게 부드러운 미소를 띤 채 입을 열었다.

"이쪽에 날씨가 워낙 변덕이 심해서요. 나도 몇 해 전에 아들을 잃었다오… 그런데 선생님은 천만다행이에요."

오두막집은 여기저기 낡아서 구멍이 나 있었지만 그는 그곳에서 며칠을 묵으면서 기력을 회복했다. 기력을 회복한 그는 이제 돌아가야겠다고 인사를 하며 그동안 지극한 정성으로 자신을 돌보아주신 할머니에게 보답으로 봉투 하나를 건넸다. 할머니에게 좋은 집을 한 채 장만할 수 있도록 그는 백지 수표를 써서 드렸던 것이다.

등산가는 큰 기업의 모 회장이었던 것이다.

"할머니 이것이면 따뜻하고 좋은 집에서 사실 수가 있으실 거예요. 그동안 너무 감사했습니다. 신세를 많이 졌습니다."

등산가는 그러고는 잊어버렸다.

이듬해 봄이 되자 그는 갑자기 할머니가 어떻게 살고 계실까 궁금해서 다시 그 험악한 산을 찾아가 보았다.

여전히 오두막집이 그곳에 있었다. 그런데 웬일인지 아무런 인기척이 없었다.

"할머니! 할머니…."

방문을 열고 보니 웬 썩는 냄새가 났고 할머니는 이미 죽은지가 제법 되어 있었다.

"아니? 이게 어떻게 된거야…?"

"내가 백지 수표를 주었는데…. "

그는 두리번거리며 자신이 주고 간 수표를 찾아 보았다.

그 수표는 찬바람이 들어오지 못하도록 찢어진 창문에 붙어 있었다. 복음을 가졌는데도 우리의 삶이 이와 같을 수가 있다.

왜 그렇지 않겠는가?

완전한 복음을 소유했는데도 우리는 복음이 무엇이지 잘 몰라서 능력있게 살지 못할 수가 있다.

80년도 후반에 친구들과 일본에 배낭 전도여행을 간 적이 있다. 부산에서 카페리호를 타고 밤새 항해한 끝에 새벽에 시모노새키 항구에 도착했다. 우리는 배 안에서 코펠로 라면을 끓여 먹고 기타를 치면서 일본으로 건너갔다. 일본에 도착한 후에 노방전도를 열심히 하면서 1주일 동안 지냈다. 때로는 해변에서 공원에서 텐트를 치고 잠을 자기도 했다. 잊을 수 없는 젊은날의 추억이었다.

그런데 동일하게 유럽여행을 갔을 때 일이다. 핀란드 헬싱키에서 스웨덴 스톡홀름까지 밤새 운항하는 여객선이 있다. 그 배의 규모는 엄청나게 컸다. 배 안에 모든 시설이 다 갖추어져 있었다. 우리는 저녁식사를 간단하게 하고 배 안을 구경하고 싶었다. 우리가 가지고 온 빵과 과일을 꺼내서 저녁을 대충 먹었다. 그리고 선상 투어를 시작했다. 선상 맨 위층에는 사우나 시설이 있었다. 쇼핑숍, 카지노, 스탠드바에 앉아서 그럴듯하게 술 마시는 포즈도 취해 보는 친구도 있었다. 선상에 영화관도 있었다. 배는 아파트 7, 8층 높이에 엘리베이터가 8대가량 있었다. 정말 엄청난 크기와 시설에 감탄하며 투어를 했다. 그리고 1층 선실에는 고급 레스토랑이 있었다. 수많은 사람들이 뷔페 음식으로 저녁 만찬을 즐기고 있었다.

어느덧 밤이 지나고 다음 날 스톡홀름에 입항하는데 바닷가의 풍광이 그림처럼 아름다웠다. 마치 한 폭의 유명한 풍경화들이 스쳐 지나가는 것 같았다. 오랜 여행을 한 듯했다. 모두가 기쁨으로 짐을 챙겨서 하선을 했다. 오랜만에 좋은 배를 타보았다. 물론 배 안에 있는 레스토랑이며 모든 부대시설들을 이용해 보지는 못했지만 행복했다.

그런데 이미 뱃삯에 식사 값이 포함되어 있는 줄 몰랐던 것이다. 그 풍성하게 준비된 맛있는 음식을 전혀 먹어보지 못하고 빵부스러기와 라면이라니… 얼마나 황당한 일인가?

우리가 예수라는 구조선을 타고 일생을 여행하는데 우리가 복음을 몰라서 일생 동안 이렇게 여행한다면 여러분은 어떤가? 정말 어리석은 일이다. 세상에 이런 황당한 일은 없어야 한다. 주님은 우리에게 복음을 주셨다. 이 복음을 우리가 바로 알지 못하면 누리지 못한다.

예수는 죽어서 대충 천국이나 가는 식으로 알고 믿는다면 우리 인생의 목적지인 천국 문에 이르렀을 때 우리는 가슴을 치며 후회할 것이다. 우리가 예수를 믿어도 얼마든지 이런 일이 있을 수 있다. 예수님께서 이미 다 이루어 놓으셨다. 복음은 완벽한 것이다. 복음은 우리를 구원하기에 조금도 부족함이 없다. 복음을 소유한 우리는 누려야 한다. 예수 안에는 모든 것이 다 있다. 복음을 알고 누리는 것은 우리의 몫이다.

> **TIP**
> 1. 당신은 복음을 아는가? 복음의 가치를 아는가? 어느 정도 아는가?
> 2. 복음을 위해 당신의 전부를 던질 수 있는가?
> 3. 당신은 복음을 얼마나 누리고 있는가?

걱정하지 마라

"너희는 마음에 근심하지 마라"(요14:1)

인간은 태어나서 죽을 때까지 불안과 염려와 걱정 속에서 살아 간다. 미래에 대한 불안 때문에 인간은 재산을 축척해 놓고 보험 도 들어 놓고 노후대책도 세워 놓는다. 그런데 성경은 아이러니하 게도 걱정하지 말라고 말씀하신다.

"공중에 새를 보라 심지도 않고 거두지도 않고 창고에 모아들이지 도 아니하되 너희 천부께서 기르시나니 너희는 이것들 보다 귀하지 아니 하냐"(마6:26)
"그러므로 염려하여 이르기를 무엇을 먹을까 무엇을 마실까 무엇 을 입을까 하지마라"(마6:31)

인간이 태어나서 죽을 때까지 하는 걱정을 100%라고 하자, 그 런데 그 가운데 40%는 평생에 절대로 안 일어나는 일이라고 한 다. 그리고 30%는 지나간 것이라고 한다. 지난 일은 교훈을 삼고 잊어버리는 것이다. 그리고 남은 30% 중에 22%는 아주 사소한 것이란다.

오늘 옷을 뭘 입을까? 넥타이는 뭘 맬까? 헤어스타일은 어떻게 할까? 점심은 무엇을 먹을까? 무엇을 마실까? 사소한 것 가지고 걱정을 하기도 한다.

나는 아무것도 없던 시절에 결혼이 코앞에 다가왔었다. 무척 걱정이 되었다. 결혼을 하면 최소한 월세든 전세든 신방은 남자가 얻어야 한다. 그런데 가진 돈이 없었다. 그래서 결혼을 앞두고 밤마다 삼각산에 올라가서 부르짖어 기도했다.

"하나님, 결혼을 하는데 방이 없어요… 월세방이라도 하나 얻어야지 않겠어요?"

부르짖어 기도하는데 주님이 음성으로 응답하셨다.

"너는 마음에 근심하지 마라."

한 말씀에 결혼에 대한 근심과 염려는 사라졌지만 현실은 여전히 막막했다.

손에 쥔 돈이 없다 보니 신혼방을 지하실 방으로 얻으려고 다녔다. 광고를 보고 달려간 집은 지하실 방 3칸짜리 사는 사람이 방 한 칸을 월세로 주겠다고 한다. 나는 괜찮은 것 같은데 아내가 무서워했다. 그 집에는 아내가 세상에서 제일 무서워하는 강아지들을 키우고 있었다. 결국 우리는 비가 오면 빗물이 새고 천정에서 밤이면 쥐들이 달리기를 하는 허름한 집을 얻어서 결혼 생활을 시작했다. 하나님은 당신이 말씀하신 대로 우리에게 신혼방을 예비해 주셨다.

우리가 일상에서 걱정하는 것 가운데 92%는 걱정할 필요도 없다는 것이다. 그러면 우리가 일상으로 걱정하고 염려하는 실체는?

1) 평생 안 일어날 것 40%

2) 지나간 것 30%

3) 사소한 것 22%

4) 불가항력적인 것 4% (비행기 추락사고, 천재지변)

전체 96%는 걱정하지 않아도 될 일이다. 질병역학자들이 연구를 했다. 나머지 4%는 노력하면 극복할 수 있는 일이라는 것이다.

나머지 4%는 건강에 좋다는 것이다. 노력해서 성취해 나가면 백혈구가 막 활성화된다고 한다. 노력해서 해결되는 스트레스는 건강에 좋다고 한다.

그렇다면 오늘 우리가 정말 걱정하고 근심하는 것을 다 적어보아라. 그리고 내가 노력해서 해결할 수 있는 것이 무엇일까? 그것만 노력하고 다 버려라 주님은 오늘도 말씀하신다.

"너희 염려를 다 주께 맡겨 버리라. 이는 저가 너희를 권고 하심이니라"(벧전5:7)

하나님의 자녀가 걱정하지 않아도 되는 이유가 두 가지가 있다.

하나는 하나님은 우리의 모든 필요를 아시기 때문이다. 그리고 또 하나는 하나님은 당신의 성품상 우리에게 최고의 좋은 것을 주시는 좋으신 아버지이기 때문이다.

> **TIP**
> 1. 당신은 무엇을 염려하십니까?
> 2. 당신의 염려를 주님께 맡겨 보시면 어떨까요?

part 3

하나님이
주시는
또 다른 선물,
고난

틀이 깨어지다
철저하게 버려지다
하나님의 설득
오직 하나님의 긍휼로
금식 후 찾아온 첫 번째 시험
나를 키우신 하나님
주님과 춤을 추어라

The Icon of Blessing

틀이 깨어지다

"여호와의 자비와 긍휼이 무궁하시므로 우리가 진멸되지 아니함이니다. 이것이 아침 마다 새로우니 주의 성실이 크도소이다"

(애3:22-23)

    삼종지도이라는 말이 있다. 여자는 어릴 때는 아버지의 뜻을 따르고, 결혼해서는 남편을 뜻을 따르고 늙어서는 아들의 뜻을 따른다는 말이다. 나는 어릴 때에 서당을 다니며 천자문, 사자소학, 명심보감이라는 글을 읽으면 자랐다. 이런 가정 환경이나 문화, 전통이나 경험들이 나도 모르는 사이에 유교적인 가치관이 나의 삶에 기준과 윤리와 도덕이 되었다.

    예수님을 만나서 생명이 거듭나고 결혼해서 목회를 하면서도 은근히 남존여비 사상이 내게 있었다. 나는 아내를 조선 시대 사대부 아낙처럼 여기며 살았다. 지금 생각하면 웃음이 절로 나오는 일이다. 아내를 무조건 내 스타일에 맞추게 했고, 결혼하고 몇 년 동안은 파마도 못하게 했다. 무조건 남편 말에 순종하는 아내가 되어야 한다고 생각했다. 목회를 하면서도 이런 나의 생각이 마치 진리인 양 당연하게 여겼다.

그러던 어느 날 주님이 찾아오셨다.

"애야, 나는 너를 한 번도 그렇게 대하지 않았는데, 너는 왜 네 아내를 율법적으로 대하느냐?"

나는 주님의 세미한 음성에 그만 엎드려졌다.

"아버지 죄송합니다."

회개하며 많이 울었다. 날마다 복음을 외치고 전도하고 금식하며 하나님의 사랑을 외치던 나는 정작 복음이 무엇인지 몰랐던 것이다. 말은 복음을 말하는데 실제 내 삶의 가치관과 패러다임은 복음이 아니었다. 유교적인 가치에다 율법이 가미가 되어 율법과 권위주의적인 사람이 되어 있었다. 복음을 머리로는 아는데 가슴으로 내려오지 못한 것이다.

그래서 아내를 율법적으로 대하고 성도를 율법적으로 대하며 상처들을 많이 주었다. 입으로는 복음을 외치면서 내 자신이 율법의 자리에 서서 '나는 옳고 너는 틀렸다'라는 흑백 논리가 있었다. 이런 내 안에 유교적인 틀과 고정관념과 내 중심적인 교만과 내 의가 하나의 틀이 되어 자리하고 있었던 것이다.

이런 나에게 하나님은 고난이라는 손길을 통해서 나를 다루기 시작하셨다. 조금씩 나의 틀을 깨뜨리셨다. 내가 아프다고 소리를 지르면 하나님은 살며시 강도를 낮추시고 당근을 하나씩 던져 주시면서 나의 틀을 하나씩 허물어 가셨다.

고난을 당할 때에는 아프고 힘들고 모든 것이 절망이었다. 주어진 고난이 영원히 끝날 것 같지 않았다. 절망감 속에 몸부림치며 울음으로 기숙하며 보냈던 많은 날들이 있었다. 아무리 불러도 대답이 없는 하나님께만 매달렸다.

살고 싶다고, 하나님 사랑한다고, 한 번만 더 기회를 달라고 울며 지냈던 시간들이 있었다. 고난의 과정이 때로는 의미 없어 보이고, 응답이 없어 보이고 더딘 것 같았다.

"여호와의 자비와 긍휼이 무궁하시므로 우리가 진멸되지 아니함이니다. 이것이 아침마다 새로우니 주의 성실이 크도소이다"(애3:22-23)

이런 자비로우신 하나님의 은혜가 고난 가운데서 나를 건지셨고 나에게 주어진 많은 고난은 어느덧 '축복의 아이콘'이 되었다.

그러므로 고생을 많이 한 것이 중요한 것이 아니다. 고난을 많이 당한 것이 중요한 것이 아니다. 주께서 인생으로 고생하며 근심하게 하심이 본심이 아니시기 때문이다. 중요한 것은 고난 그 자체가 아니다. 고난을 주신 하나님의 뜻이다. 내게 고난을 주신 나를 향하신 하나님의 의도가 중요하다. 고난을 무작정 잘 견디고 버티기만 잘하면 되는 것이 아니다. 고난을 주신 하나님의 뜻을 깨닫고 그 뜻에 내가 순복이 되어져야 한다.

그렇다면 먼저 하나님 앞에 지금 내게 주어진 고난이나 문제나 사건을 당연히 하나님의 관점에서 바라보아야 한다. 육신적인 관점이나 내 관점에서 생각하며 판단하던 우리에게 하나님은 끊임없이 고난을 통해서 우리를 다듬고 깎고 세우시고 끊임없이 일을 하신다. 모든 사건과 문제를 하나님의 관점에서 믿음으로 볼 수 있는 능력을 키워 나가신다. 사실 이런 하나님의 교육방법은 어제 오늘 일이 아니다. 하나님은 아브라함을 그렇게 교육하셨다. 이삭과 야곱을 요셉과 모세를, 다윗을 그렇게 교육하셨다. 그리고 오늘 우리도 그렇게 교육하고 계신다. 먼저 우리는 이 사실을 인식해야 한다.

오늘 우리는 어떤가? 우리는 고난에 대해서 어떻게 반응하는가?

나는 진정 고난을 주신 하나님의 의도를 잘 깨닫고 진리를 배우고 있는가? 고난 앞에서 나를 다듬고, 나를 버리고, 나를 포기하고 있는가? 그래서 내가 날마다 진리의 사람으로 세워지고 있는가? 어떤 사건과 문제 앞에서 자신의 관점이 아니라 하나님의 관점에서 문제를 해석하고 있는가?

예수 믿는 사람에게 주어진 가난이나 고난이나 질병을 통해서 하나님을 더욱더 의지하며 믿음의 부요한 자가 되지 않으면 그것들은 저주일 뿐이다. 그러나 내가 가난 때문에 고난 때문에 내게 주어진 어떤 질병 때문에 더욱더 주님을 의지하며 영적으로 깊이 주님을 만나고 더욱더 기도할 수 있다면 그것은 우리로 하여금 엄청난 '축복의 아이콘'이 될 것이다. 그러므로 지금 나에게 가난이나 고난이나 질병이 있다면 기도하길 바란다. 우리에게 주어진 가난이, 고난이, 질병이 진정으로 '축복의 아이콘'이 될 것이다.

💡 TIP
1. 당신은 틀이 깨어진 경험이 있는가?
2. 고난은 하나님의 본심이 아닙니다. 어떻게 생각하는가?
3. 당신은 고난이 정말 유익하다고 생각하는가?

철저하게 버려지다

"하나님이여 주께서 우리를 시험하시되 우리를 단련하시기를 은을 단련함같이 하셨으며 우리를 끌어 그물에 들게 하시며 어려운 짐을 우리 허리에 두셨으며 사람들로 우리 머리 위로 타고 가게 하셨나이다 우리가 불과 물을 통행하더니 주께서 우리를 끌어내사 풍부한 곳에 들이셨나이다"(시66:10-12)

하나님의 역사 속에 교회가 부흥이 되었다. 교회가 어느 정도 부흥이 되고 성도가 어느 정도 모이면 마치 하나님께서 "후욱" 하고 불어 버리시는 것처럼 교회에 문제가 생겨서 성도들이 흩어졌다. 태풍에 과일이 떨어지듯 성도들이 다 흩어지고 힘없고 돈 없는 노인들만 5-6명 남았다.

그러면 나는 다시 벌떡 일어서서 열심을 내어 기도하면서 다시 미친 듯이 전도했다. 그래서 다시 어느 정도 교회에 인원이 채워지면 하나님은 또 다시 "후욱" 하고 불어서 또 흩어버리셨다. 연거푸 두 번이나 목회에 실패를 하자. 자신 있던 목회에 절망감이 찾아왔다. 사람들이 싫어졌다. 나를 버리고 나의 얼굴을 짓밟고 내 가슴에 배신의 칼을 박고 떠난 사람들이 무서웠다. 그렇게 사람을 좋아하던 내가 사람에 대한 회의가 생겼다.

두 번이나 목회에 실패를 하자, 나는 모든 의욕을 상실했다. 나는 내가 무엇이 잘못되었는지, 아무리 생각해도 알 수가 없었다. 나는 주님을 위해 최선을 다했다. 기도하고 전도하는 일에만 전념했다. 그런데 사람들이 여지없이 나를 짓밟고 배신의 칼을 박고 떠났다. 순진하고 진실된 나의 마음이 사정없이 난도질당했다. 다시는 회복될 것 같지 않았다.

한번 마음이 무너지자 좀처럼 마음을 회복하기가 정말 어려웠다. 문제를 일으킨 심방전도사는 성도들과 돈거래가 있었다. 성도들은 전도사가 돈을 요구하면 여기저기서 돈을 빌려주었다고 한다. 그래서 고민 끝에 사임을 시키게 되었다. 그 후 교회 옆 건물에 교회를 개척하겠다고 날마다 찾아와서 성도들과 어울려 다녔다.

나는 그때까지 하나님의 손길이 무엇인지 잘 몰랐다. 내 열심으로 일한다는 것이 무엇인지 몰랐다. 그래서 아무리 생각해 봐도 내가 하나님 앞에 무엇을 잘못했는지를 몰랐다. 나는 개척하면서 교회 헌금도 처음부터 회계를 두어서 교회 경상비 외에는 교회 돈을 내 생활비로 쓰거나 개인적으로 고기 한 근 사먹어 본 적이 없다. 아무리 생각해도 내가 하나님 앞에 무엇을 잘못해서 이런 고난을 당하는지 알 수가 없었다. 깊은 우울증이 찾아왔다.

하나님의 신실한 일꾼은 쉽게 만들어지지 않는다. 믿음은 그냥 자라는 것이 아니다. 주님은 말씀처럼 우리를 단련하시기를 은을 단련함같이 하신다. 하나님께서는 나를 어떻게 훈련시키셨는가? 나를 끌어서 그물에 걸리게 하셨다. 움직이거나 도망가지 못하도록 해놓고 하나님은 나를 훈련을 하시는데, 문제는 어려운 짐을 내 허리에 두셨다는 것이다.

사람이 아무리 장사라도 짐을 질 때는 머리에 이든지, 어깨에 메든지, 지게로 짐을 진다. 허리에 짐을 두면 특징이 앞으로 걸을 수가 없다는 것이다. 무거운 짐이 내 허리와 함께 엉덩이를 누르면 발걸음을 옮겨 놓을 수가 없었다.

사람들이 내 얼굴을 밟고 지나갔다. 하나님은 철저하게 나를 버려지게 하셨다. 나는 모든 의욕을 상실했다. 삶의 의미가 없었다. 건강 또한 탈진이 되어 숨을 헐떡이며 겨우 걸어 다녔다. 눈은 초점을 잃었고 깊은 우울증이 찾아왔다. 옆에서 지켜보는 아내가 이런 나의 모습이 폐인이 된 것 같아 보인다고 했다.

어느 날 순서를 따라서 아침에 말씀을 묵상하는데 예레미야 38장 7-13절에 구스인 에벳멜렉이 진흙 구덩이에 빠진 예레미야를 끌어내는 말씀을 묵상하게 되었다.

그래서 기도를 드렸다.

"하나님 지금 내 처지가 마치 이와 같습니다. 내가 깊은 진흙 구덩이에 빠져 도저히 내 힘으로 나올 수가 없습니다. 오늘 이 말씀을 내게 주신 말씀으로 믿고 의지하오니 이 말씀대로 나를 이 진흙 구덩이에서 건져 주시옵소서."

아침에 말씀을 붙잡고 기도를 했다. 그날은 수요 저녁예배가 있는 날이었다. 그런데 해는 지고 수요예배가 다 끝났는데 아무런 일도 일어나지 않았다. 얼마 되지 않은 성도님들이 다 집에 돌아갔다. 그런데도 아무런 일도 일어나지 않았다. 분명히 오늘 아침 말씀묵상을 통해서 진흙 구덩이에 빠진 예레미야가 나였다. 예레미야가 구출된 것처럼 나도 지금 진흙 구덩이에 빠져 있다. 그런 상황에서 구출되고 싶었다. 기다렸다. 모두가 돌아갔다. 텅 빈 예배당에 혼자 우두커니 서 있었다.

그때 어떤 성도 한 분이 지하실 계단을 성경책이 든 까만 가방을 들고 내려왔다. 이 성도는 몇 년 전에 교통사고로 머리를 다쳤다. 그래서 정신이 온전하지가 않다. 나는 '수요예배가 다 끝났는데, 시간개념이 없어서 이제 예배를 드리려 왔구나'라고 생각했다. 그런데 성큼 성큼 걸어온 성도님은 나에게 말을 건넸다.

"목사님 저 좀 봐유."

나는 아차 이 친구도 혹시 교회를 떠난 전도사님에게 돈 문제가 걸려 있었나? 순간적으로 그런 생각을 했다.

그런데 그 친구의 입에서 나오는 말은 바로 성령님의 음성이었다. 바로 그날 아침 큐티 말씀인 예레미야를 진흙에서 구출한 에벳멜렉이었다.

나는 깜짝 놀랐다.

"아니 이럴 수가?"

하나님께서 그 친구를 통해 진흙과 같은 구덩이에서 나를 빠져 나올 수 있게 했다. 하나님은 정말 능치 못하심이 없었다. 하나님은 온전치 못한 인생의 입술을 쓰셨던 것이다.

그러면 인생의 문제가 닥치면 어떻게 해야 하나? 살아계신 하나님께 매달려 집중적으로 기도하며 물어봐야 한다.

"하나님 이게 무슨 연고입니까?"

이 사건을 통해서 하나님 제게 무엇을 가르치시길 원하십니까? 왜 이런 일이 내게 주어졌습니까? 라고 물어봐야 했다. 그러면 성령 하나님께서 반드시 깨닫게 해주신다. 그런데 나는 그럴 만한 영적인 지혜가 없었다. 많은 사람들이 부흥이나 성공이나 이런 목표에 집중하여 달리다 보면 나처럼 마음의 여유가 없다. 그래서 하나님의 뜻을 구하거나 알지 못한 채 또 다시 내 열심만으로 일을 하게 된다. 혹시 여러분도 이런 경험이 있지 않은가?

나는 전도에는 자신이 있었다. 그래서 교회부흥도 금방 되어질 줄 알았다. 처녀 목회의 성공이 나로 하여금 지나치게 자신감을 갖게 했다. 그래서 살아계신 성령 하나님의 인도를 받아 목회를 하는 것이 아니라, 내 열심으로 했었던 것이었다. 내 입술로는 하나님의 영광을 위해서지만, 내 안에서는 빨리 부흥이 되어서 목회에 성공했다는 소리도 듣고 싶었다. 나를 드러내고자 하는 내 자신의 세상적인 욕망이 내 마음 깊은 밑바닥에서 꿈틀거리고 있었다.

내 인생의 길고 어두운 고난의 밤이 찾아온 것이다. 이제는 도망칠 수도 없었다. 처녀 목회부터 어렵게 했으면 목회를 포기할까 봐, 주님은 목회가 쉽고 할 만하다고 생각할 수 있도록 처녀 목회는 하나님이 멋지게 부흥하게 했다. 그래서 나는 개척 처음부터 자신감이 있었던 것이다. 그런데 주님이 이런 나를 다루시는 것이었다. 그런데 내가 더 힘들고 괴로운 것은 이 고난을 내게 왜 주셨는지, 하나님의 의도와 목적을 모르는 것이었다. 그래서 이 문제를 어디서 어떻게 추슬러야 할지 몰랐다. 밥을 먹어도 먹은 것 같지가 않았다. 잠을 자도 잔 것 같지가 않았다. 이일을 어떻게 해야 할까? 하나님의 의도를 전혀 몰랐다. 목회를 그만두어야 하는가? 쓰라린 가슴을 안고 지내는 어느 날 새벽예배를 마치고 강대상에 엎드렸다. 갑자기 내 마음속에 주님의 음성이 들려왔다.

"40일 금식 기도를 하라."

나는 깜짝 놀랐다. 왜냐하면 지금 나의 몸 상태가 말이 아니었기 때문이다. 탈진상태였기 때문이다. 혹시 몸이라도 건강하다면 인간적으로 못할 게 무엇이 있겠는가? 숨을 헐떡거리며 몰아쉬는 형편인데 주님이 40일 금식을 요구하신 것이다.

"미련한 자를 곡물과 함께 절구에 넣고 공이로 찧을지라도 그의 미련은 벗어지지 아니 하느니라"(잠27:22)

> **TIP**
> 1. 당신은 고난 가운데 무엇을 버렸는가?
> 2. 지금 당신에게 당면한 문제나 고난을 통해 하나님은 말씀하고 계신다. 당신에게 무엇을 말씀하시는 것 같은가?
>   (고정관념, 패러다임의 전환, 죄를 버리길 원함, 성장통)

하나님의 설득

"배에 오르시매 제자들이 좇았더니 바다에 큰 놀이 일어나 물결이 배에 덮이게 되었으되 예수는 주무시는지라. 그 제자들이 나아와 깨우며 가로되 주여 구원하소서. 우리가 죽겠나이다. 예수께서 이르시되 어찌하여 무서워하느냐 믿음이 적은 자들아 하시고 곧 일어나사 바람과 바다를 꾸짖으신대 아주 잔잔하게 되거늘 그 사람들이 기이히 여겨 가로되 이 어떠한 사람이기에 바람과 바다도 순종하는고 하더라"(마8:23-27)

지금은 스펙의 시대이다. 대학생들은 입학하자마자 4년 내내 취업준비를 위해서 스펙을 쌓는다. 하나님을 믿는 기독교인들이 이 땅에서 준비해야 할 스펙이 있다. 바로 믿음의 스펙이다. 믿음이 없이는 하나님을 기쁘시게 할 수 없기 때문이다. 그래서 하나님은 우리의 믿음이 성장하기를 원하신다. 하나님은 우리에게 믿음의 분량만큼 복을 주신다. 하나님은 우리가 하나님을 신뢰하고 의지하며 살아갈 수 있도록 우리의 믿음을 끊임없이 훈련하시고 테스트를 하신다.

40일 금식을 요구하시는 주님의 음성에 나는 곧바로 순종할 수가 없었다. 내 몸과 마음이 탈진되어 영혼이 요동치고 있었고, 안정되지 못한 상태였기 때문이다. 또한 두렵기도 했다. 그러나 주님은 내 마음에 부담감을 풀어 주지 않으셨다. 무엇을 하나, 어디를 가나 금식을 해야 한다는 마음에 부담감이 떠나질 않았다.

목회를 여기서 접고 파직을 하려면 몰라도 목사로서 목회를 하려면 순종을 해야 했다. 그런데 탈진이 된 몸으로 '어떻게 40일 금식을 할 수 있을까?' 계속 고민이 되었다.

그때까지 나는 꽤나 주님께 헌신된 믿음의 사람이라고 자부했다. 주를 위해 언제든지 목숨을 바치겠다고 고백하며 일생을 헌신했던 사람이다. 그런데 주님이 지금 금식기도를 명령하셨는데도 망설이는 것을 보니, 내 믿음은 진정한 믿음이 아니었고, 내 헌신은 진정한 헌신이 아니었던 모양이다.

주님을 따르던 제자들의 모습이 생각났다. 예수님과 함께 배를 타고 갈릴리 바다를 가던 제자들에게 풍랑이 일었다. 그때 풍랑으로 인하여 제자들이 두려워하며 주님을 깨운다. 그러자 주님께서 이렇게 말씀하신다. "어찌하여 무서워하느냐 믿음이 적은 자들아" 예수님께서 제자들에게 믿음이 없음을 책망하셨다. 그렇다면 이 바람은 사실 고마운 바람이다. 왜 그런가? 바람 때문에 제자들은 자신들의 믿음의 실상을 발견할 수 있었기 때문이다.

나는 교회 성도들에게는 기도원에 올라간다고 말을 하고 청평에 있는 모 금식 기도원으로 갔다. 기도원으로 올라가는 길이 그렇게 경사진 것도 아닌데 숨이 찼다. 기도원 등록처 앞에 서자 안내원이 물었다.

"목사님 얼마나 계실 건가요?"

"제가 오늘 밤 결정해서 내일 등록하겠습니다."

나는 곧바로 성전으로 올라갔다.

"주님 어떻게 해요. 금식하러 왔는데, 제 몸이 탈진되어서 도저히 40일은 못할 것 같습니다."

성전에 엎드려 깊은 밤까지 기도하는데, 주님이 찾아오셨다.

"두려워하지 말라. 감당할 시험 밖에 당할 것이 없느니라."

주님의 말씀을 듣고 나는 지난 삶을 조용히 회고해 보았다. 그동안 참 바쁘게 살아왔다. 마음의 여유 없이 살아왔다. 사랑하는 아내에게 따뜻하게 손 한번 잡아주지 못했다. 사랑스런 두 딸아이를 다정하게 안아주지 못했던 일이 생각났다. 누가 특별하게 꽃이라도 한 송이 선물해 주면 그 꽃이 아름답다든지, 향기롭다고 느낄 만한 여유가 전혀 없었다. 당장 나에게는 꽃보다는 빵이 필요했기 때문이었다.

그런데 한국교회는 관행처럼 행하여지는 좋지 않은 교회문화가 있다. 목사가 사역을 하다 잘못되면 사흘이 안 되어서 사모와 가족들을 매몰차게 내쫓는다는 말이 생각났다. 만일 내가 금식을 하다 잘못되면 어린 것을 데리고 쫓겨나가야 하는 아내를 생각하니 주님의 설득에 결단하지 못하고 망설였던 것이다. 주님은 이런 나의 마음을 아시고 두 번째 찾아오셨다.

"사랑하는 종아, 너의 생명을 내 손에 올려놓거라. 네 인생 네 것이라고 꼭 쥐면 보잘것없는 오병이어란다. 그러나 너의 인생을 내 손에 올려놓으면 내가 축사해서 너를 쓰리라. 오천 명이 먹고도 남을 만큼 너를 쓰리라."

두 번째 설득하시는 주님의 음성이셨다. 나는 더 이상 머뭇거리며 변명할 이유가 없었다.

다음 날 아침부터 금식에 들어갔다. 그런데 금식을 하는데도 기본적으로 돈이 있어야 했다. 조용히 하나님을 묵상하며 개인적으로 방을 사용하려면 하루에 방세가 15,000원이다. 그렇지 않으면 하루에 1,000원씩 주고 지하 성전에서 지내야 했다. 그래도 40일이면 적은 돈이 아니다. 춥고 가난한 나에게는 그것도 쉽지 않은 큰돈이었다. 나는 40일 동안 하루에 1,000원씩 내고 지하 성전에서 지내기로 했다. 그리고 사무처에 등록을 하고 금식에 들어갔다. 그런데 기도원에 목사님들이 나를 두고 내기를 했다.

"아마 목사님은 금식을 사흘도 못할 거야."

사흘은 한다, 못한다, 기도원에 계시는 목사님들이 나를 두고 그렇게 내기를 했다. 그만큼 나는 누가 봐도 염려가 될 만큼 탈진된 상태였다.

그런데 아뿔싸, 시작한 금식은 첫 끼부터 만만치 않았다. 온몸에 힘이 빠지면서 무엇보다도 속이 편하지 않아 괴로웠다. 첫 끼부터 힘이 드는데, 앞으로 40일을 생각하니 아득했다. 불안과 두려움이 엄습해 왔다. 속이 편하지 않은 상태에서 하루가 지났다. 배고픔에 물을 마시자, 차디찬 물 기운이 뼛속까지 파고들어 왔다. 속이 편하지 않으니 고통스러웠다. 지난번에 20일 할 때는 이러진 않았었다. 이제 금식을 철회할 수도 없는 상황이었다. 내가 살 수 있는 길은 오직 하나님께 매달리며 하나님의 긍휼하심을 바라는 것 뿐이었다. 하루하루를 하나님의 말씀을 붙들고 겨우 버티며 보냈다. 하루에 4번씩 드리는 예배는 힘없는 나에게는 차라리 고통이었다. 하루가 왜 이렇게 긴지 일각이 여삼추와 같았다. 물도 맛이 달랐다. 건강할 때 먹는 물은 맛이 있다. 그런데 살기 위해서 마시는 물은 고통 그 자체였다. 억지로 넘어가지 않는 물을 마셔야만 했다. 그나마 그렇게 먹을 수 있던 물마저도 금식 17일째가 되자, 더욱더 몸은 탈진이 되고 신경이 쇠약해지자 무척 신경이 예민해졌다. 마시던 물에서 비린내가 났다. 사람이 물 한잔 맛있게 마실 수 있는 것도 얼마나 큰 축복인지 전에는 몰랐다. 하루하루가 지겹도록 길게 지나갔다. 나에게는 숨 쉬는 것이 고통이었다. 몰골이 말이 아니었다. 모세는 시내산에서 40일 금식기도를 하고 얼굴에 광채가 났다. 그래서 그는 수건을 썼다는데, 내 얼굴은 몰골이 말이 아니었다. 흐르는 시간이 멈추어 버린 듯했다. 내가 그렇게 마음에 두었던 것, 육신의 애착이나 정욕, 탐심, 미움, 섭섭함, 이런 감정이나 부질없는 욕망덩어리들이 하나씩 마음에서부터 굴러 떨어져 내렸다. 굴러 떨어지는 욕망덩어리 속에는 예수라는 이름의 미명 아래 숨겨진 나의 보물들이 있었다. 바로 이기적인 생각과 욕망들이었다. 이제 붙잡고 싶어도 붙들 만한 여력이 없어졌다. 그렇게 의미를 두었던 삶의 조각들이 참 시시하게 여겨지며 별로 가치가 없어 보였다. 내 안에서 마지막 내가 붙들었던 삶의 애착마저도 하나씩 무너져 내렸다. 이제 하늘 아래 나 홀로 독대하는 죽음 같은 처절한 고독이 찾아왔다. 밤이 되면 소리 없이 울음으로 기숙을 했다. 속이 편치 않고 몸이 너무 괴로우니까 살고 싶다는 생각을 붙드는 것도 힘이 들었다. 삶에 대한 애착이 이토록 무거운 짐이 되는 줄 몰랐다.

"하나님 내가 너무 힘이 듭니다. 너무 고통스럽습니다. 차라리 내일 아침에 눈을 뜨면 내가 주님의 영광 중에 눈을 떴으면 합니다. 이 세상이 아니라, 천국에서 눈을 떴으면 합니다."

신음하듯 내뱉는 고통스러운 기도는 차디찬 독백이 되어 허공 중에 사라졌다.

어떤 분은 40일 금식 중 30일이 되셨는데도 건강하게 뛰어다니며 산 기도를 다니셨다. 정말 부러웠다. 어떤 분은 금식이 끝나면 먹고 싶은 음식을 대학 노트에 다 적으셨다. 힘겹게 누워 있는 나에게 다가오셔서 말씀하신다.

"목사님 금식 끝나면 내가 먹고 싶은 음식 종류를 적어 보니까 몇 가지나 되는 줄 아세요?"

"몇 가지나 돼요?"

" 316가지나 됩니다."

어떤 분은 알밤도 모아 두시고, 토종꿀도 사다가 모아 두셨다. 그러나 나에게는 그럴 만한 힘도 없을 뿐만 아니라, 힘이 있어도 그러고 싶지 않았다. 생사가 달린 금식을 하면서 시간을 그렇게 보내고 싶지 않았다.

어느덧 25여 일 지났다. 서울에서 목회를 하는 손위 큰처남이 찾아왔다. 처남은 대장암 말기로 죽음 직전에 살아났다. 마침 금식

기도를 마치고 내려온 동네 개척교회 전도사님이 손을 얹고 기도하자, 기적이 일어났다. 처남은 하나님의 은혜로 암 덩어리가 쏟아졌다. 다시 회생한 처남은 이후에 목사가 되었다. 처남이 종종 목회에 대해서 권면을 해줄 때 나는 여벌로 들었다. 나는 잘할 수 있으리라고 생각했던 것이다.

내가 하나님 앞에 사심 없이 진실되게 열심히 목회를 하면 모든 것이 잘 될 줄 알았다. 큰처남은 금식하는 나를 보더니 눈물로 기도를 해주었다.

"하나님! 어린 종이… 주를 위해 살고 싶어서… 목회를 잘하고 싶어서 금식합니다. 목숨을 걸었습니다. 주님! 끝까지 붙잡아 주세요."

끝까지 붙잡아 달라는 처남의 간절한 기도에 가슴이 울컥하며 눈물이 핑 돌았다.

"그래요. 주님! 당신이 끝까지 붙잡아 주시면 내가 살아 나갈 수 있겠지요. 너무 힘이 들어 살고 싶다는 의욕마저도 꺼져 버렸는데……."

처남의 간절한 기도가 너무나 고마웠다. 처남은 기도를 마친 후에 숙소를 옮겨 주었다. 그래서 15일 동안은 개인 숙소에서 편하게 지낼 수 있었다.

금식 33일째가 되었다. 내게 위기가 닥쳤다. 내 몸과 의지가 더 이상 견뎌 낼 수 없을 정도가 되었다. 극도로 신경이 쇠약해진 데다가 체력까지 한계가 왔다. 우리 뇌는 정상적으로 산소와 영양이 공급되지 않으면 뇌사가 온다. 온몸이 뒤틀리면서 경련이 일어났다. 의식이 점점 희미해져 왔다. 어떻게 대처할 아무런 방법이 없었다. 금식을 깨고 포기한다 해도 밥을 바로 먹을 수 있는 것도 아니었다.

그냥 하나님의 손에 목숨을 맡기는 것 뿐이었다. 의식이 희미해져 왔다.

"아… 이렇게 내가 끝나는구나. 내가 이렇게 가나 보구나. 하나님…."

그렇게 나의 의식은 희미하게 꺼져 버린 것이다. 내가 죽은 것이다.

> 🔖 TIP
> 1. 절망을 직면해 보신 적이 있는가?
> 2. 내 인생의 진정한 의미는 하나님 한 분뿐이다.

오직 하나님의 긍휼로

"여호와의 자비와 긍휼이 무궁하시므로 우리가 진멸되지 아니함이니이다. 이것이 아침마다 새로우니 주의 성실이 크도소이다. 내 심령에 이르기를 여호와는 나의 기업이시니 그러므로 내가 저를 바라리라 하도다"(애3:22-24)

40일 금식 중 33일째 위기가 왔다. 팔다리가 뒤틀리면서 내 의식이 가물거렸다.

"아… 내가 이렇게 끝나는구나……."

끝까지 안간힘을 쓰며 붙잡으려던 나의 의식이 가물거리며 꺼져 버렸다. 사실 죽은 것이다. 모든 것이 끝이 났다. 금식 33일째 사람으로서는 아무런 손을 쓸 수 없는 상태였다. 밥을 먹일 수 있겠는가? 링거액을 맞겠는가? 모든 것이 탈진된 상태였다. 견디다 못해 의식이 넘어간 것이다. 젊고 아까운 목회자 하나가 40일 금식 기도를 하다가 유명을 달리한 것이다. 얼마나 시간이 흘렀을까? 희미한 의식 가운데 누군가 울부짖는 소리가 들렸다.

"흐흑… 하나님! 살려 주세요. 하나님, 불쌍히 여겨 주세요."

울며 기도하는 소리에 누군가 하고 희미한 의식 가운데 보니, 아내였다. 아내의 특유의 울부짖는 기도소리가 귓가에 들려왔다.

죽음 앞에 이르면 사실 인간은 아무것도 할 수 없다. 오직 하나님과 일대일의 관계만이 남게 된다. 죽음 앞에서 아무것도 할 수 없는 연약한 인생이 유일하게 할 수 있는 것은 전능하신 하나님께 자비를 구하는 것 뿐이다. 긍휼을 구하는 기도뿐이다.

우리 교회에 여러 안수집사님 가운데 가장 연약한 O집사님이 있다. 젊은 나이에 중풍으로 3번이나 쓰러졌다. 대학시절에 한 번 청년시절에 한 번 그리고 결혼하고 어린 자녀가 3살 4살 5살 3자녀를 두고 3번째 중풍이 온 것이다. 3번째 중풍이 왔을 때는 의식이 돌아오지 않았다. 환자가 혀를 깨물까 봐 입안에 플라스틱 원통을 물려 놓았다. 환자가 의식이 돌아오지 않았다. 담당 의사는 장례식을 준비하라고 했다. 나는 그 영혼을 위해서 얼마나 하나님 앞에 울부짖으며 기도했는지 모른다.

"하나님! 불쌍히 여겨 주세요."

집사님을 생각하며 고개를 숙이면 눈물이 후두둑 발등에 떨어졌다.

"하나님! 하나님 도와주세요. 저를 대신 불러 가시고 집사님을 살려 주세요."

하나님께 생명을 걸고 간절하게 매달렸다. 하나님은 불쌍히 여기셔서 20일 만에 의식이 돌아왔다. 온 교회가 기뻐하며 하나님께 영광을 돌렸다. 집사님은 우리가 찾아가서 손을 얹고 기도할 때마다 부착하고 있던 줄을 하나씩 하나씩 떼게 하셨다. 집사님의 의식은 깨어났지만 이번에는 언어장애가 왔다. 그런데 하나님이 은혜를 베푸셔서 집사님은 천국과 지옥을 경험하고 왔다. 집사님은 서판에다 글씨를 써서 의사소통을 했다.

"목사님, 저 천국에 갔는데요… 제 집이 없어요."

"그래요? 왜 집사님 집이 없을까요?"

집사님은 서판에다 또박또박 글을 썼다.

"제가 예수는 믿었지만 몸이 불편해서 봉사한 것이 전혀 없었잖아요… 목사님 부탁이 있어요."

"집사님 무슨 부탁?"

"저에게 일거리 좀 주세요."

"집사님 알았어요."

난감했다. 얼마나 고통 중에 몸부림을 치셨는지, 앞에 치아가 다 빠져 버렸고 입에서는 계속 침이 흘러나왔다. 그런가 하면 성한 곳이라고는 돌아온 의식과 오른쪽 팔뿐이다. 이런 몸으로 무슨 봉사를 한단 말인가? 그런데 천국과 지옥을 보고 온 집사님은 그런 몸을 하고서 봉사 거리를 찾았다.

나는 집사님에게 지난주 설교원고 정리를 맡겼다. 집사님은 주일 낮 11시 예배가 마치면 녹음된 설교 테이프를 갖다가 들으면서 한 손으로 컴퓨터 자판을 치면서 설교원고 정리를 하는 것이다. 쉬지 않고 작업을 해서 목요일이 되면 지난주 말씀이 정리가 되어 나온다. 이 일을 맡겨 주었다. 그런데 하나님의 말씀은 살았고 운동력이 있었다. 집사님은 설교 말씀을 들으면서 계속적으로 원고를 정리하다 보니 점점 건강이 좋아지게 되었다. 한쪽 뇌의 기능을 다른쪽 뇌가 커버를 했다. 물론 지금도 그 집사님은 살아 있다. 이처럼 하나님은 언제나 우리의 기도를 들으신다.

하나님은 아내의 울부짖는 기도를 들으시고 희미하게 꺼져가는 나의 생명을 붙들어 주셨다. 하나님은 처남의 기도대로 '끝까지' 붙들어 주셨다. 겨우 목숨만 부지한 상태로 40일 금식을 마치게 되었다.

"여호와의 자비와 긍휼이 무궁하시므로 우리가 진멸되지 아니함이니이다. 이것이 아침마다 새로우니 주의 성실이 크도소이다. 내 심령에 이르기를 여호와는 나의 기업이시니 그러므로 내가 저를 바라리라 하도다"(애3:22-24)

금식 40일째 되는 날 밤 12시에 기도원에 목사님들이 내 방으로 찾아오셨다. 예배를 드려 주었다. 그들은 축하를 하면서 이런 말을 했다.

"목사님, 우리는 목사님이 금식을 하신다고 했을 때 삼 일도 못하실 줄 알았습니다."

"40일을 하시다니요? 이것은 100% 하나님의 은혜입니다."

목사님들은 한마디씩 축하를 해주셨다.

하나님은 나의 허리에 금으로 된 혁대를 채워주셨다. 그리고 부드럽게 말씀하셨다.

"사랑하는 종아 수고가 많았구나. 내가 너를 이 시대 눈물의 선지자 예레미야처럼 사용하리라."

금식을 마치고 다음 날 차에 실려서 하산을 했다. 내가 살아서 돌아올 줄은 몰랐는데, 살아서 하산을 한 것이다. 100% 하나님의 은혜였다. 몸과 의식은 그저 멍하니 꿈을 꾸는 것 같았다.

> **TIP**
> 1. 인생의 위기 앞에 절망 앞에 기도가 답이다.
> 2. 기도가 진정 답이 되었던 일을 나누어 보자.

금식 후 첫 번째 시험

"시험을 참는 자는 복이 있도다 이것을 옳다 인정하심을 받은 후에 주께서 자기를 사랑하는 자들에게 약속하신 생명의 면류관을 얻을 것임이니라"(약1:12)

하나님의 은혜로 목숨만 부지한 채 40일 금식을 마치고 실려 내려왔다. 40일 금식 후 생각지도 않은 사람을 통해서 시험이 찾아왔다. 남자 집사님 두 분이 찾아왔다. 그들은 이런 이야기 저런 이야기를 하더니… 거짓말을 하는 것이었다. 거짓말을 하는 그들의 이야기를 듣고 있노라니 내 안에서 화가 스멀거리며 올라왔다. 몸을 제대로 가누지도 못하는 목사를 앞에 두고 서슴없이 농담을 하고 거짓말을 하는 철없는 성도에 대한 반응이었다. 금식 후 첫 번째 시험은 내 안에 혈기로부터 시작이 되었다. 분노가 일어나자 지금 내 몸 상태는 전혀 아닌데, 내 생각과 기분에 힘이 막 생기는 것 같았다. 그래서 100미터를 뛰면 10초 안에 주파할 것 같은 기분이 들었다.

이상했다. 현실은 전혀 아닌데 내 생각이 그랬다. 그리고 높은 건물에서 뛰어내리면 가뿐히 착지를 할 것만 같았다. 슈퍼맨과 같은 그런 기분이 들었다. 이 건물 지붕과 저 건물 지붕을 한걸음에 건너다닐 것 같았다. 집사님들이 가고 난 후 나는 벽을 잡고 일어섰다. 내가 힘을 한번 주면 벽이 와르르 무너질 것 같은 생각이 들었다. 나는 문지방을 넘어 부엌으로 갔다. 그리고 한 솥 가득히 끓여 놓은 미역국 한 대접을 떴다. 그리고 아무 생각 없이 미역국물을 마셨다.

"아아 악!" 하며 나는 배를 움켜잡고 그 자리에 주저앉았다. 대접 속에 손가락 한 마디 정도 되는 딱딱한 미역줄기 하나가 들어 있었던 모양이다. 뭔가 딱딱한 것이 입 안을 스쳐 지나가는 것 같더니 그냥 넘어간 것이다. 딱딱한 미역줄기가 40일 동안이나 텅 비어 있던 위장에 떨어지는 순간 나는 비명을 지르며 주저앉고 말았다. 천근이나 되는 무게가 내 위장을 짓누르는 것 같았다. 갑자기 눈앞이 캄캄해지면서 얼굴에서 땀방울이 주루룩 흘렀다. 꼭 이대로 식물인간이 되어 버릴 것만 같았다. 나는 한 손으로 배를 잡고 겨우 무릎으로 기어서 면벽을 하고 잠깐 잠이 든 아내의 어깨를 건드렸다.

"여보, 여보, 내가 죽겠어, 나 죽겠어, 여보……."

신음하는 소리에 아내가 화들짝 놀라서 깨어났다.

"여보! 왜 그래요?"

"헉, 헉, 내가 죽겠어."

"왜 그래요?"

"배가 아파, 위장에 구멍이 난 것 같아."

보호식을 하다가 식물인간이 된 경우가 많이 있다. 어떤 분은

40일 금식 후에 목이 말라서 마셨던 콜라 한 잔에 평생 동안 식물인간이 되어 버렸다. 어떤 분은 40일 금식 후에 떡 하나 먹었는데 그대로 즉사했다. 어떤 분은 40일 금식기도하고 내려오는데 바위에 개구리가 앉아 있었다. 개구리가 꼭 떡처럼 보였다. 잡아먹고 그 자리에서 즉사를 했다. 금식보다 더 어려운 것이 보호식이다.

놀란 아내는 땀이 범벅이 된 채 배를 움키고 쓰러진 나를 뉘어놓고 하나님의 긍휼하심을 구했다. 아내는 기도하면서 울고, 쓰러진 나는 내 자신이 한없이 비참해서 울었다. 신학을 수년을 하고 목사가 되었다. 그리고 목숨을 걸고 40일 금식을 했다. 그런데 금식을 한 지 하루도 지나지 않아서 혈기 때문에 쓰러져 뒹구는 내 모습이 참으로 비참했다. 참으로 주님이 아니면 나는 내 혈기 하나 어떻게 할 수 없는 무능한 인간이었다. 나는 내 힘으로 아무것도 할 수 없는 아무것도 아니었다.

"여호와께서 말씀하시되 이는 힘으로 되지 아니하며 능으로 되지 아니하고 오직 나의 신으로 되느니라"(슥4:6)

그런데 여전히 내 힘과 능력으로는 안 되는 줄 몰랐던 것이다. 나는 40일 금식까지 했지만 혈기 때문에 또 그렇게 쓰러졌다.

> **TIP**
> 1. 최근에 무척 화가 난 적이 있었는가?
>   화가 난 이유가 무엇이었고 그 결과는 어떠했는가
> 2. 당신이 분노하는 주된 원인이 무엇인가?
> 3. 당신은 분노를 다스리는 개인적인 방법이 있는가? 있다면 어떤 방법이 있는가?

나를 키우신 하나님

"하늘이여 들으라 땅이여 귀를 기울이라 여호와께서 말씀하시기를 내가 자식을 양육하였거늘 그들이 나를 거역하였도다"(사1:2)

지방에서 부흥회를 인도하고 올라오는 길이었다. 부흥회 동안에 하나님이 부어 주신 은혜를 생각하면서 하나님께 감사하는 마음으로 환송을 받으면서 열차를 타고 올라오는 중이다.

하나님께서 하신 일을 하나씩 곱씹어 보면서 감사를 드렸다. 그런데 은근히 내 자신이 기특하다는 생각이 들었다. 하나님께서 하신 일이 마치 내가 한 것 같은 생각이 들었다. 그래도 나니까 그런 일을 해낸 거야… 마치 자의적 숭배를 하는 것이었다.

이런 생각 속에 기차를 타고 올라오는데, 주님이 찾아오셨다,

"아들, 내가 널 키웠지!" 갑자기 주님이 물으셨다.

"그럼요 아버지, 아버지가 절 키웠주셨지요."

"아들 알지?"

"예 알아요."

주님은 혹시 내가 교만해질까 봐 확인하시는 것이다.

"사람의 마음의 교만은 멸망의 선봉이요 겸손은 존귀의 앞잡이니라"(잠18:12)

신앙생활을 함께 했던 친구가 있다. 함께 학교 다니고, 자취도 같이 하고, 같이 공부를 하고, 결혼식도 같은 날짜에 같이 했다. 이 친구와 함께 청년 시절에 기도원을 갔다.

함께 말씀을 듣고 기도하는데 친구에게는 방언이 임했다. 방언으로 기도하고 방언으로 찬양하고 능력있게 기도를 했다. 똑같은 자리에 앉아서 기도했는데 이 친구만 은사가 임한 것이다.

나도 간절히 원했지만 내게는 방언의 은사를 주시지 않았다.

사람의 힘으로 능으로 어쩔 수 없는 일이었다. 방언을 유창하게 하는 친구가 부럽기도 하고 시기가 나기도 했다.

나는 집회 휴식 시간에 방언을 받은 친구에게 축하를 해주면서 이렇게 말을 했다.

"방언 은사는… 제일 꼴찌 은사래… 그리고 귀신이 주는 방언도 있대! 가짜 방언도 있대!"

순간 시기심으로 친구에게 이렇게 말을 했다.

그 후에 우리는 학교를 졸업하고 각자의 길을 갔다. 그런데 나는 교회를 개척하고 난 후 목회에 한계를 느꼈다. 아무리 내가 몸부림치고 최선을 다해도 인간의 힘으로는 한계가 있었다.

두 번의 실패를 하고 방법을 찾았다. 그러자 친구 목사가

"이 목사, 은사를 받아 보게."

"무슨 은사?"

"방언이 가장 기본이라네."

그때야 방언이라는 단어가 귀에 들어왔다. 그래, 목회를 위한 것이라면 무엇인들 못할까 싶어서 방언을 받기 위해 한얼산에 올라갔다.

한얼산 기도원에 가면 개도방언을 받는다고 한다. 그런데 나는 방언을 받지 못한 채 하산을 했다.

마치 하나님이 나를 버린 것 같았다. 교회 안에서는 여기저기서 방언이 임하는데 유독 나만 방언이 임하지 않았다.

나는 하는 수 없이 아내에게 고민을 이야기 했다. 그러자 아내는 하나님께 감사했다. 성령을 모르는 나를 위해 성령의 사람이 되게 해달라고 수년을 기도해 왔다고 했다.

아내는 은사가 충만한 언니 전도사님을 초대해서 세 사람은 밤을 새워 기도를 했다. 그런데 얼마나 내가 끈질긴지 끝내 방언이 임하지 않았다.

다음 날 밤을 새우기도 했거니와 사람이 지쳤다. 그래서 모든 것을 포기하고 강대상에 누워버렸다.

"아이쿠 방언이고 뭐고 힘들어서······."

모든 것을 포기한 뒤 두 다리를 뻗고 강대상에 누웠다.

오후 4시 정도 되었을 때이다. 누군가 교회를 들어오더니 아무도 없는 것을 확인하자 방언으로 기도를 시작했다.

누군가 하고 목을 빼고 보니 우리 교회 집사님 사업장에서 알바를 하는 야간 신학생이었다. 차 시간이 남아서 잠깐 기도하러 온 것이다.

나는 그 신학생 기도를 따라 하고 싶었다. 하도 방언이 안 되니까 따라서라도 하고 싶었다. 그래서 몇 마디를 따라 했다. 그런데 이게 웬일일까 혀가 말리면서 방언이 되는 것이었다.

하나님은 내 틀이 깨지지 않으니까 이런 방법을 통해서 방언을 하게 했다. 그런데 문제는 방언을 하다가 불현듯 인간적인 생각이 치고 들어왔다.

'야! 이건 방언이 아니야. 봐라 네가 따라 한 것이지… 진짜 방언이 아니다.'

그러면 방언기도를 하다가도 자신이 없어졌다.

그해 8월에 전교인 수련회 때 일이다. 강력하게 방언기도로 회중을 인도하자 회개가 터지면서 참여한 모든 성도님들에게 방언이 임했다. 성령이 충만히 임하자 강대상에 서 있는데도 사람들이 쓰러졌다. 그러자 내 혼이 흥분을 했다. 내 자신이 대단한 것처럼 여겨졌다.

그때 또다시 주님은 "아들아 알지? 내가 너를 키웠다"라고 부드럽게 말씀을 하셨다.

🔔 TIP

1. 자의적 숭배를 아는가? 주님이 하셨는데 꼭 내가 한 것 같은 경우가 있다. 그래서 내가 영광을 취하게 된다.
2. 다윗이 인구 조사를 했다. 왜 인구 조사가 하나님의 진노를 샀는가?

주님과 춤을 추어라

"주께서 나의 슬픔이 변하여 춤이 되게 하시고 나의 베옷을 벗기고 기쁨으로 띠 띠우셨나이다"(시30:11)

결혼할 때 신부가 웨딩드레스를 벗고 갈아입을 예복이 있어야 한다. 내가 결혼할 때 집에서는 신부가 웨딩드레스를 벗고 갈아입어야 할 예복 값을 전해 주라고 나에게 주었다. 그런데 그 돈을 신부에게 건네주지 않고 나는 친구들과 함께 그 돈을 써버렸다.

나중에 안 사실이지만 아내 언니가 결혼식 전날 밤에 확인해 보니 결혼할 신부가 아무것도 준비가 안 되어 있는 것이다. 신부가 마땅히 받아야 할 화장품도 예복도 신랑 측에서 준비를 안 해준 것이다. 기가 막힐 노릇이다. 그 밤에 언니는 동생을 데리고 나와서 준비를 다 해 주었다.

나는 그렇게 친구들을 좋아하고 사람들을 좋아한다. 그런데 하나님은 나의 이 부분을 철저하게 다루셨다. 광야를 통과하면서 이런 인간적인 나의 사랑과 나의 의가 부서지게 만들었다. 사람에 대한 인간적인 나의 기대와 사랑이 무너져 내리기 시작했다. 나는 목회를 하면서 철저하게 버려진 바 되었다. 사람들이 나를 밟고 지나갔다. 내 얼굴을 타고 지나갔다.

목회를 하면서도 나는 내 의의 옷을 걸쳐 입고 목회를 했다.

"…우리의 의는 다 더러운 옷 같으며…"(사64:6)

더러운 나의 의의 옷을 벗기시려고 주님은 나를 광야로 인도하셨다.

광야에서 받는 훈련은 참으로 힘이 들었다. 철저하게 내 의의 옷을 벗어야 했다. 무지하게 아팠다. 내 모든 권리를 포기해야만 했다. 결론적으로 그래야 주님께서 우리를 사용할 수가 있기 때문이다. 한번은 너무 억울한 일이 사실처럼 와전 되어질 때 내가 목회일기장을 들고 찾아갔다. 오해하고 있는 집사님에게 들이밀었다.

"봐요 집사님, 오해입니다"라고 내가 옳고 의롭다고 목회 일기장을 들이미는 순간에 주님의 음성이 들렸다.

"아들아 아직 넌 멀었구나… 내 의의 터 위에 서라."

나는 여전히 내 더러운 의의 터 위에 서서 옳고 그름과 시시비비를 말하고 있었다. 이런 일로 인하여 목회를 두 번이나 실패하게 되었다. 나는 모든 의욕을 잃고 깊은 슬럼프에 빠지게 되었다.

"주께서 나의 슬픔이 변하여 춤이 되게 하시고 나의 베옷을 벗기고 기쁨으로 띠 띠우셨나이다"(시30:11)

목회 사역이 나의 모든 것이었는데… 목회에 의욕을 잃고 실의에 빠져 점점 깊은 우울증과 함께 폐인이 되어 갔다.

어느 날 서울에 처형이 아내에게 돈을 보내왔다. 내가 목회에 의욕을 잃고 너무 깊은 침체에 빠져 있으니 미국에 가서 바람도 쐬고 좋은 세미나가 있으니 참석하고 오라고 돈을 보내왔다. 아무런 의욕이 없는 나는 가고 싶지가 않았다. 사양하다가 마지못해 미국 비자를 신청했더니 미국 대사관에서 재산세를 얼마를 내느냐, 수입이 얼마나 되냐, 성도 수가 얼마나 되느냐, 목사님들이 미국에 가서 불법체류하는 자가 많아서 이런 증빙 서류를 첨부하라고 했다. 나는 조건이 안 되었다. 신청했던 미국 비자가 거절이 되었다.

그런데 무비자로 갈 수 있는 곳이 캐나다였다. 마침 캐나다 토론토 에어포트 교회에서 "불을 잡아라"라는 주제로 성령 콘퍼런스가 있었다. 세계 각국에서 수많은 교회지도자들이 참석했다. 에어포트 교회 안에 성령의 강력한 임재가 있어서 각국에서 많은 사람들이 참여하며 성령의 축제를 즐거워했다.

간증하는 순서가 있었다. 한 일본에서 온 어떤 평신도 의사는 자신이 이곳에 와서 성령의 기름 부으심을 충만하게 전이받고 돌아가서 얼마나 충만한지 키우던 강아지까지 충만해졌다고 간증을 했다. 그런데 나는 내가 얼마나 육신적인 사람이고, 틀이 강한지 남들이 다 느끼고 경험하는 성령의 임재를 전혀 느낄 수가 없었다. 뿐만 아니라 에어포트 교회에는 기도 사역자들이 기도하는 시간에 모두가 쓰러졌다. 나는 기도받고 싶지 않았고 기도를 받아도 나만은 언제나 그 자리에 서서 끝까지 넘어지지 않았다. 나는 그때까지도 내 자아가 깨어지지 않았던 것이다.

'내 교회 문제가 이런데… 내 교회가 이 모양인데…' 나는 이런 생각들을 내려놓지 못하고 있었다. 살아계신 성령님이 강력하게 역사하는 현장에서 나만 성령님을 모른 채 썰렁하게 앉아 있었다.

그렇게 3일이 지났다. 그날 밤이었다. 찬양이 온 회중 가운데 물결치고 있었다. 그런데 내 앞에 주님이 찾아오셨다. 환하게 웃으시며 말씀하셨다.

"아들! 이리 오렴, 나와 함께 춤을 추자."

주님은 내 앞에서 한손을 넓게 펼치시고 크게 박수를 치시면서 나에게 말씀하셨다. 지금도 그 모습을 잊을 수가 없다.

"……."

아무런 반응 없는 나에게 주님은 다시 말씀을 하셨다.

"아들아, 너의 슬픔을 나에게 다오. 그리고 이리와 나와 함께 춤을 추자."

"주님… 전 춤을 못 추는데요. 전요, 개신교 목사예요."

주님 앞에서 내가 개신교 목사라고 말하고 있었다. 주님은 웃으시면서 내 손을 잡으셨다. 그리고 나를 감싸 안으셨다. 썰렁하던 내 마음에 따뜻함과 포근함이 느껴졌다. 주님은 마치 나 한 사람만 그곳에 있는 것처럼 나에게 집중하셨다. 그날 밤 주님은 참 어리고 철없는 내게 찾아오셔서 슬픔으로 가득 찬 병든 내 마음을 치유하셨다.

"주께서 나의 슬픔이 변하여 춤이 되게 하시고 나의 베옷을 벗기고 기쁨으로 띠 띠우셨나이다"(시30:11)

그날 밤 나는 주님 품에 안겨 주님과 춤을 추었다. 주님이 인도하는 대로 주님이 이끄시는 대로 춤을 추었다.

아내와 교제하며 지낼 때 일이다. 이화여자대학교 강당에서 찬양 축제가 있었다. 찬양 집회에 참석을 했다. 나는 전통적인 예배 문화 속에서 자라서 경배와 찬양을 할 때 손을 드는 것조차 어색해 하며 겨우 박수나 칠 정도였다. 자매는 자꾸 내 눈치를 보았다.

"자매님, 나 신경 쓰지 말고 마음껏 찬양을 하세요."

자매는 기다렸다는 듯이 강당 통로로 나가더니 신나게 뛰며 춤추기 시작했다. 하나님을 경배하며 찬양하며 춤을 추었다. 아내는 얼굴이 충만히 상기되어 자리에 돌아와 앉았다.

한국에 문화 가운데 체면 문화가 있다. 유교 문화의 유산이다. 이 체면 때문에 위선적일 때가 많다. 밥을 안 먹었어도 먹은 척한다. 돈이 없는데도 있는 척한다. 잘난 척 체면문화의 산물이다.

나는 목사 체면에 어떻게 춤을, 말도 안 되는 일이다. 그런데 참으로 신기했다. 주님의 손을 잡는 순간 내가 춤을 잘 추는 사람처럼 자연스러웠다. 항상 춤추던 사람처럼 추어졌다. 나는 춤을 어떻게 추어야 할지 아무런 걱정 없이 주님만 따라가면 되었다.

"아하! 맞다, 바로 이것이다."

나는 주님이 인도하는 대로 따라만 가면 되었다. 신기하게 스텝이 엉키지 않았다. 너무나 쉽고 편하고 자연스러웠다.

'맞다 바로 이거야! 목회도 이렇게 하면 되는 거야! 목회는 주님과 함께 춤을 추면 되는 거로구나.' 이런 생각이 번쩍 들었다. 나는 내 열심으로 사역을 했다. 죽기 살기로 최선을 다했다. 내가 열심히 전도하고 목회도 내가 하고⋯ 주님은 그날 밤 나에게 깊은 진리를 가르쳐 주셨다.

　주님은 그날 밤 나의 가슴에 깊은 슬픔을 거두어 주셨다. 그리고 다시는 일어설 수 없을 것만 같았던 무너진 나의 마음을 만져 주셨다. 나는 그 밤에 위대하신 주님을 소리 높여 마음껏 찬양했다.

　주님은 내 가슴속에 찬송을 가득 담아 주셨다. 캐나다에서 돌아온 후에 나는 다시 일어서서 예전처럼 목회를 하게 되었다. 그리고 시간이 나는 대로 틈틈이 주님과 함께 춤을 추었던 그 일을 생각하면서 떠오르는 멜로디를 기타 줄로 튕겨 보았다. 그래서 노래로 만들어 보았다.

Ⅰ. 나의 마음을 주께 드리며 나는 주님을 갈망합니다.
　　사랑의 성령님 위로의 성령님 지금 이 시간 필요합니다.
　　Mercy (자비, 긍휼. 은혜) × 4
　　나의 마음을 나의 마음을 나의 마음을 나의 마음을
　　주께 드리네 만져 주소서. 나는 주님이 필요합니다.
Ⅱ. 그대의 눈물일랑 주님 품에 던지우고 주님과 춤을 춰 봐요.
　　그대의 슬픔일랑 주님 품에 던지우고 우리 함께 춤을 춰 봐요.
　　사랑해 × 4 주님을 사랑합니다.
　　사랑해 × 4 주님을 사랑합니다.

> **TIP**
> 1. 당신은 깊은 침체나 우울함에 빠져 본 적이 있는가? 어떻게 해결했는가?
> 2. 당신은 주님과 춤을 추어 보신 적이 있는가?

part 4

하나님의 영혼에 대한 사랑과 축복

한 영혼과 일천만 원
하나님의 음성은 지금도 여전하다
꿈같은 일이 일어난다
하나님의 주권
예수를 잘 믿어라
상한 갈대를 꺾지 않는다
교회생활을 잘하라
용서를 구하라
말씀에 순종하는가?
심고 거두는 법칙을 경험하라
진리를 학습하라
하나님 도망가지 마세요
나는 영혼을 사랑한다
주님이신데 어디를 가요?
성령의 인도를 따라
하나님 오늘 하루만 더… 기뻐할게요.
사랑과 집착

The Icon of Blessing

한 영혼과 일천만 원

"…여호와께서 번제와 다른 제사를 그 목소리 순종하는 것을 좋아 하심같이 좋아하시겠나이까 순종이 제사보다 낫고 듣는 것이 숫양 의 기름보다 나으니"(삼상15:22)

운전을 하는 사람은 한번쯤 사고를 당한 경험과 사고로 인하여 억울한 일을 당한 경험이 있을 것이다. 세상이 험해서 상식 밖의 사람들이 많다. 만일 여러분의 주차장에 외부 차량이 이면 주차를 해 놓았다. 여러분이 차를 후진해서 나오다가 살짝 이면 차량을 접촉했다. 뒤에 범퍼 페인트가 살짝 벗겨졌다. 그런데 피해 차량의 차주가 뒤 범퍼 전부 갈아 달라고 하면서 병원에 입원을 했다. 그 러면서 합의금을 요구했다. 여러분은 어떻게 하시겠는가? 100% 감정이 상할 것이다. 화가 날 것이다. 그리고 억울할 것이다.

교회 차량을 한 형제가 아무런 말도 없이, 교회 공식적인 용무 가 아닌 개인적인 용무로 운전을 하다가 횡단보도에서 초등학생 을 치었다. 학생은 다리를 다쳐서 깁스를 했다.

교회 차량은 종합보험을 가입하지 않은 상태였다. 피해자 측은 치료비는 물론이거니와 합의금으로 1,000만원을 요구했다. 참 난감했다. 형제가 개인적인 일로 사고를 냈는데, 그것을 교회 앞에 짐을 지우거나 교회에 물질적인 피해를 주어서는 안 되는 일이다.

나는 개인적으로 이 일을 해결하기로 하고 1,000만원이라는 돈을 마련해 보기로 했다. 그런데 쉽게 마련할 수가 없었다. 형제의 보호자는 멀리 시골에서 좌판장사하시는 모친이 한 분이 계셨고 수원 근교에 결혼한 누나가 살고 있지만, 딱히 도와줄 형편이 안 되었다. 형제는 구속이 되었고, 나는 백방으로 돈을 구해서 개인적으로 합의를 보아 주었다.

그런 일이 있은 얼마 후, 어느 날 방과 후에 큰딸아이가 횡단보도를 건너다가 차에 치였다.

과속으로 달려오던 운전자가 신호를 위반한 것이다. 나는 연락을 받고 병원으로 달려갔다. 목격자들은 아이가 죽었을 것이라고 말을 했다. 병원에 도착해 보니 아이는 몸 한쪽이 쓸려나갔고 팔이 부러졌다. 살아 있는 것이 감사했다. 아이가 얼마나 충격을 받고 무서웠는지 우리를 보자 울음을 터뜨렸다. 그런데 문제는 병원에서 사고 차량을 조회해 보더니 무보험 차량이라고 한다. 횡단보도에서 일어난 인사사고이기 때문에 운전자는 합의를 해주지 않으면 형사 처벌을 받게 되었다.

이번에는 내가 피해자가 되었다. 운전자가 합의를 하려고 온다는 연락이 왔다. 그래서 나도 합의금으로 한 일천만 원 정도를 마음에 두고 있었다. 나는 일천만 원을 생각하면서 하나님께 기도를 했다. 내 생각은 일천만 원인데, 혹여 하나님 생각은 어떠하신지 생각의 주인 되시는 주님께 물었다.

"하나님 합의를 보러 온대요… 그런데 합의금을 얼마나 받을까요? 저는 일천만 원 정도 받고 싶은데요? 하나님 어떠세요?"

"……."

주님께서 아무런 말씀이 없으셨다. 그래서 다시 물었다.

"주님 합의를 보러 온대요. 합의금을 일천만 원 정도 받고 싶은데, 주님 어떠세요?"

"그냥 해주어라"

"네! 그냥요?"

정말 너무 뜻밖의 말씀이었다.

"그럼 딸아이는요?"

"걱정하지 말거라. 내가 너에게 맡긴 내 딸이니… 내가 책임을 지마."

나는 주님께 물어본 것이 한편으로 후회가 되었다.

합의를 보려고 운전자가 왔다. 차를 함께 마시면서 진솔하게 내 마음에 있는 말을 했다.

"나는 솔직히 합의금으로 1,000만 원을 받고 싶었습니다… 그런데 하나님께서 당신을 얼마나 사랑하시는지 합의금을 받지 말고, 그냥 해주라고 하셨습니다."

"아이고 감사합니다. 제가 예수를 믿겠습니다."

자리에서 일어나더니 허리를 굽혀 연신 감사하다고 했다.

나는 운전자에게 복음을 전하고 예수님을 영접시켰다.

"지금은 당신이 이렇게 예수님을 영접하고 신앙생활을 한다고 약속할 수도 있습니다. 그러나 부탁합니다. 어디서 어떻게 무슨 일을 하시면서 사시든지, 꼭 살아계신 예수님을 잘 믿으시길 부탁합니다."

나는 합의서를 써주었다. 내 안의 욕망을 포기하고, 나의 권리를 포기하고, 내 생각을 포기하고 하나님께 순종하자, 뜻하지 않게 한 영혼이 돌아왔다.

나는 합의금에 관심이 있었는데, 주님의 모든 관심은 언제나 영혼에 있었다. 마치 한 영혼을 일천만 원이라는 값을 주고 산 것 같았다. 매우 기쁜 마음으로 돌아가던 그 영혼의 모습이 지금도 생각이 난다.

> **TIP**
> 1. 당신은 영혼을 위해 자신의 어떤 권리를 포기한 적이 있는가?
> 2. 당신은 전도하기 위해 내 자신의 이익을 포기한 적이 있는가?

하나님의 음성은
지금도 여전하다

"태초에 하나님이 천지를 창조하시니라"(창1:1)

친구 중에 K대학을 다니다 안기부에 끌려가서 2년 동안 무척 고생한 친구가 있다. 그때 당한 고문 때문에 그는 한쪽 손은 손가락 두 개를, 다른쪽 손은 손가락 두 마디를 잘라내야만 했다. 썩어 들어간 것이다. 뿐만 아니라 정신적인 트라우마에 시달려야 했다. 폐쇄된 곳에 가면 다시 고문을 받던 그 시절이 떠올라 힘들어 했다.

그런 그에게 어느 날 목회에 어려움이 찾아왔다. 교회 안에 하찮은 갈등으로 많은 성도들이 교회를 떠나게 되었다. 그러자 친구는 충격을 받고, 목회에 대한 의욕을 상실하고 말았다. 악몽 같은 폐쇄 공포증이 다시 밀려왔다.

사모님은 그런 남편을 울면서 차에 태우고 영동고속도로를 타고 동해바다로 나갔다. 남편을 살리기 위해서다. 의욕이 상실된 목사님은 좀처럼 회복하지 못했다. 주일날 겨우 낮 예배만 인도하고 바로 바닷가로 나갔다. 그렇게 하기를 몇 개월이 지났다.

목사님이 깊은 수렁에 빠져서 죽지 못해 하루하루를 겨우 보내는 어느 날이다.

새벽예배를 인도하고 강대상에 엎드려 기도하는데, 갑자기 친구의 의지와는 상관없이 불가항력적으로 유체이탈이 되었다. 영혼이 육체와 분리가 되어 공중으로 끌려 올라갔다. 그가 정신을 차리고 보니 지구가 마치 축구공만하게 보였다. 그때 하늘에서 음성이 들렸다.

"○○야, 내가 너와 함께하리라."

우레와 같은 목소리로 하나님께서 그의 이름을 부르며 말씀하셨다. 그 순간 시들하던 그의 영혼에 말할 수 없는 큰 기쁨과 힘이 생겼다. 주님의 음성에 살아난 것이다. 영혼이 회복이 되었다. 그런 일이 있은 후 친구는 주님이 함께하는 표적이 따랐다. 현실과 상황은 예전과 똑같은데 모든 상황을 넉넉히 이겨낼 수 있었다. 그리고 주님이 나와 함께한다는 음성이 늘 힘이 되었다. 그날 이후 친구가 환자들에게 손을 얹고 기도하면 주님이 함께하시는 표적이 나타났다. 질병들이 치유가 되었다. 현대 의학으로는 치료하기 어려운 여러 가지 질병이 그가 안수를 하면 치료가 되었다. 그렇게 고침 받은 어느 성도가 땅을 헌납해서 그는 수원 당수동에서 교회를 아담하게 건축하여 목회를 잘 하고 있다. 그렇다, 살아계신 주님은 지금도 말씀을 하신다. 주님의 말씀 한마디면 모든 것이 회복되어진다. 하나님은 지금도 여전히 말씀하신다.

내게도 이런 꿈같은 일이 있었다.

우리 동네를 크게 한 블록을 돌아보면 교회가 15개 정도 있다.

그 가운데 1개 교회만 우뚝 건축이 된 교회고 나머지는 고만고만한 상가교회들이다. 상가 지하나 2층 그리고 주택가 지하에 자리 잡고 많은 개척교회가 세워져 있다. 그래서 해마다 교회 간판들이 자주 바뀐다. 지역적으로 목회하기가 어려운 지역이다. 그래서 많은 사역자들이 뜨거운 복음의 열정을 가지고 들어왔다가 실패하고 가는 경우가 많다. 나도 예외는 아니었다.

지하실 교회에서 7년을 하루같이 섬기던 때이다. 밤낮으로 부르짖으며 전도와 기도하기를 멈추지 않았다. 하나님이 그런 나를 불쌍히 여기신 것이다. 그날도 여느 날과 다름없이 한 영혼을 만나서 집에까지 따라가서 복음을 전하고 돌아오는 길이다. 유일하게 우리 동네에 하나밖에 없는 큰 교회 앞을 지나올 때였다. 갑자기 주님이 말을 걸어오셨다.

"얘야, 이 교회를 너에게 주마."

"옛!! 주님 무슨 말씀이셔요?"

"너에게 보너스로 주마!"

주님께서 우리 동네에서 건축된 큰 교회를 주신다는 음성이다. 그것도 보너스로 주신다고 하신다.

순간 얼른 주님께 이렇게 물었다.

"주님! 그러면 본봉은 뭔데요?"

"본봉은… 나의 소중한 영혼들을 가득 채워 주리라."

주님의 음성 앞에 내 영혼이 요동을 쳤다. 가슴이 터질 것 같았다. 한걸음에 달려왔다.

"여보! 여보! 여보… 주님이, 주님이 교회를 주신대, 교회를…"

"교회를요… 뭔 교회를요?"

아내가 눈을 동그랗게 뜨며 되물었다.

"어 저기 ○○교회 있지? 그 교회를 주신다고 하셨어, 그것도 보너스로 주신대."

아내는 도무지 내가 무슨 말을 하는지 멍했다. 나는 그날 밤 잠이 오지 않았다.

우리 동네는 한 사람 불신자가 전도되어 교회에 나오려면 온 동네가 떠들썩거렸다.

어떤 빌라에 살던 30대 중반 여성이 저녁 무렵에 열심히 집안 청소를 하고 있는데 갑자기 불현듯이 교회가 가고 싶었다. 그래서 냉장고를 청소하다가 언젠가 버스정류장에서 내려서 오는 길에 봐두었던 교회를 찾아왔다. 마침 그날이 수요예배가 있는 날이었다. 교회 이름도 모른 채 들어와서 제일 뒤 끝자리에 앉았다. 수요예배는 레위기 강해를 했다. 레위기는 정말 재미가 없는 말씀이다. 그날 밤 설교를 마치고 기도를 할 때 성령의 불이 내렸다. 실제로 성령의 불이 내려서 처음 나온 이 여인의 가슴속에 불이 떨어졌다. 성령의 불을 받아 버린 것이다. 하나님이 하시는 일은 참으로 대단했다.

그날 이후 이 여인은 너무 기쁘고 행복했다. 우울증이 떠나 버린 것이다. 어둡고 우울한 얼굴에 기쁨이 충만하고 연신 함박꽃 같은 웃음을 웃었다. 달라진 아내의 모습을 살피던 남편이 그때부터 핍박하기 시작했다. 자기 사랑을 빼앗긴 것 같아서 아내를 밤새도록 핍박했다.

남편은 자수성가한 사람이었는데, 직장 생활을 15년 동안 한 번도 지각을 해본 적이 없었다고 한다. 그런데 하루 사이에 바뀌어 버린 아내를 핍박하는데 "무엇 때문에 그렇게 웃느냐? 넌 뭐가 그렇게 기쁘냐? 아무래도 이상하다. 나 몰래 누구를 만났느냐. 어떤 좋아하는 애인이 생겼느냐. 도대체 뭐가 그리 좋아서 웃고 기뻐하냐…" 하며 퇴근하고 오면, 밤마다 아내를 핍박한다.

때로는 믿지 않는 남편들이 칼을 들고 와서 아내를 죽이겠다고 예배당 안을 뛰어다니면 나도 함께 그 남편을 뒤따라서 뛰어야 했다.

어느 곳이나 마찬가지겠지만 수원은 척박한 지역이다. 원주민들은 그렇지 않지만 타지에서 실패하고 흘러들어 온 사람들은 뺀질이 같았다. 주님께서 보내셔서 왔지만, 7년 동안은 이 지역이 정이 들지 않았다. 아무리 부흥을 몸부림쳐도 인간의 힘으로 되지 않았다. 목회 실패를 두어 번 경험한 후에 하나님의 음성이 들려진 것이다.

> **TIP**
> 1. 당신은 주님의 음성을 들은 적이 있는가?
> 2. 성령의 감동은 어떤가?

꿈같은 일이 일어나다

"은도 내 것이요 금도 내 것이니라 만군의 여호와의 말이니라"

(학2:8)

주님께서 주시겠다고 말씀한 그 교회는 뒤편에 나대지 땅이 한 200평이 있었다. 주차장으로 꼭 필요한 땅이다. 전에 있던 교회에서는 그 땅을 구입하려고 몇 년 동안 시도를 해왔다. 그런데 땅 주인이 절대로 안 팔겠다는 것이었다.

땅값을 두 배로 주겠다고 제안하는데도 땅주인은 무조건 땅을 안 팔겠다고 했다. 당회에서 하는 수 없이 교회를 이전하기로 했다. 그리고 지금 사용하던 교회도 함께 운영하기로 할 계획이었다.

어느 날 전도를 다녀오는 길에 "○○교회 건축현장"이라는 간판과 함께 철골이 올라가는 것이 눈에 들어왔다. 반가웠다. 나는 교회에 돌아와서 곧바로 ○○교회 목사님께 전화를 드렸다.

"목사님, 교회 건축을 하시나봅니다. 너무 기쁘고 좋아 보입니다. 목사님 건축하고 나시면 지금 사용하시던 교회는 어떻게 할 계획이세요?"

목사님의 대답은 너무 뜻밖이었다.

"아… 기존 교회는 우리가 교육관으로 쓸 겁니다."

"아, 네… 그러세요? 교회를 두 군데 운영하실 거예요?"

"예, 교육관으로 우리가 쓸 것입니다."

주님은 분명히 나에게 주신다고 말씀을 하셨는데…….

"아… 네, 그러세요."

나는 전화를 끊었다.

나는 하나님께서 약속하신 것을 믿었고 하나님이 일하실 것을 기대하며 기다렸다.

1주일이 지났다. ○○교회 목사님에게서 전화가 왔다.

"○○교회 ○목사입니다."

"아! 목사님 웬일이세요?"

"저희 교회를 사실 계획이 있으신지요?"

와우! 주님께서 그 사이 일을 행하신 모양이었다.

나는 확신에 차서 단도직입적으로 나도 모르게 이렇게 말했다.

"목사님! 땅값만 받으신다면 한번 진행해 보겠습니다."

이것은 내가 한 번도 생각한 말이 아니었다.

"옛! 땅값만요?"

목사님은 순간 놀라신 모양이셨다. 이미 당회에서 교회를 매각하기로 결정을 한 것이었다.

땅값은 평당 얼마 정도 계산을 하고 건평도 어느 정도 받기로 계산해서 십 몇 억 정도는 생각하고 전화를 하신 모양이셨다.

"예, 목사님, 땅값만요. 땅값만 받으신다면 저희가 한번 진행을 해 보겠습니다."

"으음… 그래요? 그러면 우리 장로님들과 상의해서 다시 연락을 드리지요."

"알겠습니다. 목사님 그렇게 하시지요."

후일에 들을 이야기다. 당회 계획은 원래 교회를 두 군데 운영하는 것이었다. 건축을 하다 보니 마무리 공사에 건축비가 부족한 것이다. 아파트 앞이다 보니, 교회 1층을 상가로 분양해서 그 돈으로 교회 건축공사를 마무리할 계획이었다.

그런데 어느 날 새벽기도 중에 하나님께서 목사님을 강하게 책망하신 모양이다. 결국 1층 상가 분양을 포기하고, 기존 교회를 팔아서 건축을 마무리하기로 당회에서 결의하셨다.

전화가 다시 걸려왔다. 목사님은 몇 번이고 아쉽다는 말씀을 하시면서 땅값만 받고 계약서를 쓰기로 했다. 나는 다음 날 계약금을 준비해 가지고 ○○교회 목양실로 갔다. 목사님과 장로님 두 분이 함께 계셨다. 계약서를 작성했다.

장로님이 물으셨다.

"목사님, 중도금은 3억입니다. 중도금 날짜를 언제로 하시겠습니까? 가급적이면 빨리 주셨으면 합니다."

중도금이 3억이란다. 나는 현재 가지고 있는 돈이 없다.

그래서 나는 주님께 물었다.

"주님! 어떻게 해요? 중도금이 3억인데, 언제 어떻게 해야 하나요?"

그러자 주님은 내 마음에 이렇게 말씀하셨다.

"지금부터 20일 후에 중도금을 치루라."

"20일요? 알겠습니다."

나는 목양실 벽에 걸린 달력을 보고 20일을 헤아렸다. 11월 첫째 주일이 지난 월요일이었다. 나는 주님께서 말씀하시는 대로 중도금을 앞으로 20일 후에 지불하기로 계약서를 쓰고 교회로 돌아왔다. 사실 무모한 짓이었다. 자칫 잘못하면 우리 교회가 공중분해될 수도 있는 일이였다. 아파트 한 채 매매하는데도 중도금 날짜를 한 달 가량 여유를 잡고 준비를 한다. 그런데 나는 손에 현금을 쥐고 있는 것도 아니었다. 그런데 20일 만에 어떻게 중도금 3억을 준비한단 말인가?

"목사님이 어떻게 감당하시려고… 일을 벌이셨나……."

"큰일 났구나! 목사님이 큰 실수를 하셨구나. 내가 성도님들 형편을 다 아는데, 심방을 다녀 보니 집 가진 성도가 두세 집밖에 없는데, 주여 이 일을 어떻게 합니까?"

심방 전도사님은 걱정과 근심이 역력했다.

하루 이틀이 지나자 남자 집사님 두 사람이 찾아 왔다. 그들 또한 걱정이 되어서 온 것이다.

"목사님 중도금을 어떻게라도 준비해 보셔야지요. 집이 있는 사람들에게 담보 대출이라도 받게 한다든지, 무슨 대책을 세우셔야지 않겠어요?"

"담보 대출? 아닙니다."

나는 손사래를 쳤다.

교회 부흥회를 할 때 일이다. 부흥회 때 은혜를 받고 부흥강사가 건축헌금을 작정하게 했다. 강사 목사님은 1억씩 작정한 사람들을 숙소로 불러서 1억씩 작정한 작정서에 사인을 하게 했다. 몇몇 집사님들이 사인을 했다. 그러자 부흥강사 목사님은 작정서를 방바닥에 놓더니 손바닥을 눌러 도장을 찍었다. 집사님들의 손바닥에 자신들이 1억씩 작정한 건축헌금에 대한 사인이 선명하게 찍혔다. 그리고 한 장은 교회보관용으로 한 장은 집사님들이 간직할 수 있도록 각각 나누어 주었다. 부흥회는 은혜롭게 잘 끝났다. 아무런 문제가 없었다.

하나님께서 나에게 한참 물질 훈련을 시키실 때 이 부분이 생각나게 하셨다. 나는 부흥회 때 건축헌금을 1억씩 작정하신 집사님들을 불러 작정서를 가지고 오게 했다. 나는 집사님들이 가지고 온 건축헌금 작정서를 들고 말을 했다.

"집사님들이 주님을 사랑하는 마음은 잘 알겠습니다. 주님께 아낌없이 드리고자 하는 마음과 교회를 사랑하는 마음 또한 충분히 알겠습니다. 그러나 주님 앞에 드리고 싶어서 작정하신 이 물질이 집사님들의 평생에 올무가 될 수 있습니다. 그리고 집사님들이 신앙생활을 하는 데 이것이 무거운 짐이 될 수도 있습니다. 그러니 작정하신 이 건축헌금 작정서는 없었던 것으로 하겠습니다. 자유하십시오. 그 대신 행복하게 신앙생활을 하십시오. 나는 확신합니다. 주님이 원하신다면 이런 방법이 아닐지라도 교회를 건축하게 하실 것입니다."

그리고 나는 작정한 건축헌금 작정서를 수거해서 처리해 버린 적이 있었다. 사람은 은혜 받을 때는 무엇이든지 다 할 수 있을 것 같다. 남다르게 헌금도 드릴 수 있다. 작정할 수도 있다. 그런데 육신의 연약함 때문에 인간은 은혜가 떨어지면 혹 그것이 원망이 되고 무거운 짐이 되고 후회가 생길 수 있다. 많은 사람들이 믿음이 좋아 보여도 돈에 대해서 무척이나 민감하고 인색한 것을 많이 보았다. 하나님은 당신의 교회를 세워 가실 때 당신의 방법으로 일을 행하신다.

"눈물을 흘리며 씨를 뿌리는 자는 기쁨으로 거두리로다. 울며 씨를 뿌리러 나가는 자는 정녕 기쁨으로 그 단을 가지고 돌아오리로다" (시126:5-6)

6.25전쟁 후 울산에서 동태장사를 하던 김 집사에게는 한 가지 소원이 있었다. 죽기 전에 성전 하나 건축해서 봉헌하는 것이다. 그래서 그는 새벽마다 눈물로 기도를 했다.

"하나님, 저는 가난합니다. 배운 것도 없습니다. 가진 것도 없습니다. 비록 생선 장사를 합니다만, 제 소원은 교회 하나 건축해서 하나님께 봉헌하고 싶습니다."

그는 새벽마다 울면서 늘 그렇게 기도를 드렸다. 기도하기를 10년이 되던 어느 날 할머니 한 분이 동전 한 꾸러미를 주고 동태 한 상자를 사갔다. 할머니가 간 다음에 동전 꾸러미를 살펴보니 이상한 물건이 하나 들어 있었다. 그것은 골동품이었다. 집에 돌아가는 길에 골동품 상점에 들러 감정을 의뢰했더니 엄청나게 값비싼 물건이었다. 당시 돈으로 600만 원을 준다고 해서 팔았다.

며칠 후 꿈을 꾸는데 울산 앞바다의 자갈밭이 보였다. 다음 날 복덕방에서 울산 앞바다에 자갈밭이 5,000평 있는데 평당 300원씩 싸게 나왔으니 사라고 했다. 꿈도 꾸었고 복덕방에서 찾아와 이야기를 하므로 손해가 없겠다 생각하고 150만 원을 주고 샀다.

어느 날 어떤 회사에서 그 자갈밭에 공장을 짓고 싶으니 땅을 팔라고 했다. 땅주인이 안 팔겠다고 하자, 회사 측은 안달이 났다. 꼭 필요한 땅이니, 반드시 매매해야만 했다. 절대 안 팔겠다는 김 집사님은 결국 29억에 땅을 팔았다. 김 집사님은 그 땅을 팔아서 아름다운 성전을 지어서 하나님께 봉헌을 했다. 상식적으로 동태장사를 해서 교회를 짓는다는 것은 불가능한 일이다. 그러나 하나님을 향한 좋은 생각을 갖고 열심히 기도하니 "은도 내 것이요 금도 내 것이니라 만군의 여호와의 말이니라."(학2:8) 하나님께서 때가 되니 당신의 마음에 합당한 자를 통하여 당신의 일을 행하셨던 것이다.

그렇다면 왜 김 집사의 기도가 10년씩이나 걸렸을까? 그것은 아마 '진정성' 때문일 것이다. 교회 건축을 놓고 10년 정도 기도했다면 진정성으로는 충분한 것이다. 많은 사람들이 기도는 그럴 듯하게 하지만 막상 물질을 주어 보면 기도와 상관없이 물질을 사용하게 될 때가 많다.

우리는 교회 중도금을 놓고 모든 성도가 전심으로 기도했다. 벌써 한 주일이 흘러갔다. 아무것도 없는데, 중도금 3억을 20일 만에 준비한다는 것은 도저히 불가능한 일이었다. 나는 하나님께 물었다.

"하나님 어떻게 할까요?"

하나님은 그때마다 말씀하셨다.

"한 번만 옥합을 깨라"

나는 성도님들에게 한 번만 옥합을 깨자고 선포했다. 하나님께서 일을 행하셨다. 아직 등록한 성도가 아닌 집사님 한 가정이 1억 2천을 헌금해 주었다. 나도 빚을 내서 십분의 일을 감당했다. 성도님들도 최선을 다해 주님께 귀한 옥합을 깼다. 우리가 주님의 말씀에 순종한 결과 약속한 날짜에 중도금을 치룰 수가 있었다. 정말 꿈과 같은 일이 일어난 것이다. 하나님의 일에 쓰임 받음으로서 참 영광스러웠다.

목회자는 교회를 위해 생명을 바친다. 이 땅에 교회가 그냥 세워지는 것이 아니다. 교회를 위해 주님이 생명을 쏟으셨던 것처럼, 목사 또한 교회를 위해 생명을 바쳐야 한다. 주님은 한 사람의 주의 일꾼을 세우기 위해 당신의 모든 것을 쏟으시고 투자하시고 설득하시고 기다리신다. 나는 주님께서 말씀하신 것은 그것이 무엇이든지 이루어진다는 것을 알고 있다. 그런데 주님의 일에 순종하며 동참해 준 우리 성도님들이 눈물나게 고맙고 자랑스러웠다. 어떤 성도님은 아무도 모르게 노후 대책으로 적립해 놓은 적금을 아낌없이 주님께 드렸다. 마침 적금 만기 날짜가 설마 했는데 중도금을 치루는 날짜와 똑같았다. 그래서 집사님은 중도금 치루는 날에 은행에 뛰어다니며 적금을 찾아서 중도금을 치루는 현장으로 직접 가져와서 주님께 드렸다. 그렇게 하나님은 당신의 교회를 세워 나가셨다.

> **TIP**
> 1. 하나님이 말씀하시면 반드시 말씀대로 이루신다. 정말 그런가?
> 2. 당신은 옥합을 깨서 주님을 섬겨 본 적이 있는가?

하나님의 주권

"나는 여호와라 이 모든 일을 행하는 자니라 하였노라"(사45:7)

하나님께서는 당신의 자녀에게 복을 주시고 싶어 하신다. 그런데 하나님께서 주시는 복도 그 몫이 있다. 사람도 주고 싶은 사람에게 꼭 주고 싶듯이 하나님께서도 꼭 주고 싶은 사람이 있으신 것 같다.

중도금을 치르고 교회에 입당을 해보니 자동차를 주차할 공간이 없었다. 아무것도 모르는 나는 사람을 시켜 땅주인에게 주차할 공간이 없으니, 교회 뒤편에 있는 나대지 땅을 임대해서 쓸 수 있겠느냐고 말을 넣어 보라고 했다. 땅주인을 만나고 온 집사님은 이렇게 말을 했다.

"목사님! 임대는 무슨 임대! 우리보고 사라고 합니다."

나중에 안 사실이지만 전에 있던 교회에서 땅값을 2배로 준다고 했지만 주인이 절대 안 팔겠다고 해서 끝내는 사지 못한 땅이다.

그런데 우리는 정말 시세보다 더 싸게 땅을 구입했다. 나는 많은 생각을 했다. 왜 전에 있던 교회가 엊그제까지만 해도 땅값을

2배로 준다고 하는데도 땅을 안 판다고 했다가 우리에게는 땅주인이 사라고 했을까? 사실 땅주인은 교회 사람들이 바뀐 것도 모른다. 그렇다, 이것은 하나님이 행하신 것이다.

하나님은 당신께서 꼭 주고 싶은 사람에게 주신다는 것이다. 모든 인간의 흥망성쇠가 하나님의 손에 달려 있다. 하나님은 큰손으로 보관하셨다가 주고 싶은 사람에게 기다렸다는 듯이 안겨 주시는 좋으신 아버지이다. 그래서 우리는 걱정할 것이 없다.

깊은 지하실에서 밤낮 울부짖으며, 눈물로 기도하는 부족한 종의 기도를 들으시고 주님은 작정하신 복을 안겨 주셨다.

성도는 절대로 기도를 게을리해서는 안 된다. 세상에서는 삶의 격차는 있을 수 있다. 돈을 버는 능력이 부족해서 생활의 정도는 차이가 있을 수 있다. 그러나 복음을 소유한 성도에게는 절대 생겨서는 안 될 격차가 있다 바로 기도의 격차다. 하나님은 공평하시다. 기도를 심으면 반드시 응답으로 거두게 하신다. 성도는 다른 것은 몰라도 기도의 격차가 생겨서는 안 된다. 기도의 씨를 뿌려야 한다. 울더라도 씨를 뿌려야 한다.

"왕의 마음이 여호와의 손에 있음이 마치 보의 물과 같아서 그가 임의로 인도 하시느니라"(잠21:1)

모든 것이 하나님의 은혜였다. 우리가 입당해 오자, 하나님은 기다렸다는 듯이 땅 주인의 마음을 하루아침에 움직인 것이다.

하나님이 하시면 능치 못함이 없는 것이다. 사람이 어디 이런 일을 할 수 있겠는가? 하나님이 하시면 무슨 일이든 충분했다.

이것은 완벽한 하나님의 작품이었다. 하나님은 당신이 모든 만

물을 주관하신다는 사실을 나타내 보여 주셨다.

이렇게 하나님의 역사에 동참한 많은 믿음의 일꾼들의 아름다운 사연들이 많다.

> **TIP**
> 1. 하나님은 공평하신 분이시다. 하나님은 기도라는 채널을 우리에게 공평하게 주셨다.
>   하나님의 축복의 차이는 아마 기도의 차이일 것이다. 그러므로 매일 기도하라.
>   이 땅에서 빈부의 격차는 생길 수 있다. 능력에 따라서… 그러나 그리스도인들은 기도의 격차를 벌리지 마라.
> 2. 어떤 사람을 보면 마냥 무언가를 주고 싶은 사람이 있다.
>   우리가 하나님 앞에 그런 사람이 되었으면 좋겠다.
>   하나님이 당신을 보시고 마냥 주고 또 주어도 마냥 주고 싶은 사람이 되어라.

예수를 잘 믿어야 한다

"네 아비 다윗을 위하여 네 세대에는 이 일을 행치 아니하고 네 아들의 손에서 빼앗으려니와"(왕상11:12)

하나님은 우상을 숭배하며 가혹한 세금 정책으로 백성들을 힘들게 하는 솔로몬을 향해 심판을 작정하시고 손을 대시려 하시려다, 솔로몬의 아버지 다윗이 하나님 앞에 충성스럽게 섬겼던 것을 기억하시고 솔로몬에게 진노를 내리지 않으셨다.

그러므로 오늘 우리는 아무렇게 신앙생활을 해서는 안 된다. 우리 자녀들에게 교회를 잘 섬김으로 물질보다는 자녀 일생에 축복이 되는 믿음을 유산으로 물려주어야 한다.

우리 교회 어떤 집사님의 예화이다.

"나는 예수를 믿으면서 한 가지 풀지 못하는 의문점이 있었다. 그것은 다름이 아닌 처가댁 일이었다. 처가댁은 믿음 좋은 가문이다. 장인 장모님이 장로와 권사로 교회를 열심히 섬기신다. 그런데 명절 때마다 처가댁을 가면 신앙생활에 대한 궁금한 것이 있었다.

장인 장모님은 평생을 열심히 교회를 섬기며 신앙생활을 잘하시고 교회에 죽도록 봉사하시면서 일생을 사셨는데 왜? 가난하고 어렵게 사시는지 늘 궁금했다. 큰처남은 법대를 다니다가 정신분열증이 생겨 20여 년을 약물로 지내고 있다. 그리고 둘째 처남은 불치의 병에 걸려 근육과 뼈가 점점 굳어져 가는 인생이 되어 생활을 한다. 열심히 신앙생활을 하는 처가 집안은 질병과 가난으로 소망이 없어 보였다.

이런 처가댁을 보면서 늘 마음속에 의문이 들었고, '신앙생활을 열심히 한 결과 이런 것이라면 누가 예수를 믿고, 신앙생활을 열심히 하겠는가?'라는 생각이 들었다.

그런데 어느 날 부천에 사는 작은 처남이 수원으로 이사를 왔다. 그리고 우리 교회에 출석하면서 그 궁금했던 원인과 비밀을 알게 되었다. 작은 처남은 불치병인 '강직성 척추염'으로 약을 복용하지 않으면 고통스러워서 견딜 수 없다. 작은 처남은 뼈가 굳어가고 근육이 굳어져서 거동하기가 불편했다. 목이 굳어지자 밥을 넘기는 것도 힘들어 했다. 체격은 점점 더 외소해졌다. 처남은 전통교회에서 신앙생활을 어릴 때부터 해왔었다.

처남은 처음 우리 교회에 와서는 예배 문화가 전통교회와는 조금 다른 것에 대해서 이질감을 느끼며 마음 문을 열지 못했다.

이것을 아신 목사님은 어느 날 나와 처남을 불렀다. 식사 자리를 마련한 것이다. 저녁 식사를 풍성하게 하고 난 다음에 목사님은 처남에게 질병에 대해서 언제 발병했는지를 물으셨다.

그리고 목사님은 작은 처남에게 아버지에 대해서 물으셨다. 아버님이 어떤 분이신지, 아버님께서 교회에서 어떤 일을 하셨는지, 혹 교회를 섬기시면서 아버지가 목회자와 다투시지는 않으셨는지, 처남은 목사님이 물으시는 대로 알고 있는 대로 본 대로 이야기를 했다. 목사님은 다 들으시고 말씀하셨다.

'집사님이 가진 이 질병의 원인은 바로 아버지의 죄로부터 온 것입니다.'

목사님은 교회를 열심히 섬긴다고 하시는 시골 교회 장로님들이 아무렇지 않게 여기는 영적으로 죄악된 부분을 지적하셨다.

시골 교회는 목회자가 왔다가 또 다른 임지로 전근을 가신다. 이런 환경이다 보니 장로님은 자연스럽게 교회의 모든 것을 주관하시게 된다. 그래서 자칫 잘못하면 교회의 주인이 주님이 아니라 장로님이 될 수가 있다. 사람이 평생을 초심을 잃지 않고 주님을 섬기는 일이 쉽지 않다."

어느 교회 장로님이 주유소 사업을 하시는데, 사업도 잘되고 돈이 생기다 보니 장로님의 마음이 높아졌다. 겸손하시던 장로님이 자연스럽게 어깨에 힘이 생기고 목소리가 커졌다. 교회에서도 은근히 사람들을 무시하면서 교회에 실세가 되었다. 그래서 모든 일을 좌지우지 하였다. 장로님은 목사님 설교가 마음에 안 들면 사임을 시켰다. 설교뿐만 아니라 개인적으로 이래서 사임시키고 저래서 사임시키고 자신의 감정에 거슬리면 꼬투리를 잡아서 목사를 해임시켰다. 예배시간에도 목사님이 감동이 되어 광고를 하면 장로님은 당신의 허락 없이 광고를 했다고 성도들 앞에서 광고를 취소했다. 하나님은 보이지 않으니까 전혀 무서운 것이 없었던 것이다.

사람들은 힘이 조금 생기면 그 힘을 과시하고 싶어 한다. 그러다가 사단의 미끼가 된다. 하나님 앞에서 보잘것없는 사람이 조금만 힘을 가지면 그 힘을 무척이나 과시하고 싶어 한다. 사람에게 주어진 힘을 어떻게 쓰는가를 보면 그 사람을 알 수 있다. 장로님이 교회를 자기 마음대로 쥐락펴락하던 어느 날 주유소에 불이 났다. 하루아침에 말 그대로 알거지가 되어 버렸다. 모든 것을 잃어버렸다. 남은 인생을 가슴을 치며 회개하며 죽을 때까지 눈물로 나날을 보냈다. 장로님은 죽을 때 자식들을 불러 놓고 이런 유언을 남겼다.

"애들아… 내가 돈푼깨나 있다고 교만해서 하나님의 교회와 주의 종을 좌지우지했더니… 하나님이 나를 징계하셔서 오늘날 내가 이렇게 되었구나! 애들아 너희들은 절대 이 애비와 같이 행하지 말고 주의 종을 하나님처럼 잘 섬겨라"라는 유언을 남기고 숨을 거두었다.

모든 장로님들이 다 그런다고는 생각하지 않는다. 목사님을 도와 교회를 충성스럽게 잘 섬기는 장로님들이 부지기수다. 그런데 상황적으로 시골 교회는 목회자들이 왔다가 때가 되면 떠나가기 때문에 장로님들이 그럴 수 있다. 그러나 이것이 때로는 본의 아니게 지나쳐서 교회의 주인 노릇을 할 수가 있다. 정말 우리가 교회를 섬기면서 주의해야 한다.

어쩌면 우리 교회 집사님 아버지도 상황적으로 볼 때 교회에서 분명히 주인 노릇을 했을 것이다. 그리고 목회자와 갈등이 많았을 것이다.

나는 물었다.

"혹시 집사님은 아버님께서 그런 경우를 본 적이 있으셨나요?"

"예 목사님, 그때 저희 교회 성도님들이 아버지에 대해서 이렇게 말을 했어요. '이 교회는 너희 아버지 교회야!' 한번은 아버지가 담임 전도사님과 교회에서 회의 중에 다투시고 집에 오셨어요. 얼마 후에 담임전도사님이 저희 집까지 사과하러 오셨는데 아버지가 사과를 안 받아 주셨던 것 같습니다. 그래서 집에서 또 다시 아버지와 싸우셔서 저희 가족들이 말린 적이 있었습니다."

"그리고 어느 날 밤에 제가 꿈을 꾸었습니다. 큰 아나콘다 같은 뱀이 우리 논에 물꼬를 틀어막고 있었습니다. 그래서 제가 꿈속이지만 뱀을 잡으려고 노력을 했지만, 뱀은 저희 집 논두렁을 뚫고 사라졌습니다. 그런 꿈을 꾸고 얼마 있지 않아서 대구에서 대학을 다니던 형이 갑자기 정신적인 이상이 왔습니다. 형은 아버지의 모든 것이였습니다. 아버지는 형에게 모든 것을 걸고 기대했습니다. 그렇게 믿고 기대했던 형이 하루아침에 정신적인 이상이 생기자, 아버지는 놀라고 당황해서 백방으로 노력을 다했지만 형의 증세는 점점 더 심해졌습니다. 아버지는 20년 동안 형을 데리고 능력이 있다는 목사님을 찾아다니셨습니다. 소위 말하면 귀신 들려서 그렇게 된 것이라 생각하고 축사사역을 전문적으로 하는 목사님께 기도를 받았습니다. 그러나 아무런 차도가 없었습니다. 그러는 와중에, 둘째 아들인 저마저 원인을 알 수 없는 병에 걸리게 되었습니다. 아버지는 둘째 아들인 저마저 불치의 병에 걸리자, 죽지 못해 사시는 인생이 되셨습니다. 삶의 모든 의욕과 소망이 없으셨습니다. 그런데 설상가상으로 재산이 하루아침에 날아가 버렸습니다. 땅 팔고 농협에 빚을 내서 투자한 사업이 망해 버린 것입니다. 결국 아버지는 엄청난 채무만 남게 되었고 아무것도 없는 빈털털이가 되어 버리셨습니다.

제가 가끔 고향에 내려가면 아버지는 병든 나를 고치시려고, 축사사역을 전문적으로 하는 교회에 데리고 가서 기도를 받게 했습니다. 나는 그런 아버지가 싫어서 아버지와 많이 다투기도 했습니다. 사실 형과 나는 우리에게 이런 불행이 왜 주어졌는지 이유도 원인도 알 수가 없었습니다."

담담하게 말하는 집사님의 눈가에 눈물이 맺혔다. 이야기를 듣는 동안 내 가슴이 아파왔다. 하나님의 긍휼하심이 한없이 부어졌다.

우리 집사님에게 찾아온 이 불치의 병은 그 원인이 아버지로부터 출발한 것이다. 그러나 그의 아버지는 전혀 이런 영적인 사실을 모르고 계실 것이다. 그 장로님은 하나님을 얼마나 원망했을까? 병이든 아들을 바라보며, 얼마나 소리 없이 눈물 흘리며 몸부림쳤을까?

'하나님, 왜 하필 내 자식입니까? 왜 하필이면 생때같은 내 아들들입니까? 통곡하며 가슴을 치며, 차라리 나를 대신하시지…….'

그 장로님은 절규하셨을 것이다. 집사님과 상담한 후 집사님의 가정에 대한 하나님의 긍휼하심이 끝없이 부어졌다. 나는 무조건 불쌍히 여겨 달라고 기도하며 주님께 믿음으로 떼를 썼다.

먼저는 집사님의 불치병을 치료하는 일이었다. 간절한 기도가 시작이 되었다.

"주여! 나의 남은 생을 바꿔주세요."

실제로 바꿀 수만 있다면 바꾸고 싶었다. 하나님은 집사님에게 은총을 베푸셔서 치료의 광선을 비추어 주셨다.

하나님께서 집사님에게 행하신 간증문을 그대로 실어 보았다.

"저는 수원 온누리교회 하○○ 집사입니다. 저희 가정은 아버지께서 기독교로 개종을 하시면서 가족 모두가 교회를 다니게 되었습니다. 저는 아주 어릴 적부터 교회를 다녔습니다. 아니 교회에서 살았다고 할 정도로 오직 하나님과 교회밖에 모르는 그러한 가정 분위기 속에서 자랐습니다. 저는 고등학교를 졸업하면서 누나가 살고 있는 부천으로 가서 직장 생활을 하게 되었습니다. 그런데 어느 날부터 허리가 아파오고 무릎이 아파왔습니다.

이런 일이 주기적으로 반복되더니 점점 심해져 언제부턴가는 한 번 진통이 오면 사경을 헤매야 했습니다. 그리고 약을 한 홉씩 먹어야만 했습니다. 그래도 아프면 하나님께 내 생명을 거두어 달라고 악을 썼습니다. 그렇게 아무런 병명도 모른 채 고통 가운데 살았습니다.

발병 후 10년이 지난 후 서울 삼성병원에서 강직성 척추염이라는 진단을 받았습니다. '강직성 척추염'은 뼈가 점점 굳어가는 불치의 병이라고 합니다. 그러면서 아버지와의 사이가 멀어지기 시작했고 아버지와의 인연을 끊다시피 했습니다. 저의 병세는 점점 더 악화되어만 갔습니다.

저의 온몸은 통증과 함께 몸이 많이 굳어져서 자리에 앉고 일어서는 것조차 힘들었습니다. 잠을 자고 일어나려면 몸이 굳어져서 힘을 다해 손끝발끝을 움직여야만 했습니다. 목도 굳어져 음식물을 삼키는 것이 힘이 들었습니다. 저는 살기 위해서라도 음식물을 억지로 넘겨야만 했습니다. 겨우 일어나면 온몸이 아파서 약을 찾아 먹어야만 했습니다. 살아 있는 것이 고통이었습니다. 숨 쉬는 것 자체가 제게는 아픔이었고 고통이었습니다. 남들은 쉽게 고개를 움직여 뒤를 돌아보고 하늘을 바라다보고 땅을 내려다보지만 제 목은 뻣뻣하게 돌처럼 굳어져서 고개조차도 마음대로 움직일 수가 없었습니다.

이처럼 저의 몸은 이렇게 아무런 대책 없이 죽어만 가고 있었습니다. 장애를 갖고 살다 보니 모든 일에 분노만 쌓여 갔습니다. 남이 나를 무시하거나 나에게 잘못을 하면 대수롭지 않는 일에도 분노가 일어났습니다. 성격마저도 괴팍스러워졌고 늘 피해의식이 나를 힘들게 했습니다. 그런가하면 사람을 만나는 것이 두려워지는 대인 기피증까지 생겨났습니다. 저의 몸과 함께 마음도 이렇게 굳어만 가고 있었습니다.

그러던 중에 여동생 부부의 권유로 부천에서 수원으로 이사를 왔습니다. 그래서 우리 온누리교회에 오게 되었고 매주 토요일 마다 5번 모임을 갖는 교회 프로그램에 참석하게 되었습니다. 단 5분도 앉아 있기 힘들었던 제가 교회 프로그램을 5번 다 참석했습니다. 그리고 5주째는 10시간 동안 진행되는 성령 수양회도 참석하였습니다. 목사님께서 저를 위해 특별히 기도해 주셨습니다. 그런데 하나님께서는 저의 기대와는 달리 병의 근원인 허리부터 치유하기 시작하셨습니다.

그날 이후에 저는 하나님의 놀라운 역사하심을 경험하게 되었습니다. 저에게도 꿈같은 일이 일어난 것입니다. 성령수양회 이후로 한 주먹씩 먹던 약을 안 먹어도 아프지 않았습니다. 그리고 굳었던 허리도 부드러워지면서 펴지기 시작했습니다. 더욱 놀라운 것은 새벽기도를 통하여 방언이 임하였고 하나님의 은혜가 부어지기 시작했습니다. 그리고 마음속에 뭐라 형용할 수 없는 기쁨과 평안이 찾아왔습니다.

무엇보다 내 가슴속에 가득 찼던 분노가 사라지기 시작했습니다. 또 전에는 당연하게 여겼던 남을 미워하고 증오하던 것들에 대하여 회개의 눈물과 기쁨의 눈물이 흘렀습니다. 미움과 증오와 분노 대신에 내 안에 사랑이 자라기 시작했습니다. 아버지와의 관계가 회복이 되었습니다. 약이 없으면 집을 나갈 수 없었는데 이젠 어디나 갈 수 있게 되었습니다. 독한 약을 복용함으로 늘 시커멓게 죽어 있던 피부도 제 색깔로 돌아오기 시작했습니다.

어느 날 목사님께서 부르시더니 병원에 가서 완치가 되었는지 확진 검사를 받아보라고 하셨습니다. 그래서 아주대 병원에 가서 검진을 받아 보았습니다. 검진 결과 남아 있던 진행성 병균이 모두 사라졌다는 검진 결과가 나왔습니다. 나에게 그렇게 고통을 주며 내 몸과 뼈와 근육을 점점 굳어지게 만드는 진행성 병균이 모두 사라졌다는 검진 결과가 나온 것입니다. 하나님께서 저의 불치의 병을 깨끗이 치료해 주신 것입니다. 할렐루야!

그러나 의사 선생님 말씀이 이미 병이 진행이 되어 지금까지 굳어져 있는 몸은 어떤 방법으로든지 회복할 수 없다는 것입니다. 하지만 하나님의 손길은 놀라웠습니다. 저는 몸이 아파서 운동을 하고 싶어도 할 수 없었고, 5분만 걸어도 목이 아파 걸을 수가 없었는데, 지금 저는 헬스도 하고 수영도 하고 있습니다. 굳어졌던 허리도 얼마나 유연해졌는지 모릅니다.

사랑하는 성도 여러분! 저는 온누리교회에 와서 제 인생의 꿈같은 일이 일어났습니다. 아무런 소망 없이 고통 가운데 살았던 저에게 하나님은 긍휼을 베풀어 주셨습니다. 꿈같은 일이 일어난 것입니다. 총체적으로 치유를 받은 것입니다. 영적으로 회복이 되었습니다. 정신적으로 분노와 피해 의식과 거절감 같은 정신 질환도 치료 되었습니다. 의학적으로 불치의 병인 육신의 병도 고쳐졌습니다.

또한 환경적으로도 회복이 되었습니다. 하나님은 저에게 뿐만 아니라 시골에 계신 아버지에게도 우리 교회 성령수양회를 참여하시고 아버지 학교를 다녀가신 후에 꿈같은 일이 일어난 것입니다. 뜻하지 않게 많은 물질이 생긴 것입니다. 저는 지금 목사님의 권유로 44세 나이에 사이버대학에 등록하여 사회복지사 공부를 하고 있습니다. 목사님께서 직업을 갖고 일할 수 있도록 배려해 주셨습니다. 모든 것이 제게는 꿈같은 일입니다.

사랑하는 성도 여러분! 지금 제게 주신 하나님의 축복은 이전에는 감히 상상할 수 없었습니다. 하나님께서 저를 인도하시는 것을 끝까지 지켜봐 주시고 우리 교회를 통하여 사랑과 순종으로 믿음이 더욱 성숙해지도록 많은 지도와 기도를 부탁드립니다. 이 자리를 통하여 목사님 사모님께 감사를 드립니다. 교구장님과 셀 리더 윤○○ 집사님과 황○○ 집사님께 감사를 드립니다. 그리고 기도해 주신 여러 성도님들께도 감사를 드립니다. 평생 은혜를 잊지 않고 살겠습니다. 그리고 무엇보다도 병든 오빠 때문에 늘 마음 아파하며 눈물로 기도해 주는 제 여동생 하○○ 집사와 김○○ 집사에게 고맙고 감사하고 사랑한다는 말을 전하고 싶습니다. 여러분을 사랑하고 축복합니다."

> **TIP**
> 1. 교회를 섬기는 당신의 자세는 어떠한가?
>   많은 사람들은 은근히 자신의 힘을 과시한다.
>   (헌금, 봉사, 사역)
>   당신은 혹시 이런 것으로 인하여 은연중에 교회 권위자를 무시하지는 않는가?
> 2. 예수를 잘 믿어야 한다.
>   "그러나 네 아비 다윗을 위하여 네 세대에는 이 일을 행치 아니하고 네 아들의 손에서 빼앗으려니와"(왕상11:12)

상한 갈대를 꺾지 않는다

"상한 갈대를 꺾지 아니하며 꺼져가는 등불을 끄지 아니하고 진리로 공의를 베풀 것이며"(사42:3)

한 영혼이 불치의 병에서 해방이 되었다. 주님의 큰 은총이 임한 것이다. 그런데 나의 마음은 집사님의 아버지 장로님과 큰형을 위해 기도하고 있었다. 그 가정에 한없는 하나님의 사랑과 긍휼이 부어졌다. 한 번도 뵌 적은 없었는데 생각만 해도 하나님의 사랑과 긍휼이 부어졌다. 왜일까? 우리가 복음을 몰라서 열심히 주님의 일을 하고 하나님을 향해 섭섭함과 원망을 갖고 일생을 보낼 수 있다. 장로님의 마음이 얼마나 큰 상심이 되었을까? 헤아려 보기도 했다. 열심히 교회를 섬기면 자식들이 복을 받고 잘 될 줄 알았다. 그런데 기대를 했던 큰아들과 작은아들마저도 불치병이 들었을 때, 장로님은 하늘이 무너졌을 것이다. 아니 소망이 사라졌을 것이다.

이제 내게는 기도 제목이 생겼다. 우리 집사님의 아버지 장로님과 큰형님을 만나는 일이었다. 아버지와 큰형님을 어떻게 도와 드릴 수 있을까? 나는 두 분을 위해서 할 수만 있다면 무엇이든지

다 하고 싶었다. 먼저 나는 그 집사님과 상의를 했다. 두 분을 우리 교회 프로그램에 참여시키도록 했다. 시골의 여러 가지 사정상 알파 마지막 날에 실시하는 성령수양회만 참석하시기로 했다. 그분들을 기다리는 나의 마음에 한없이 아버지의 마음이 부어졌다. 드디어 집사님의 아버지와 형님이 성령 수양회 날에 참여하게 되었다. 두 분이 참여하자마자 성령 하나님은 역사하셨다. 그토록 오랜 세월 집사님의 아버지께서는 형을 데리고 다니시면서 성령 받기를 원하셨던 것이다. 그런데 번번이 아버지는 실망하셨다. 그 형님에게 처음으로 참석하는 성령수양회에서 방언이 임한 것이다. 다시 말해서 성령님이 임하신 것이다.

20년 동안 그토록 유명한 기도원들의 파워 있는 사역자 앞에 그 집사님의 아버지는 큰아들을 데리고 다녔지만 큰아들은 아무런 반응이나 변화가 없었다. 그런데 이게 어찌된 일인지, 형이라는 분은 방언을 하면서 기쁨이 충만해지는 것이다. 얼굴빛이 달라지기 시작했다. 우리는 하나님의 은혜에 모두가 눈물로 감격했다. 그렇게 단 한 번 주어진 기회에 은혜를 경험하고 집사님의 아버지와 형은 시골로 내려가셨다.

그런데 목사인 나는 고민이 되었다. 정작 가장 중요한 것은 하나님과 집사님의 아버지와의 관계 회복 때문이다. 집사님의 아버지와 하나님과의 관계를 어떻게 회복시키느냐가 문제였다. 그래서 생각한 끝에 나는 집사님의 아버지를 우리 교회에서 열리는 '아버지 학교'에 초대하기로 했다. 경남 하동에서 오시려면 사실 쉬운 발걸음이 아니다. 그런데 하나님의 은혜로 그 집사님의 아버지, 즉

장로님은 매주 토요일을 올라오셨다. 아버지 학교를 5주 동안 참석하게 되었다.

나는 기회를 봐서 그 장로님으로 인하여 생겨난 가정의 가난과 저주와 질병 문제를 이야기하고 싶었다. 어느 토요일 저녁 교회 카페에서 그 장로님을 만났다. 나는 조용하게 그리고 주님의 마음으로 입을 열었다.

"장로님! 제가 교회를 섬기다 보니 원치 않게, 본의 아니게 많은 어려움과 사건과 문제가 생길 때가 많습니다. 우리가 교회를 더 잘 섬기려다 때로는 원치 않게 목회자와 많은 갈등을 갖게 되는 경우가 있지요. 장로님 혹시 장로님께서는 교회를 섬기시면서 목회자와 다투시거나 싸우신 적이 있지 않으셨는지요?" 여기까지 이야기를 하고 나는 숨을 한 호흡 내쉬었다.

"장로님 제가 20년 전에 시골목회를 할 때 이만저만한 장로님이 계셨습니다. 그 장로님께서는 본의 아니게 교회를 잘 섬기려다가 목회자와 많은 갈등 속에 목회자의 마음을 참 많이 아프게 하셨지요. 은근히 교회에서 주인노릇을 했었지요. 장로님은 혹시 지난 날에 교회를 섬기시면서 그런 적은 없으셨나요?"

나는 조심스럽지만 솔직하게 물었다. 장로님은 머리를 기웃거리시며 고개를 들고 천정을 바라보며, 뭔가를 애써 기억해 내시는 것 같았다.

"아 예, 목사님 기억은 잘 나지 않는데……."

"장로님, 그러시지요?"

"목사님, 그런데 그런 적이 한두 번 있었던 것 같습니다."

"장로님의 큰아들은 귀신 들린 것이 아닙니다. 정신 분열증입니다. 그리고 둘째 아들은 불치의 병입니다. 이것은… 장로님께서 교회를 더 잘 섬기시려다 목회자와의 관계 속에서 범죄 한 죄의 연고입니다."

나는 죄와 직면할 수 있도록 차분하게 그리고 성령님을 의지해서 주님의 심장으로 말씀드렸다. 사실 목회자로서 성도들에게 좋은 말을 해주는 것은 쉽지만, 죄를 지적하거나 문제를 직면하게 하는 것은 결코 쉽지가 않다. 그러나 분명한 것은 이 관계가 해결되지 않고는 사랑하는 우리 집사님의 가정이 저주로부터 해방될 길이 없기 때문이다. 하나님과의 관계가 어긋난 채, 무지해서 축복을 잃어버린 채 살아온 세월이 사실 너무 억울하기 때문이다.

"너희 허물이 이러한 일들을 물리쳤고 너희 죄가 너희에게 오는 좋은 것을 막았느니라"(렘5:25)

예수는 분명 우리의 모든 죄와 허물과 저주를 담당하셨다. 그런데 우리가 죄를 자복하지 않으면, 죄가 우리에게 오는 좋은 것을 막아버린다. 그런가하면 저주의 권세가 떠나가지 않는다. 그래서 많은 사람들이 예수를 믿어도 복음을 누리지 못하며 산다.

다음 날 일찍 장로님은 교회에 오셨다. 내가 먼저 손을 꼭 잡고 인사를 드렸다.

"장로님 안녕하세요?"

"예 목사님, 지난 밤에는 생각을 참 많이 했습니다. 그래서 잠을 설쳤습니다."

장로님의 마음을 알 것 같았다. 더 이상 말씀하지 않아도 짐작이 갔다.

"난 잘하고 싶었는데, 난 정말 교회에 충성을 다해 섬겼는데, 좀 더 일찍 말씀을 깨닫고 순종했더라면 내 인생의 참된 축복을 놓치지 않았을 텐데……."

육신적인 생각에 눈이 멀어 정작 중요한 걸 놓치고 살아온 지난날의 회한이 묻어 있는 고백임을 알 수 있다.

어디 이 장로님뿐이겠는가!

목회자는 참으로 어려운 것 같다. 성도들에게 죄와 직면하게 하는 것은 참으로 쉽지 않다. 왜냐하면 우리는 죄를 알게 모르게 짓기 때문이다. 그리고 또 죄를 짓고, 그 기억을 내 입장에서 편집하기도 한다. 그래서 때로는 불의한 일을 자기 입장에서 합리화를 시켜 버린다. 그래서 우리의 기억은 내 중심적으로 왜곡되기도 한다.

장로님은 그날 예배를 드리신 후에 시골로 내려가셨다.

그런데 얼마 지난 후 우리 교회 집사님이 아버지 장로님의 소식을 전해 왔다. 아버지 장로님에게도 꿈같은 일이 일어났다.

"목사님 저희 집안 가세가 기울어 남김없이 모든 것을 정리했었지요. 우리 땅을 농협에서 매수를 해서 그곳에 생수공장이 들어섰습니다. 그런데 땅 일부가 아버지 앞으로 자꾸 재산세가 나왔습니다. 아버지는 아무런 생각 없이 재산세를 매년 납부를 했다고 합니다."

농협 이사가 아버지 땅을 매수할 때 장난을 쳤던 것이다. 아버지는 농협에 땅을 모두 팔았다. 그런데 농협 이사가 땅 한 덩어리를 따로 빼놓은 것이었다. 아버지는 모든 땅을 처분했다고 생각했고 땅값을 다 받았다. 그런데 농협 이사는 한 덩어리를 살짝 빼 놓고 다 매수한 것처럼 보고하고 일을 처리했다. 아버지가 처분한 땅에 생수공장을 들어섰다. 그런데 아버지가 하나님 앞에 회개를 하고 난 직후 생수공장이 들어선 땅문서 중에 누락이 되었던 땅이 발견되어져서 법원에서 땅주인에게 돌려주라는 판결이 내려졌다. 집사님 아버지에게도 꿈같은 일이 일어난 것이다.

하나님의 은혜인 것이다. 우리는 정말 신앙생활을 잘해야 한다. 자녀들에게 좋은 유산을 물려주어야 한다. 그러기 위해서 지금 신앙생활을 잘해야 한다. 지금 섬기는 교회에서 신앙생활을 잘해야 한다. 하나님께서 세우신 영적인 권위 속에 순복하며, 하나님을 잘 섬겨보라. 하나님은 결코 우리를 기만하시지 않는다. 우리를 이용하시지 않는다. 반드시 심는 대로 거두게 하신다. 내 자신뿐만 아니라 자녀들을 위해서라도 신앙생활을 잘해야 한다.

우리 동네 잘 아는 교회에 소란을 일으키고 목회자를 힘들게 했던 침례교회 안수집사님이 있었다. 삼풍백화점이 무너질 때 집사님 외동딸이 그곳에서 근무를 하다가 유명을 달리했다. 그 사건 후에 집사님 부부는 정신이 나간 사람 같았다. 가끔 동네 길거리에서 만나면 헝클어진 머리로 산발이 된 채 눈은 초점 잃은 멍한 눈망울로 다니시는 모습이 마치 정신이 나간 사람의 모습이었다. 그 사람을 보는 순간 주님의 음성이 들렸다.

"종아 잘 보거라! 자식 잃고 맨발로 미친 듯이 다니는 저 어미의 모습을 보거라, 내 핏값으로 산 교회에서 저들이 권위에 도전하고 아픔을 줄 때, 내 마음이 꼭 저와 같았느니라."

"아버지, 그러셨군요…"

절대 교회 안에서 큰 소리로 다투지 말라. 목회자와 의견이 다를 때가 있다. 그럴 때 당신의 태도가 중요하다. 불손하거나 무시하는 태도로 목회자를 대하거나 상처를 주지 마라. 주의 일을 하면서 다투거나 맞서지 마라. 목회자가 정 마음에 안 들면 기도하라. 하나님은 반드시 정확하게 일하시는 분이시다. 목회자는 하나님이 세우시고, 하나님이 폐하시며 하나님이 다루신다. 목회자 한 사람을 세우기 위해 하나님은 엄청나게 투자를 하신다. 하나님은 모든 성도들을 사랑하시고 붙잡아 주신다. 그러나 주님은 목회자를 당신의 오른손에 붙들고 계신다(계1:20). 목회는 목사를 오른손에 붙들고 주님이 하시는 것이다.

TIP
1. 당신은 목회자와 관계가 어떤가?
2. 거역은 사단의 영이요 음부와 직결되어 있다.
   민수기 12장을 읽고 함께 나누어 보자.

교회 생활을 잘하라

"각 사람은 위에 있는 권세들에게 굴복하라 권세는 하나님께로 나지 않음이 없나니 모든 권세는 다 하나님의 정하신 바라 그러므로 권세를 거스리는 자는 하나님의 명을 거스림이니 거스리는 자들은 심판을 자취하리라"(롬13:1-2)

전에 전남 어느 지역에 부흥회를 갔다. 그 교회에 가서 기도하는데 주님이 한쪽 눈에 피눈물을 흘리고 계신 환상을 잠깐 보았다.
"주님, 왜 그러세요?"
나는 놀라서 물었다. 주님은 아무 말씀도 안 하시고 그냥 교회 입구에 피눈물을 흘리고 계셨다.
집회를 하는 동안에 자꾸만 주님의 모습이 떠올라서 눈물이 났다. 이 교회에 정말 주님의 가슴을 아프게 하는 사람이 있는가 보구나 싶어서 더 많이 기도를 했다. 담임 목사님은 누가 이렇다 저렇다 한 말씀도 안하셨다. 하지만 하나님은 알게 해 주셨다. 문제는 그 교회에서 주인 노릇하는 오래된 장로님과 권사님이었다. 그들은 사사건건 목사님의 마음을 아프게 하고 말을 함부로 했다.

은근히 목사님을 무시하고 그 교회 주인 노릇을 해왔다.

　나는 집회를 인도하면서 주님의 모습을 말씀드렸다. 하나님의 은혜로 당사자들과 성도들이 눈물로 회개했다. 교회의 주인은 주님이시다. 그런데 많은 사람들이 이 사실을 망각하고 지금도 주인 노릇을 한다. 특히나 교회에서 헌금을 많이 내는 사람, 능력이나 힘이 있는 사람들은 특별히 조심해야 한다. 하나님을 두려워해야 한다. 육신적인 생각으로 자신의 힘과 능력을 은근히 과시하려고 할 수 있다. 절대로 아니 될 일이다.

　내가 청년이었던 시절에, 교회 안에서 한번은 이런 일이 있었다. 기억으로는 제직회였던 것 같다. 집사님 한 분이 발언을 했다. 그런데 그 발언이 부결이 되자. 집사님이 벌떡 일어났다.

　화가 난 집사님은 분노를 참지 못하고 회중을 향해 한마디를 하고 자리를 박차고 "꽝" 하고 문이 부서져라 닫고 나갔다. 갑자기 회의 장소가 썰렁해졌다. 문제는 다음 날 사고가 났다. 집사님이 근무하는 정비공장에 트럭 한 대가 들어왔다. 시동이 잘 안 걸린다는 것이다. 집사님은 배터리에 접촉 불량이라 생각하고 휘발유통에 쇠로 만들어진 부러쉬에 휘발유를 묻혀서 밧데리 접촉 단자를 문질러 댔다. 갑자기 스파크가 일어나면서 불꽃이 튀어 휘발유 통에 점화가 되었다. 순간적으로 당황한 집사님은 얼떨결에 휘발유 통을 발로 걷어찼다. 휘발유 통은 옆에 있던 자동차에 맞고 반동으로 집사님을 덮쳐 버렸다. 아차! 하는 순간에 온몸에 휘발유를 뒤집어 쓰고 불에 타버렸다. 온몸이 검게 타버린 것이다.

　목숨만 붙어 있었지, 말 그대로 생지옥을 맛보게 되었다. 하나님은 사랑과 자비로우신 분이시다. 우리가 잘못할 때마다 징계하시는 분이 아니시다. 하지만 누구든 한번 시범 케이스에 걸리면 뼈아픈 대가를 치루어야 한다.

거역은 사단의 영이기 때문이다. 그래서 거역은 음부와 직결이 되어 있다.

"모세가 구스 여자를 취하였더니 그 구스 여자를 취하므로 미리암과 아론이 모세를 비방하니라. 그들이 이르되 여호와께서 모세와만 말씀하셨느냐 우리와도 말씀하지 아니하셨느냐 하매 여호와께서 이 말을 들으셨더라"(민12:1-2)

모든 비방에는 거역의 영이 있다. 그래서 비방과 거역은 하나님이 들으신다. 우리가 교회를 섬기는 데 중요한 것은 주님께서 세우신 영적인 권위나 질서에 순복하는 것이다. 그래야 복을 받는다. 비방이 많은 교회나 영적인 권위에 도전하는 교회는 성령의 기름 부으심이 끊어진다. 교회가 성장하거나 부흥할 수가 없다. 특히 거역이 많은 교회는 절대로 부흥할 수가 없다. 교회는 영적인 질서가 깨끗해야 성장한다. 하나님의 세우신 권위에 순복해야 한다. 목회자가 인간적으로 보면 부족하게 보일 수 있다. 세상적으로 보면 학식이 부족할 수도 있다. 인격이 부족할 수도 있다. 그러나 하나님이 세우신 권위에 절대 순복해야 한다. 그렇지 않을 경우 하나님은 당신의 교회를 위해서 손을 대시는 경우가 있다.

"그들이 이르되 여호와께서 모세와만 말씀하셨느냐 우리와도 말씀

하지 아니 하셨느냐 하매 여호와께서 이 말을 들으셨더라"(민12:2)

모세는 미리암의 동생이다. 미리암이 하나님의 세운 권위에 은근히 무시하고 도전한다. "여호와께서 모세와만 말씀하셨느냐" 결국 너나 나나 똑같지 않느냐! 미리암이 하나님이 세우신 권위에 도전하다가 문둥병이 든다. 이것은 하나님나라에 옳지 못한 태도이다. 미리암과 같은 이런 사례가 오늘날 교회 안에 얼마나 많은지 모른다.

> **TIP**
> 1. 당신은 교회 권위에 대하여 어떻게 생각하는가?
> 2. 불의한 권위에 대한 당신의 입장은 어떠한가?

용서를 구하라

"그러므로 권세를 거스리는 자는 하나님의 명을 거스림이니 거스리는 자들은 심판을 자취하리라(롬13:2)"

한번은 서울에 세미나가 있어서 올라갔다. 올라갈 때마다 주차장이 없어서 불편했다. 그래서 길 건너편에 있는 아파트 단지에 차를 주차하고 편하게 세미나에 참석을 했다.

아파트 주민들이 외부 차량 때문에 불편함이 있었던지 외부 차량을 통제하는 시스템을 만들어 놓았다. 경비 아저씨를 세워서 자동차 차단기를 설치한 것이다.

그날도 당연하게 아파트에 차를 대기 위해 아파트로 진입을 했다.

갑자기 전에 없던 입구에 차단기가 내려 있고 경비아저씨가 고개를 내밀고 "어디 가요?" 물었다.

전에 없었던 일이였기에 순간 당황이 되어 나도 모르게 거짓말을 했다.

"저기 아파트에 가는데요." 얼떨결에 말했다.

"그래요"

경비 아저씨가 차단기를 올려 주었다. 세미나를 마치고 나오는데, 왠지 모르게 내 마음속이 찝찝했다. 그래서 주님께 물었다.

"주님, 왜 마음이 찝찝하네요… 왜 그러죠?"

그러자 주님께서 죄 하나를 생각나게 해 주셨다. 경비 아저씨에게 거짓말한 것이다.

'아하! 이것 때문이군요?'

"주님 어떻게 해요?" 주님께 물었다.

"용서를 구하라."

나는 차를 운전하고 나가면서 경비실에 멈추었다.

죄를 고백하고 용서를 구하려 하자 순간 망설여졌다, 얼굴이 후끈거렸다. 그러나 주님이 말씀하셨기에 용기를 내서 입을 열었다.

"아저씨 죄송해요. 제가 좀 전에 거짓말을 했어요."

"뭐예요?" 경비 아저씨가 의아해서 물었다.

"사실 저는 길 건너편에 교회에 일이 있어서 왔는데 아파트 간다고 거짓말을 했어요. 아저씨 미안합니다. 용서해주세요" 말을 하는데 정말 부끄러웠다.

그리스도인들이 사회생활을 하면서 무시하기 쉬운 죄들이 있다. 그것은 바로 질서다. 하나님께서는 질서의 하나님이시다. 사회 질서를 위해 국가라는 기관을 세우시고, 영적인 질서를 위해서 교회를 세우셨다. 그리고 가정에 질서를 세우셨다.

"각 사람은 위에 있는 권세들에게 굴복하라 권세는 하나님께로 나지 않음이 없나니 모든 권세는 다 하나님의 정하신 바라. 그러므로 권세를 거스리는 자는 하나님의 명을 거스림이니 거스리는 자들은

심판을 자취하리라"(롬13:1-2)

하나님은 나라의 질서를 위해 대통령, 장관, 경찰서장, 동장, 통장 아파트 경비를 세우셨다. 우리는 하나님이 세우신 모든 위에 있는 권세들에게 복종해야 한다. 만약 하나님이 세우신 세상 권세를 거스리는 자는 하나님의 명령을 거스리는 것과 같다. 우리가 어떤 아파트를 방문할 때 사실 경비 아저씨의 지시에 따라야 한다. 경비 아저씨의 말에 순종해야 한다. 경비 아저씨를 속이거나 불법으로 들어가면 안 된다. 경비라고 무시하면 안 된다. 왜 그런가. 경비 아저씨도 하나님이 세웠기 때문이다. 그런가 하면 교회도 마찬가지다. 교회도 질서가 깨끗해야 부흥한다. 하나님께서 교회 질서를 위해서 목사님을 세우셨다. 그런데 때로는 장로님들이 넘지 말아야할 선을 넘을 때가 있다. 그래서 목사님을 은근히 무시하고 자신이 머리가 되려고 한다.

더 나가서 어떤 장로님은 교회의 주인이 되어 모든 일을 좌지우지 한다. 교회는 영적인 질서가 깨끗해야 건강하게 성장한다.

사람이 아무리 달란트가 있고 재능이 뛰어나고 능력이 탁월해도 하나님이 세운 질서 속에 순복이 되어야 한다. 순복이 되지 않는 사람은 주님이 쓰실 수가 없다. 가정에서도 마찬가지다. 남편도 좋은 인격, 아내도 좋은 인격을 가지고 출발한다. 그런데 그 가정이 시끄러운 것을 본다. 그래서 왜 가정이 시끄러울까? 들여다보면 바로 질서 문제다. 시끄러운 가정에는 질서가 없다. 머리가 둘이다.

"아내들아 남편에게 순복하라…범사에 순복하라. 남편들아 아내를 사랑하라. 그리스도가 교회를 위해 자신의 생명을 주심 같이 아내

를 사랑하라"(엡5:22-25)

아내는 남편의 권위에 순복하고 남편은 아내를 사랑하는 가정 이런 가정에 하나님은 계계승승해서 복을 내리신다.

자녀들은 이런 부부의 모습을 보면서, 권위에 대해서 즐겁게 순종하는 어머니의 모습을 보면서, 질서를 배운다. 그리고 아버지가 권위자로서 왕처럼 군림하지 않고, 주님처럼 사랑으로 섬기는 모습을 보면서 건강한 가정의 롤모델을 보고 배우게 된다.

"아내들이여 남편에게 복종하라. 남편들아 아내를 사랑하되 그리스도께서 교회를 위해 자신을 주심같이 하라."

이것이 어려운가? 아니 어렵게 느껴지는가? 그렇다면 우리 십자가 밑으로 가자. 그곳에 가면 잃어버린 남편의 권위를 회복할 수 있다. 아내들이여 남편에게 순복이 안 되는가? 십자가 밑으로 와라. 그곳에 가면 죽기까지 순복한 예수님의 순복의 영이 임할 것이다. 사단이 가정을 무질서하게 해서는 안 된다.

남편들은 잃어버린 권위가 회복되면 주님처럼 사랑으로 섬길 것이다. 아내들은 그런 남편의 권위 아래 행복하게 순복하게 될 것이다. 우리는 이것을 우리 자녀들에게 물려주어야 할 영적인 유산이다.

> 🔔 **TIP**
> 1. 질서에 대해서 어떤가? 직장 상관에 대한 당신의 태도는 어떤가?
> 2. 가정에서 직장에서 교회에서 당신은 권위자에게 순복하고 있는가?
> 3. 권위자가 부당하고 불의할지라도 우리는 그 권위자를 위해 기도해야 한다. 왜 선한 도구로 사용되어지도록...

말씀에 순종하는가?

"우리는 진리를 거스려 아무것도 할 수 없고 오직 진리를 위할 뿐이니"(고후 13:8)

우리는 새로운 피조물로서 이제 진리로 살아야 한다. "진리를 거스러서는 아무것도 할 수 없다." 그런데 우리는 얼마든지 진리를 거스리며 산다. 우리 마음대로 산다. 그러나 그런 삶은 살았다 하나 죽은 것이다. 하나님 앞에 살았다고 하나 죽은 것이다. 그러므로 성도는 진리로 살아야 한다.

어느 추운 겨울 아침이었다. 어떤 성도님이 선물한 무스탕을 입고 교회에 나갔다. 처음으로 입어 보는 옷이었다. 오늘은 "구제를 좋아하는 자는 풍족하여질 것이요 남을 윤택하게 하는 자는 윤택하여지리라"(잠 11:24-25) 아침에 큐티를 한 이 말씀을 어떻게 적용할까? 묵상하면서 교회에서 일을 하고 있었다.

얼마 후에 교회에 노숙자 한 분이 방문을 했다. 추운 겨울인데 봄 잠바를 걸치고 있었고 배는 불룩했다. 돈을 요구하는데 마침 주머니에 돈이 없었다. 참 난감했다. 어떻게 할까? 생각하는데 마침 아침에 Q.T 했던 말씀이 생각이 났다.

"구제를 좋아하는 자는 풍족하여질 것이요 남을 윤택하게 하는 자는 윤택하여지리라"(잠11:24-25)

난 입고 있던 무스탕을 벗었다.

"아저씨 추우시죠? 제가 가진 돈이 없습니다."

"도와주십시오."

"어떡하나… 대신 이 옷을 드리겠습니다."

얼른 벗어서 입혀 드렸다. 아저씨는 갑자기 얼굴이 환하게 밝아졌다. 하루 종일 기분이 좋았다.

그 후에 어떤 성도님이 직접 모피가게에 가서 내 체형에 딱 맞는 무스탕을 사왔다. 이번에는 까만색이었다. 옷이 몸에 맞는다는 말이 실감이 났다. 나는 집에서 옷을 걸치고서 두 손으로 가슴에 털을 만져보았다. 털의 촉감이 매우 부드럽고 매끈거렸다.

"와우… 주님! 보세요. 참 좋네요. 주님 옷이 딱 맞는데요."

정말 옷이 마음에 들었다.

선물해준 성도님에게 참 감사했다.

그런데 나에게 웬일인지 망설임이 있었다.

"주님, 감사한데요… 저는 이런 옷은 입을 수 없어요."

나는 두 손으로 양쪽에 깃털을 쓸어내리면서 말씀을 드렸다.

주님의 음성이 부드러운 봄바람처럼 내게 들려왔다.

"얘야, 너 입거라."

"주님 감사해요… 하지만, 주님 저는 입을 수가 없어요."

"왜?"

"주님 두 가지 이유 때문이에요. 이렇게 좋은 옷을 입고 제 등이 따뜻해지면 춥고 배가 고픈 자들에게서 내 마음이 멀어질까봐 두렵습니다. 그리고 주님… 우리 교회 성도님들 중 춥고 가난한 성도들이 많은데, 제가 이렇게 좋은 옷을 입은 것을 보고 혹시나 시험들 성도님이 있을까 봐서요."

"……."

주님은 아무런 말씀이 없으셨다.

"주님, 제가 이 옷을 다른 사람에게 심겠습니다. 저에게 밭을 보여 주세요."

"아들, 고맙다. 내가 너를 알지."

하나님은 밭을 보여 주셨다. 난 그 옷을 기쁨으로 심었다.

"모든 것이 가하나 다 유익한 것이 아니요"(고전6:12)

아내는 위에 잘나가는 언니가 있다. 외국인 회사를 다니는데 당시 여자 월급으로 상당히 많은 돈을 받았다. 언니는 동생에게 늘 옷이며 가방이며 챙겨준다. 언니가 모피코트며 무스탕 옷들을 주어도 아내는 단 한 번도 성도들 앞에 그 옷을 걸치지 않았다. 아무도 모르게 누군가에게 심어 버린다.

한번은 정말 추운 겨울이다. 교회 앞에 한 영혼이 추위에 떨고 있었다. 흔한 잠바도 걸치지 않은 채 떨고 있었다. 나도 모르게 입고 있던 잠바를 벗어서 걸쳐주었다. 잠바를 벗어주고 나니, 금방 온몸이 싸늘해져 왔다. 나는 교회에 들려서 중보기도를 하고 집에 돌아오니 온몸이 싸늘하게 상태가 안 좋았다. 너무 오래 추위에 노출되었던 것이다. 나는 아내를 급히 불렀다.

"여보! 나 약 좀 주세요."

"왜 그래요?"

"엉… 몸살이 왔나봐요."

아내가 갖다 준 몸살약을 한입에 털어 넣고 조용히 자리에 누웠다. 온몸은 추위로 인해 지끈거리며 아프지만 내 마음은 행복으로 가득히 차올랐다.

> **TIP**
> 1. "구제를 좋아하는 자는 풍족하여질 것이요 남을 윤택하게 하는 자는 윤택하여지리라"(잠11:24-25) 어떻게 생각하는가?

심고 거두는 법칙을 경험하라

"스스로 속이지 말라 하나님은 만홀히 여김을 받지 아니하시나니 사람이 무엇으로 심든지 그대로 거두리라"(갈6:7)

농부가 봄에 파종을 한다. 그래서 가을에 심은 대로 거둔다. 봄에 콩을 심으면 가을에 콩을 거둔다. 봄에 팥을 심으면 가을에 팥을 거둔다. 이것은 하나님이 정하신 법칙이다. 봄에 파종하지 않고 가을에 낫을 들고 나가는 농부는 없을 것이다.

왜 그럴까? 심는 대로 거두는 것이 하나님의 정하신 법칙이다.

하나님은 우리의 신앙생활에도 심고 거두는 진리의 법칙을 배우길 원하셨다.

한번은 대전에 부흥회를 인도하고 돌아오는 길이었다. 천안에 사시는 어떤 목사님께서 부흥회 맨 끝자리에 앉아 계시다가 안수기도를 해달라고 하셨다. 나는 다른 성도님들의 이목도 있고 해서 올라가면서 고속도로 휴게소에서 기도해 드리겠다고 조용히 말씀을 드렸다. 집회를 마치고 봉투를 받았는데 성령님이 내 안에 이런 감동을 주셨다.

"이 봉투는 네 것이 아니다."

"주님, 알겠습니다."

봉투를 양복 주머니에 찔러 넣었다. 휴게소에 와서 커피를 한잔 마시고 차 안에서 목사님께 손을 얹고 기도를 했다.

성령님께서 마음에 감동을 주셨다.

"얘야 좀 전에 사례비로 받았던 봉투… 심으면 어떻겠니?"

"네, 주님, 알겠습니다."

나는 봉투를 꺼내서 목사님에게 드렸다.

"목사님… 이것 주님이 심으라고 하십니다."

목사님은 눈물을 글썽이시며 하시는 말씀이 지금도 생각이 난다.

"목사님, 저는 심은 것이 없어서… 늘 이렇게 어려운가 봅니다."

목사님께서 집회에 참석하려고 하는데 자동차에 기름이 없었다고 한다. 사모님이 전부 털어서 주신 것이 약 3,000원이란다. 그래서 망설이다 겨우 왔는데, 하나님이 이렇게 내 형편과 처지를 아셨다고 한다.

하나님은 어제나 오늘이나 우리의 공급자다. 나는 가난을 통해서 물질의 주인이 하나님이신 것을 알게 되었다. 뿐만 아니라 하나님은 우리 부부에게 물질은 심는 대로 거두는 진리의 법칙을 가르쳐 주셨다.

어느 한 해 결산을 해보니 교회재정이 530만 원이 남았다. 적은 돈이 아니다. 500만 원이면 매월 내는 임대료를 줄일 수 있다. 이 돈을 어떻게 할까 하다가 하나님께 물었다. 그러자 하나님은 본적이 많지 않은 한 목사님을 생각나게 하셨다. 주님은 500만 원을 그 목사님 교회에 갖다 심으라고 하셨다.

다음 날 하나님께서 말씀하신 교회를 물어서 찾아갔다. 정말 내게 말씀하신 것이 하나님의 음성인지 확인하고 싶었다. 교회를 찾아서 방문해 보았다. 목사님은 몸이 아파 자리에 누워 계셨다. 사모님은 저를 보시더니 깜짝 반기시면서 이렇게 말씀하셨다.

"어머나 목사님! 어젯밤 꿈에 목사님이 오셨었는데 오늘 진짜 오셨네요?"

나는 속으로 깜짝 놀랐다. 더 이상 확인해 볼 필요도 없었다. 그것은 분명한 주님의 음성이었다. 그렇다면 하나님은 나에게 왜 500만 원을 심으라고 하셨을까? 생각하면서 겨우 일어나서 앉으시는 목사님에게 안부를 묻다가 슬쩍 기도 제목을 물었다. 목사님은 한숨을 쉬시면서 입을 열었다. 목사님은 개척하신 지 17년 되셨다. 지하 20평 되는 예배당 안에서 방 한 칸 막아 아이들과 함께 살았다. 교회는 부흥이 안 되고 목사님은 지치셨다. 그런데 아이들이 자라다 보니 지상에 방 한 칸을 얻어서 사택이 지상으로 나오고 싶으셨다. 그러던 중에 500만 원을 빌려서 방 한 칸 얻어서 지상으로 사택이 나왔다. 그런데 채권자가 돈을 달라고 하는데 갚을 길이 없다는 것이다. 나는 돌아와서 바로 회계 집사님을 보냈다. 그날 밤에 목사님은 감격하여 온가족이 모여서 가정예배를 드리는데 눈물로 예배를 드렸다고 한다. 하나님은 가난을 통해서 나에게 물질의 주인이 하나님이신 것을 철저하게 깨닫게 해 주셨다. 그리고 하나님은 나에게 심는 대로 거둔다는 진리를 가르쳐 주셨다.

하나님은 심은 대로 거두게 하신다. 오늘도 많은 교회들이 재정난에 허덕이다가 문을 닫는다. 서울에만 교회 형편이 어려워서 택시 운전이나 대리 운전을 하는 목회자가 제법 된다고 한다. 자립하지 못한 교회들이 오늘도 재정난에 허덕이며 버티고 있는 것이다.

그렇다면 교회가 왜 문을 닫는가? 하나님이 안 계셔서 문을 닫는 것이 아니다. 무섭게 다가오는 건물세, 전기세, 자녀들 학비와 생활고에 견디지 못해 문을 닫는 것이다. 돈은 이처럼 우리에게 꼭 필요한 존재다. 그래서 사람들은 하나님 없이는 살아도 돈 없이는 못 사는 세상이라고 말한다. 돈은 이처럼 능력이 있는 것이다.

어느 날 어떤 집사님이 하나님께 선뜻 오천만 원을 헌금을 했다. 나는 생각지 못한 돈이었기 때문에 주님께 물어보았다.

"주님, 이게 웬 돈입니까?"

그러자 주님은 이렇게 말씀하셨다.

"내가 너의 순종을 보았노라" 하시는 것이다.

어려운 가운데서도 주님이 말씀하신 어느 개척교회에 물질을 심었던 것을 말씀하시는 것이다.

"이것이 곧 적게 심는 자는 적게 거두고 많이 심는 자는 많이 거둔다 하는 말이로다"(고후9:6)

교회가 물질적으로 어려울 때 비틀거리며 걸음마를 할 때 오천만 원을 손에 쥐자 일어설 수 있을 것 같았다.

주님은 이처럼 우리가 하나님 앞에서 무엇으로 심든지 반드시 심은 데로 거두게 하신다.

하나님은 이렇게 한 발 한 발 마치 어린아이 걸음마를 시키듯 아무것도 모르는 나에게 진리를 가르치고 교육시키셨다. 하나님은 가난을 통해서 철저하게 물질을 심고 거두는 법칙을 가르치셨다.

> **TIP**
> 1. 당신은 물질을 심고 거두어 보신 적이 있는가?
> 2. 당신은 물질을 성령님께 묻고 사용한 적이 있었는가?

진리를 학습하라

"도가니는 은을, 풀무는 금을 연단하거니와 여호와는 마음을 연단하시느니라"(잠17:3)

"주님 이 땅인가요? 아니면 저 땅을 주실래요?"

주님은 아무런 대답이 없으셨다. 돌아다니면서 내 눈에 보이는 나대지마다 멈추어 서서 기도를 했다.

"주님 이 땅인가요. 이 땅 주실 거예요?……" 생각하면 정말 웃음이 나온다. 하나님 말씀에 순종해서 40일 금식을 했으니 나에게 보상 심리가 있었던 것이다. 얼마나 육신적인 생각인가?

나는 40일 금식을 마치고 회복이 덜 된 몸에 지팡이를 짚고 동네 빈 공터를 보러 다녔다. 나대지 땅이 있는 곳에 가서 지팡이를 짚고 쭈그리고 앉아서 하나님께 이렇게 기도했던 것이다.

그러나 아무리 금식을 해도 내가 하나님의 약속의 말씀대로 살지 않으면 결코 어떤 것도 이루어질 수 없다는 사실을 그때는 잘 몰랐던 것이다.

금식 후에 주의할 것은 사람이 변질될 수 있다는 것이다. 금식 후에 많은 사람들이 교만해질 수 있다. 인격적으로 더 날카로워진다. 왜냐하면 금식이 자기의 스펙이 되어 사람들을 판단하거나, 정죄할 수 있기 때문이다. 철저하게 자기를 버리지 않으면 인격이 더욱더 고집스럽게 될 수가 있다. 그래서 가까이 가기가 부담스러운 사람이 된다. 기도를 많이 하면 할수록 우리는 부드러워져야 한다. 주님의 인격을 더욱더 닮아가야 한다. 우리는 이런 부분을 참으로 조심해야 한다.

하나님은 계속해서 나를 훈련시켜 나가셨다. 어느 날 사택으로 교회 근처에 작은 아파트를 하나 사게 되었다. 17평 정도 되는 오래된 아파트였다. 태어나서 처음으로 아파트에서 살게 되었다. 아파트라는 이름이 마음을 설레게 했다. 아파트에 입주해 보니 그동안 방 하나에 세탁기 냉장고를 놓고 썼는데 아파트는 작지만 거실도 있고 방이 두 개나 있었다. 날을 잡아 이사를 했다. 장롱이 없어서 이불 보따리와 세간보따리 몇 개 옮겨 놓았다. 사실 세간이 별로 없었다. 그렇게 이사를 하고 사흘 정도가 지났다. 갑자기 주님이 말씀하셨다. 우리교회 형편이 어려운 아이에게 20만 원을 심으라는 것이다. 사실 우리 수중에 돈이 없었다. 주님의 말씀에 순종하기 위해 20만 원을 빌린 후, 그 아이에게 심었다. 이제는 성령님이 어떤 분이신지 조금씩 알기 때문이다. 그리고 아무런 일도 일어나지 않았다. 그리고 주일이 되었다. 주일 낮 예배가 마쳤다. 아무런 일도 없었다. 주일 저녁 예배를 마치고 마지막으로 기도하는 시간에 성령님께서 한 집사님을 감동시키셨다.

하나님은 그 집사님에게 "네가 목사님 사택에 세간을 채우라"는 감동을 주신 것이다. 집사님은 즉시로 아내를 불러서 아파트에 세간을 장만하러 가구점에 갔다.

장롱부터 시작하여 화장대 모든 것을 채우셨다. 아내는 화장대에 앉아서 화장을 해 본 적이 없었다. 화장대도 없었을 뿐만 아니라. 언제나 나와 똑같이 전도하고 심방하고 집에 들어오면 아내는 식사를 준비해야 했다.

아내는 아침이면 언제나 바쁘게 움직이며 집안일까지 하고 내 봉고차 옆에 타고 심방 가면서 쪽거울을 보면서 얼굴에 분을 찍어 바른다. 그런 아내에게 화장대가 생긴 것이다. 마치 하나님께서 '얘야 그동안 수고가 많았다. 이제 앉아서 화장을 하렴' 하는 것 같았다. 그런데 세간을 준비하시던 집사님에게서 전화가 왔다.

"목사님 서재에 책상 괜찮은 것으로 하나 들여 놓았으면 하는데 어떠세요?"

나는 순간적으로 초등학교에 다니는 아이들이 생각이 났다. 지금까지 책상 없었던 것이다.

"집사님 감사합니다. 그런데 집사님 아비의 마음이 그런가봅니다. 제 책상보다는 아이들 책상이 없는데, 내 것을 대신해서 아이들 것을 사주시면 어떨까요?"

집사님은 흔쾌히 기쁘게 여기시면서 두 아이의 책상과 스탠드와 책장까지 세트로 장만해주셨다. 참으로 고마웠다. 하나님은 모든 세간을 완벽하게 채워주셨다. 눈물이 나게 고마웠다.

큰딸아이가 선교원을 다닐 때 일이다. 딸아이 같은 또래들이 교회 안에 더러 있었다. 그런데 한번은 집사님 아이가 자전거를 사서 타고 다니는데 아이가 자전거를 사달라고 노래를 불렀다. 그래서 신약성경 1독을 하면 사주겠다고 약속을 했다. 그날부터 어린 것이 성경을 읽기 시작을 했다. 딸아이는 자전거를 사준다는 아빠의 말에 열심히 성경을 읽었다. 신약을 1독을 했다. 그런데 자전거를 사줄 돈이 없었다. 본의 아니게 어린 딸에게 약속을 못 지키게 되었다.

어린 마음에 기대하면서 성경을 읽었는데 참 미안했다. 나는 딸에게 며칠만 기다려보자고 했다. 하나님이 주실 것이라고 했다. 며칠 후 심방을 다녀오는데, 초등학교 운동장에서 아이들이 자전거를 타고 놀았다. 집사님 아들이 자전거를 타는데, 딸아이가 그 자전거 뒤를 잡고 졸졸 따라다니고 있었다. 그래서 나는 딸아이를 반갑게 불렀다.

"에스더! 에스더야!"

운동장을 향해 이름을 부르자 "아빠" 하면서 딸아이가 나를 향하여 막 달려와서 안길 줄 알았는데, 그날은 그러지 않았다. 딸아이는 나를 한번 힐끔 바라보더니, 고개를 돌리고 다시 자전거를 졸졸 따라갔다. 그런 딸아이의 모습을 보면서 별 생각이 다 들었다. 아빠가 돈이 없어 약속을 지키지 않았더니… 어린 마음에 상처가 컸던 모양이었다. 아버지의 사랑의 음성보다 눈앞에 보여지는 물질 앞에 아버지의 부르심에 돌아오지 않던 딸아이 모습이 우리의 모습 같아서 괜시리 눈물이 났다. 지금도 우리 사택에는 그때 집사님이 마련해준 세간을 그대로 잘 사용하고 있다. 아마 죽을 때까지 감사하며 잘 쓸 것 같다.

> **TIP**
> 1. 계속해서 심고 거두는 것을 경험하라.
> 2. 밭이 없으면 만들어서 심어라.

하나님, 도망가지 마세요

"여호와께서 집을 세우시지 아니하시면 세우는 자의 수고가 헛되며 여호와께서 성을 지키지 아니하시면 파수꾼의 경성함이 허사로다. 너희가 일찍이 일어나고 늦게 누우며 수고의 떡을 먹음이 헛되도다. 그러므로 여호와께서 사랑하시는 자에게는 잠을 주시는도다"(시127:1-2)

하나님이 함께하는 인생은 은혜가 있다. 범사가 형통하다. 그런데 하나님이 자꾸 도망가시는 것을 경험하셨는가? 인생을 살면서 하나님이 함께하신다는 사실이 얼마나 크고 놀라운 일인지 우리는 평소에는 잘 모른다. 만약 우리 삶속에 하나님이 함께하시지 않는다면 어떻게 될까? 모든 수고가 헛되고 헛되며 모래성과 같을 것이다. 무엇을 쌓아도 하루아침에 허물어질 수 있다.

다음은 우리 교회 집사님의 간증이다. 집사님께 양해를 구하고 주일날 축제 예배 때 교회 가운데 하신 간증을 원문 그대로 실었다.

"안녕하십니까? 알파 20기를 수료한 최호관 집사입니다. 저는 경기도 양주에서 1남 7녀 중 1남으로 태어났습니다. 제가 초등학교 2학년 때 불교에서 기독교로 개종하신 부모님을 따라 교회에 나가게 되었고, 중·고등부 회장을 연임하며 열심히 신앙생활을 하였습니다.

저희 가족은 장로이신 아버님과 권사이신 어머니 그리고 8남매가 교회에 출석하며 모범적인 신앙의 가정으로 동네에서 인정받는 집안이었습니다.

부모님께서는 하나밖에 없는 아들을 하나님께 드리기로 서원기도를 하셨으며, 저는 순종하는 마음으로 신학대학에 입학하였습니다. 신학생이 된 저는 설레이는 마음으로 학교생활을 하였고 학보사 기자를 거쳐 3학년 때부터 편집장으로 학교신문을 발행하며 학생들과 교수님들께 인정받는 학생이었습니다.

선배의 소개로 여 약사를 만나게 되어 교제를 하였는데, 어머니께서는 불신자이기에 심하게 반대하셨습니다. 저는 어머니의 반대를 무릅쓰고 결국 결혼을 하였고 그 후 전도자의 길을 포기하고 입시공부를 다시 하여 약학대학에 입학하였습니다.

학생의 신분으로 결혼생활을 하며 딸과 아들을 낳고 열심히 일한 결과 아파트와 약국을 사게 되었고, 이른바 제일 잘나가고 빨리 자리 잡은 케이스가 되기도 했습니다.

그렇게 어느 정도 기반을 잡았을 무렵, 아내가 갑작스런 질병으로 세상을 떠나고 말았습니다.

그때 홀어머니께서 손주들을 돌보시며 하나님 말씀을 가르치셨고 예배에 참석시켜 하나님을 공경하게 하셨습니다.

이 순간이 제자신이 하나님께로 돌아갈 절호의 기회였으나, 아이들 뒷바라지를 위해 더욱 열심히 돈 버는 재미에 빠져있었습니다. 애타게 부르시는 하나님의 음성을 부인하고 오로지 돈을 벌겠다는 일념으로 아침부터 밤늦도록 연중무휴로 일을 하였습니다. 그리하여 신앙심이 좋았던 아들은 외고 재학 중 교환학생으로 미국 유학을 가서 대학원생이 되었으며 딸은 의상학과를 졸업하고 디자이너가 되어 미국회사로 취직을 하였습니다.

 그런데 약국에 사정이 생겨 이전을 하게 되었는데, 병원처방전이 얼마 되지 않아 적자 속에 1년을 버티다가 권리금 등 1억 원을 까먹고 다시 2억 원을 투자하여 처방전 150건을 받는 대형약국을 인수하였으나 약국 2층에 있던 내과의원이 이사를 가버리고 말았습니다.

 마지막이라 생각하고 세 번째 약국을 인수하게 되었는데, 그 약국마저 병원이 확장 이전하는 바람에 또다시 실패하여 결국 2년 만에 3번의 약국실패로 현금 4억 원을 날려버리고, 더 이상 아무것도 할 수 없을 만큼 몸과 마음이 지쳐 있었습니다. 절망 속에 지내던 저는 극단적인 생각으로 독극물을 마시고 스스로 목숨을 끊고 삶을 정리하고자 했습니다. 칠흑같이 어두운 암흑 속에서 고통에 몸부림치며 빠져나오려 할수록 더 깊숙이 빠져드는 것을 느끼며 기적적으로 의식을 되찾은 곳은 대학병원 응급실이었습니다.

 삶을 포기하려는 나의 의지와는 달리 다시 찾은 삶의 시간 곧바로 나를 살리신 하나님께로 나아가려 했으나 늘 마음뿐, 실행하지 못하고 미루고 미루기만 하였습니다. 오히려 잃어버린 물질에 대한 미련을 버리지 못하고 자본 없이 돈을 벌 수 있다는 보험회사에 자원하여 보험영업을 시작하였습니다.

자존심 강하고 내성적인 데다가 남들에게 아쉬운 소리 한마디 못하는 제 성격으로 1년 동안 아무런 실적이 없었습니다.

그래도 포기하지 않고 기업영업마케팅 과정을 수료하고 공장사장님들을 상대로 새로운 영업을 한 결과 성공적인 성과를 거두었고 5년이 지난 현재 회사를 대표하는 기업전문영업인으로 성공할 수 있었던 것은 그동안 어머니의 목숨 건 기도를 하나님께서 응답하셨음을 이제야 깨닫게 되었습니다.

회사 동료의 소개로 멘토이신 김미고 집사님을 만나게 되었고 집사님의 권유로 수원 온누리교회를 방문하게 되었습니다.

지금껏 많은 교회를 찾아다녀 보았으나 이렇게 엄마 품에 안긴 것처럼 포근하고 따뜻한 곳은 없었습니다.

체할까 조심스레 떠먹이는 어머니의 숟가락처럼 목사님의 한 말씀 한 말씀은 맛있는 영양소가 되어 온몸으로 흡수되었습니다.

진지하고 조심스럽게 다가오는 목사님의 새 신자에 대한 터치, 인자하신 모습에서 편안함을 느끼며 영적인 문제를 믿고 맡기고 싶었습니다.

그것이 수원 온누리교회에서 신앙생활을 시작해야 하는 분명한 이유가 되었습니다.

마치 저를 위해 예비하였듯이 열리는 알파!! 새벽기도로 준비하며 하나님을 만나고자 갈급함을 갖고 알파가 시작된 첫날 찬양단의 '만남'을 들으며 온누리교회에 오기까지의 과정, 그리고 만난 사람들이 왜 그리도 소중하게 떠오르는지요?

그날의 찬양 가사 하나 하나가 저의 고백으로 들려오며 제 마음 구석구석을 파고들며 눈물이 나기 시작했습니다.

방황치 말고 '돌아오라'는 목사님의 기타반주에 그렇게도 완고하고 고집스럽게 굳어 있던 제 마음이 열리는 것이었습니다

그토록 무거웠던 마음의 짐이 내려지고 평안이 찾아온 것을 알 수 있었습니다. 꿈속에서나 있을 법한 꿈같은 일이 다른 곳이 아닌 제 마음속에서 알파 첫날 일어난 것입니다.

매시간의 말씀들이 왜 그리도 달고 나를 위한 말씀인지 형용할 수 없었습니다. 그날의 저녁식사는 음식을 먹은 게 아니라 행복덩어리를 먹은 것 같았습니다.

다음 날 주일예배는 지금까지 방관자 속에서 예배드린 것과는 달리 나의 온몸과 마음으로 드리는 산예배로 그 감동과 기쁨은 이루 말할 수 없이 컸습니다.

둘째 주는 회사에서 4박 5일간 중국여행이 예정되어 있어 알파에 참석 못하게 되었으나 집안에 큰일이 있다는 핑계를 대고 두 번째 알파를 참석하였는데, 그날 큰 계약 건이 소개가 들어왔고 개인적인 큰 문제가 해결되는 꿈같은 일이 일어났습니다.

또한 새벽기도 중 갑자기 가슴에 뜨거운 불이 임하면서 혀가 말리며 기도소리가 변하는 체험을 하게 되었는데, 그날은 온종일 거리의 나무와 꽃들과 사람들이 나를 활짝 웃으며 반겨주는 것 같았습니다.

알파의 마지막 주를 앞두고 일주일간 아침 한 끼를 금식하며 성령수양회를 준비하였습니다.

하나밖에 없는 아들을 엄하게 키우시기만 했을 뿐 한 번도 사랑을 주지 않으시고 이름 한 번 불러주지 않으며 이틀이 멀게 매를 맞고 자란 저로서는 30년 전에 돌아가신 아버지를 용서하지 못하고 미워하며 잊고 살았습니다.

아버지와의 관계에 대해 용서하는 시간에 아버지에 대한 원망과 미움이 용서로 바뀌며 한없이 아버지를 부르며 울부짖으며 회개의 눈물이 터졌습니다.

그리고 하나님보다 더 사랑하고 내 자신만 믿었던 교만의 우상과 자식을 우상시 여겼던 마음을 회개하게 되었습니다.

알파를 통하여 하나님께서 제게 주신 사랑은 제 평생에 잊을 수 없는 큰 축복이 되었습니다.

지금까지는 주님 밖에서 내가 주인이었던 삶에서 벗어나 하나님 제일주의 삶으로 우선순위가 바뀌게 되었습니다.

죽음의 문턱에서 다시 살리신 하나님의 섭리와 그 뜻을 깨닫고 복종하며 하나님의 영광을 위해 살겠노라 다짐했습니다.

끝으로 알파기간 동안 말씀과 사랑으로 수십 년 동안 방황했던 죄인을 영원한 생명의 길로 이끌어주신 담임목사님과 사모님께 감사드리며 또한 저를 수원 온누리교회로 인도하여주신 집사님, 그리고 리더로서 지도해주신 민병수 집사님, 24시간 기도해주신 파수꾼과 성도님들께 진심으로 감사를 드립니다.

이토록 부족한 죄인을 찾아와 주셔서 아픔을 어루만져 상처를 치유해주시고 새 생명을 주신 하나님께 이 모든 영광을 돌려 드립니다. 사랑하고 축복합니다."

"여호와께서 집을 세우지 아니하시면 세우는 자의 수고가 헛되며 여호와께서 성을 지키지 아니하시면 파수꾼의 깨어 있음이 헛되도다. 너희가 일찍 일어나고 늦게 누우며 수고의 떡을 먹음이 헛되도다"(시127:1-2)

하나님이 인생을 돕지 아니하시면 인간의 몸부림이 아무리 처절하다 할지라도 헛된 것이다.

우리 교회에 또 다른 약국을 경영하는 집사님이 계신다. 그 집사님도 동일하게 의약 분업 때 약국에 위기가 닥쳤다. 많은 동네 약국들이 병원 옆으로 이전을 하거나 통폐합되었다. 특히나 동네 약국들은 문을 닫았다. 우리 집사님 약국은 동네 약국이다. 그래서 큰 타격을 입을 수밖에 없었다. 그런데 집사님은 늘 기도하시면서 하나님을 충성스럽게 섬겼다. 약국이 끝나면 밤늦은 시간에 교회에 나와 기도를 하셨다. 교회 일에 늘 물질을 심으며 동참을 했다. 신실하신 하나님은 그런 집사님을 위해 일을 행하셨다. 집사님 약국 2층에 병원을 끌어들이셨다.

그곳은 사실 병원이 들어올 입지 조건은 아니다. 버스가 다니는 대로변도 아니다. 그런데 하나님께서는 내과 병원을 끌어들이셨다. 정말 꿈같은 일이 일어난 것이다. 우리 집사님은 영육 간에 거부가 되었다. 한번 열린 하늘문은 집사님을 끝없이 축복해 주셨다.

하나님은 당신의 백성을 복 주시길 좋아하신다. 이제 하나님 앞에 훈련과 학습이 되어지고 진리로 사는 것이 일상이 되어지자, 하나님은 나에게 하늘 문을 열어주셨다. 그 문은 끝없이 부어지는 축복의 문이었다. 하나님이 주신 모든 축복은 다 헤아릴 수가 없다. 그러므로 입술을 열어 선포하며 선언한다.

예수 믿는 사람에게 주어지는 가난, 그것은 정말 저주가 아니다. 고난, 그것은 저주가 아니다.

가난을 통해서 고난을 통해서 하나님의 진리를 배우고 학습한 결과 나뿐만 아니라 우리 성도님들에게 가난과 고난은 예수로 말미암아 진정한 축복의 아이콘이 되었다.

> **TIP**
> 1. 당신은 위의 간증을 읽고 무엇을 느꼈는가?
> 2. 시편 127:1-2절에 왜 파수꾼의 경성함이 허사인가?

나는 영혼을 사랑한다

"너는… 남의 빚에 보증이 되지 말라"(잠22:26)

사람에게는 3가지 생명이 있다. 첫째는 영적인 생명이다. 영적인 생명은 하나님과의 관계가 중요하다. 예수 그리스도를 구주로 믿고 거듭나면 하나님의 자녀가 된다. 그러나 하나님과의 관계가 없이 살아가는 사람은 바로 영적인 생명이 죽었다고 한다. 둘째는 육체적인 생명이다. 이 생명은 생물학적인 생명이다. 이 땅에 사는 동안에 소유하는 생명이다. 셋째는 사회적인 생명이다. 인간은 혼자 살 수 없는 사회적인 존재이다. 인간은 관계 속에서 더불어 살아간다. 사람과 더불어 살아가는 사회적인 관계를 사회적인 생명이라고 한다.

이런 사회적인 생명은 사람과 사람관계가 생명이기 때문에 우리는 관계를 소중하게 여겨야 한다. 그런데 인간관계 속에서 제일 어려운 것이 사람을 용서하는 것이다. 왜냐하면 용서는 죄인 된 우리의 본성을 거슬리기 때문이다.

어느 날 한 부부집사가 교회에 왔다. 그들은 열심히 봉사를 했다. 새벽 차량운행을 맡아서 하겠다고 했다. 부인은 전 남편의 폭력에 견디다 못해 아들을 데리고 도망쳐 나와서, 지금의 남편을 만나서 사는 부부였다. 교회를 열심히 섬기는 모습에 감사해서 어느 날 그들 부부에게 기도 제목을 물어보았다. 그랬더니 사업을 하다가 실패를 했는데 한번만 기회가 더 주어진다면 사업을 다시 해보고 싶다고 했다. 기도해주며 격려를 해주었다.

3개월이 지난 후, 이들은 사업을 다시 시작하겠다고 나를 찾아와서 보증을 서 달라고 부탁을 했다. 그런데 보증은 담보 물건이 없으면 보증인이 될 수가 없다. 나는 아무것도 가진 것이 없었기 때문에 부탁을 들어줄 수가 없었다. 어떻게 하나 정말 이들 부부를 도와주고 싶었다. 내가 안타까워하자, 남자 집사님이 입을 열었다.

"그럼 목사님 교인 가운데나… 친구 분은 없으세요?"

"아… 맞다!"

일주일에 한 번씩 전도 현장에서 만나는 신실한 후배 목사가 생각이 났다. 이 친구는 오랫동안 직업군인으로 근무를 하다가 "별이 될래요." 노래를 불렀지만 결국 별로 승진하지 못하고, 대령으로 예편을 했다. 그 친구에게는 아파트가 한 채가 있었다. 나는 그 친구에게 부탁을 했다.

"김 목사님, 우리 교회 정말 신실한 집사님이 계시는데, 이번에 사업을 시작하는데… 보증을 서달라고 하는데… 목사님 내가 아무것도 없어서 그러는데… 혹시 그 집사님이 찾아가면 부탁하네."

집사님 부부는 아파트를 담보로 2000만 원을 대출받았다. 나는 사업을 시작하는 그들에게 생각 같아서는 일천만 원 정도 만들어서 해주고 싶었다. 여기저기 개인적으로 구해보니 오백만 원 밖에 안 되었다. 나는 그 집사님을 불러서 오백만 원을 건네주었다.

"집사님, 이것은 빌려주는 것이 아니라, 제가 집사님께 그냥 드리는 것입니다. 집사님 사업 기도하겠습니다."

축복기도를 하고 전해주었다.

그날 이후 이 부부집사님의 태도가 돌변하기 시작했다. 그렇게 잘하던 교회 봉사도 회피하기 시작하고 아무런 잘못이 없는 전도사님에 대해 꼬투리를 잡기 시작했다. 그리고 교회 안에 문제를 야기시키기 시작했다. 자꾸만 성도 간에 이간을 시키기 시작했다. 그 후 집사님 부부는 교회를 떠났다. 가슴이 몹시 아팠다. 배신감마저 들었다. 얼마나 지났을까? 그 일에 대한 상처가 잊어가고 있었다.

그런데 어느 날 김 목사님에게서 한 통의 전화가 왔다.

"목사님 어떡해요… 일이 났네요."

"왜요? 무슨 일이신데요?"

사연인즉 집이 경매에 넘어가게 되었다는 것이다. 우리 교회 잠깐 머물다 갔던 그 집사님이 담보 대출을 받고 안 갚아 버린 것이다. 뒤늦게 사모님은 이 사실을 아시고 몸져누우셨다고 한다.

그도 그럴 것이다. 늦게 시작한 목회가 신통치 않은데, 그나마 있던 집까지 날아가게 되었으니 청천벽력이었다. 나는 전화를 받고 눈앞이 캄캄해졌다.

"아…."

"너는… 남의 빚에 보증이 되지 말라"(잠22:26)

내 입에서는 깊은 신음소리가 흘러나왔다.

분명히 성경에 보증을 서지 마라 했지 않았던가? 그런데 말씀을 어기고 성도를 사랑하는 마음 때문에 다른 목사님 집이 넘어가게 되었으니, 아무리 생각해도 답이 나오지 않았다. 주님께 무릎을 꿇었다.

마음속에 일어나는 꿈틀거리는 분노를 가라앉히고 주님 앞에 앉았다.

내 부탁을 듣고 보증을 해준 김 목사님에 대해서 독백처럼 "아니? 이 친구가 진짜로 보증을 서주었단 말인가?"

나는 한마디 부탁만 했지 진짜 보증을 서 주었는지도 전혀 몰랐던 것이다. 또 그날 이후 그들이 교회를 떠났기에 전혀 생각지도 못한 일이었다.

나는 주님께 물었다.

"주님 어떻게 해요… 아버지 어떻게 해야 하나요?"

아무런 느낌이나 말씀이 없다. 내 안에 꿈틀거리는 분노를 바라보며, 주님께 회개하며 다시 기도했다.

"주님 어떻게 해야 하나요?"

그러자 주님은 뜻밖에 이렇게 말씀하셨다.

"네가 그 짐을 져라."

"네?"

이것은 분명 나의 실수였다. 하나님의 말씀에 불순종한 결과였다. 내 뜻대로 말하고 행동한 죄였다. "보증을 서지 마라"는 주님의 말씀을 무시한 결과였다. 어떻게 돈을 갚아가야 하나 참 막막하기만 했다.

"주님, 알겠습니다. 주님, 제가 대신 짐을 지겠습니다."

마음을 먹고 고백하자. 주님의 음성이 들려왔다.

"아들아 고맙다… 그 영혼은 지금도 교회마다 다니면서 범죄하고 있지만, 아직도 나는 그 영혼을 사랑한다."

"아버지 알겠습니다. 아버지 이것은 제가 아버지 앞에 심는 것입니다."

그날 후로 나는 개인적으로 그 빚을 갚아 나가기 시작했다. 사례비도 얼마 되지 않았는데, 빚을 갚기에 허리가 휘어졌다. 그러나 기쁜 마음으로 변제해 나갔다.

그러나 내 이성으로 이해할 수 없는 기가 막혔던 것은 주님의 음성이었다.

아버지가 그 영혼을 사랑하신다는 것이다. 지금도 죄짓고 교회마다 물의를 일으키며 돌아다니는 그 영혼을 주님께서 사랑하신다는 것이다. 주님은 당신이 하신 말씀에 신실하셨다.

"세상에 있는 자기 사람들을 사랑하시되 끝까지 사랑하시니라"(요 13:1)

세상이 어둡기 때문에 하나님의 자녀들이 여전히 죄에 속고, 생각에 속고, 욕심에 속고, 돈에 속고, 생활에 속아서 죄를 지으며 산다. 그럼에도 불구하고 아버지는 여전히 당신이 자녀를 사랑하신다. 누가 이 주님의 사랑의 넓이와 길이와 깊이와 높이를 알 수 있겠는가?

빚을 다 갚자 은행으로부터 영수증이 날아왔다. 완불했다는 영수증이다. 지금도 내 서랍 속에 간직하고 있다. 이제 그들은 채무로부터 자유하게 되었다. 내가 대신 다 갚아 주었기 때문이다.

그들은 아직도 이 사실을 알지 못한 채 여전히 불안 속에 살고 있을 것이다. 여전히 과거에 지었던 죄 때문에 어둠과 두려움 속에 살 것이다.

내가 책상 서랍 속에 영수증을 보관하는 이유는 만일 그 집사님을 만나면 영수증을 전해 주고 싶어서이다.

"집사님, 이제 자유하십시오. 당신의 부채문제가 이렇게 해결되었습니다."라고 전해주고 싶다.

그런데 아직도 만나지 못했다.

우리가 가진 복음은 완전하다. 하나님은 우리에게 완전한 복음을 주셨다. 우리의 모든 문제를 해결해 놓으셨다. 그런데 많은 사람들이 우리에게 주신 복음을 값싼 복음으로 여긴다. 별 볼 일 없는 복음으로 여긴다. 복음을 윤리도덕을 위한 명목상 복음으로 여기며 산다. 주님을 사랑한다고 말을 하는데 복음이 실제가 안 된다.

복음은 누구나 죄로 인한 비참한 내 인생 실존을 알고 십자가에서 단번에 이루신 이 복음이 얼마나 완전한 복음인지 이것에 대면해야 한다. 그래야 복음이 뭔지 알고 복음을 누릴 수가 있다. 그리고 우리 인생이 복음이면 충분하다는 것을 알게 된다. 이처럼 복음을 주신 주님은 우리의 일생 동안 갚아도 갚을 수 없는 죄의 빚을 대신 갚아주신 영수증을 가지고 계신다.

십자가에서 우리의 모든 죄의 값으로 당신의 생명을 지불해 주신 분명한 영수증 말이다.

그래서 이제 우리는 예수 안에서 자유하다. 죄에서 정말 해방되었다.

과거나 현재나 미래나 내 일생의 불의한 죗값이 이미 십자가에서 예수로 말미암아 완벽하게 지불되었기 때문이다.

> **TIP**
> 1. 용서는 본능을 역행하는 것이다.
> 2. 혹 용서해야 할 사람이 있는가?

주님이신데 어디를 가요?

"무슨 일을 하든지 마음을 다하여 주께 하듯 하고 사람에게 하듯 하지 말라"(골3:23)

우리 교회 어떤 집사님 남편이 바람이 났다. 남편이 딴살림을 차려서 참 힘들어했다. 그런데 집사님은 감사하게도 남편의 문제를 통해서 자신을 변화시키려고 새벽마다 나와서 기도를 했다. 기도를 하다가 보면 때로는 육신적인 생각이 들어 화가 나면 남편을 원망하기도 한다. 죄는 남편이 지었는데 집사님은 추운데 나와서 그 남편을 위해서 기도하려니 화가 나기도 하고 때로는 억울한 생각이 들었다.

어느 날 새벽 예배 후에 기도를 하다가 거의 다 돌아가고 성전에 아무도 없을 때 일이다. 방언 기도를 열심히 하던 집사님이 갑자기 "야 개 xx죽여 버릴거야*** 십 원짜리 바바바바. 야…너 죽을 줄 알아 엉 칼로 찔러 죽여 버릴거아! 바바바" 집사님이 기도하다가 분노가 폭발한 것이다. 거침없이 육두문자를 써가며 욕설을 했다. 나는 강대상 앞에 엎드려 있다가 욕하는 고함 소리에 깜짝 놀랐다. 집사님이 기도하다가 분통이 터진 것이다. 그런데 진짜 싸우듯이 소리치며 마치 옆에 남편이 있는 것처럼 욕을 해댔다. 그리고 그 집사님 생각에는 지금 성전에는 아무도 없는 줄 알고 있었다.

나는 꼼짝없이 강대상 뒤에 숨을 죽인 채 그 싸움을 다 들어야 했다. 절대로 그 앞을 내가 불쑥 지나서 나갈 수가 없었다. 나는 그날 아침 꼼짝없이 싸움이 끝이 날 때까지 기다려야 했다. 집사님이 남편에게 쌓였던 분노는 좀처럼 싸움이 끝날 것 같지 않았다. 나는 하나님께 SOS 긴급 구조인 화살기도를 올렸다.

"하나님 싸움 좀 말려 주세요. 하나님 저는 저 집사님 앞에 갈 수가 없습니다. 누구 싸움 좀 말려 줄 사람을 보내 주세요."

화살기도를 올렸다. 하나님은 내 기도에 바로 응답하셨다. 교회 관리집사님이 새벽 차량을 운행하시고 언제나 바로 집으로 가신다. 그런데 그날따라 왠지 성전에 들렸다 가고 싶더라는 것이다. 그래서 성전에 들어섰는데 큰소리가 나면서 누군가 싸우고 있더라는 것이다. 관리 집사님이 뛰어 들어와서 보니 집사님 혼자 악을 쓰고 있더라는 것이다.

"집사님! 왜 그러세요?" 관리집사님이 겨우 싸움을 말렸다. 나는 싸움이 끝난 후에 조용히 집으로 왔다.

하나님은 우리가 자아를 포기하고 주님을 따라 살기를 원하시지만 사람들이 자기를 잘 포기하지 않는다. 그래서 수삼 년 예수를 믿어도 여전히 어린아이다. 우리 집사님 또한 그랬던 것이다. 언제나 자아가 시퍼렇게 살아 있었던 것이다. 자신의 틀이 얼마나 강한지 집사님의 말과 행동 속에서 역력하게 묻어 나왔다. 여자가 강하면 남편이 밖으로 돌게 되어 있다. 부드럽고 편하고 서비스가 좋은 곳을 찾게 되어 있다. 그런데 어느 날 그 집사님 자아가 깨지는 계기가 있었다. 집사님 친정 남동생이 찾아왔다. 솔로로 살던 40이 넘은 남동생이 찾아온 것이다. 동생은 직장도 없이 무위도식 하면서 지내는 동생이다. 그런데 어느 날 집에 온 남동생과 말다툼 끝에 집사님이 죽을 만큼 폭행을 당하고 누나를 아예 죽여 버리겠다고 목을 졸랐다. 집사님은 남동생이 두려운 나머지 교회로 도망쳐 와서 밤새 울고 또 울었다. 남편이 집을 나가서 속이 말이 아닌데 남동생까지 와서 그런 자신을 위로는 못해줄 망정 폭행을 하고 죽여 버리겠다고 하니 정말 기가 막힐 노릇이다. 집사님은 밤새 울부짖으며 주님을 찾았다. 형제간에 싸운 일이라 부끄러워 입 밖으로 내지 못하는 일이다. 그 일 후에 자아가 시퍼렇던 집사님이 한풀 꺾여 보였다. 집사님의 태도가 달라졌다. 집사님은 남동생을 주님처럼 대했다.

어느 날 같은 구역 심방을 가는데 심방대원으로 나왔기에 안부를 물었다.

"집사님 남동생 갔나요?"

"저의 주님이신데, 어디를 가시겠어요?"

"아니 아직도 안 갔어요?"

"네 목사님, 제가 아직 안 바뀌었는데… 어딜 가겠어요?"

"핫핫힛" 우리는 모두 한바탕 박장대소를 하며 웃었다.

"그렇군요?"

우리는 한바탕 웃었지만 내 마음이 아파왔다.

"나는 그 아비가 되고 그는 내 아들이 되리니 저가 만일 죄를 범하면 내가 사람 막대기와 인생 채찍으로 징계하려니와"(삼하7:14)

남동생과 그 싸움 사건 후에 우리 집사님이 확실하게 많이 변화가 되었다. 한번은 남동생이 술을 한잔하고 시내버스를 놓쳤다. 그래서 누나에게 전화를 했다.

"누나 나 지금 북문에서 택시 타고 출발할 테니까… 택시요금을 좀 준비해…." 돈을 준비하라는 전화였다.

다른 때 같으면 분명 한소리를 했을 텐데. 우리 집사님은

"어머! 그러니? 알았다. 어서 택시 타고 오너라."

남동생은 택시를 타고 들어오면서 택시운전사에게 이렇게 이야기를 했다.

"기사 아저씨 우리 누나가 잔소리가 엄청 많은 여자라. 아마 택시요금을 줄 때… 엄청 안 좋은 소리를 할 것이오. 그럴지라도 이해해 주시오."

택시를 타고 집 앞에 도착하자 이게 웬일인가.

누나가 택시비를 들고 길가에서 기다리고 있지 않은가. 택시가 멈추자 공손히 인사를 하면서 택시운전사에게 상냥하게 웃으면서 수고하셨다고 인사까지 하면서 요금을 건네주는 것이 아닌가? 택시 운전수는 몇 번이나 머리를 흔들면서 돌아갔다.

그날 밤 남동생과 집사님은 거실에 앉아서 이야기를 시작했다. 남동생이 먼저 입을 열었다.

"누나 그동안 힘들었지?"

"아니다."

"누나는 이런 부분을 고쳐야 돼. 여자가 강해도 너무 강해. 어떤 남자가 강한 여자를 좋아하겠어. 매형이 집을 나간 것도 다 누나 때문이야…." 다른 때 같으면 절대로 용납할 수 없는 말이다.

"그렇구나. 미안하구나… 그래, 누나 그런 부분 때문에 힘들었겠구나. 미안하다……."

그날 밤 집사님은 남동생이 말하고 지적하는 것을 모두 다 주님의 음성으로 들었다.

다른 때 같으면 대판 싸움이 벌어질 판인데, 집사님이 변화가 되자 모든 것을 자기 탓으로 돌렸다. 성령님께서 역사하셨다. 그날 밤에 두 사람이 서로 울면서 진정으로 회개하는 역사가 일어났다. 기적이 일어난 것이다.

회개의 역사가 일어난 다음 날 남동생은 집사님의 집을 떠나갔다.

집사님은 지금도 종종 말한다.

"그때 나의 남동생은 주님이셨다고……."

> **TIP**
> 1. 당신은 이와 같은 경험을 해보신 적이 있는가?
> 2. 당신의 변화를 위해 지금 주님이 붙이신 사람이 있는가?

성령의 인도를 따라

"무릇 하나님의 영으로 인도함을 받는 그들은 곧 하나님의 아들이라"(롬8:14)

2011년에 국회에서는 "말(馬)산업 육성법"이 만장일치로 통과가 되었다. 말(馬)산업 육성법이 통과됨에 따라 마(馬)산업이 보다 확대되고, 범국가적인 차원에서 마 산업을 지원하겠다는 뜻이다. 이제 국내 마 산업도 새로운 도약의 전기를 맞이할 것 같다. 말 산업 육성법에 따라 체계적인 지원이 이뤄진다면 2015년까지 약 7,000개의 신규 일자리가 창출될 전망이다. 말 관련 직업으로 말 조련사, 장제사, 재활승마 지도사 같은 국가 자격시험을 농림식품부에서 2012년 12월부터 각종 국가 자격증(3급에서 1급) 시험이 실시될 예정이다. 관심이 있으신 분들은 도전해 볼 만한 직업인 것 같다.

내가 헬스장에서 전도하려고 접근한 전도 대상자가 승마를 좋아해서 그 친구 따라 승마장에 갔다. 승마는 건강과 운동에 좋다고 하면서 승마에 대한 기본적인 것을 배울 수 있도록 그는 자신의 큰돈을 투자해서 나를 승마 회원으로 등록을 시켜 주었다. 이 친구는 원래 파일럿(Pilot)가 꿈이었다. 그는 그 꿈을 지금도 잊지 못해서 비행기 소리만 나면 하늘을 바라보고 비행기 기종을 말하곤 하는 친구다. 젊은 시절에는 행글라이더 장비를 구입해서 하늘을 날기도 하며 유럽까지 원정을 가서 젊은 시절의 꿈을 키웠다. 이 친구를 전도하려고 목숨을 걸고 모험을 해본 적도 있다. 한번은 안산 시화지구 갈대밭 사이로 나를 인도했다. 안산 시화지구에 경비행기가 이착륙을 할 수 있는 아주 좁고 협착한 활주로가 있었다. 친구는 나에게 비행기에 탑승하라고 했다. 순간 겁났지만, 한 영혼을 위해서라면 무슨 일을 못하랴. 태연하게 2인용 경비행기에 올랐다. 그런데 이번에는 이 친구가 승마를 등록해 놓고 말을 타라고 권한다. 나는 싫다고 손사래를 치며 거절했지만 소용이 없었다. 처음으로 타는 말은 상당히 무서웠다. 몸에 힘을 빼고 기마자세를 한 채 말에 진동을 그대로 받으라고 했다. 물론 쉽지 않았다. 말 위에서 중심 잡기도 쉽지가 않았다.

몇 번 승마를 하면서 나는 몇 가지 귀한 신앙적인 교훈을 배우게 되었다. 바로 말과의 의사소통이다. 말의 지능은 약 4살 먹은 어린아이 정도라도 한다. 그런데 말은 굉장히 예민하고 겁이 많아 기수들은 말과 소통이 잘되어야 한다. 말과 소통은 메인 부조인 박차나 부부조인 "워-워" 음성으로 하기도 하고 채찍을 사용하기도 한다. 그런가 하면 기승자는 몸의 무게 중심을 이동하거나 시선으로도 말과 의사소통을 하기도 한다. 승마에 있어서 가장 중요한 것은 말과의 호흡인 커뮤니케이션이다. 기승자와 말이 하나가 되어 서로 교감하는 것이다. 얼마나 매력적인가? 이런 매력에 빠져 이 친구는 말을 2마리나 사서 키운다. 친구는 매일 퇴근하면 말에게 달려가서 건초인 밥도 주고 마방을 관리한다. 나는 어느 날 자연스럽게 교회 카페로 인도하여 친구에게 복음을 전하고 예수님을 영접시켰다. 그리고 기도하며 기다렸다. 그런데 친구는 하나님의 은혜로 50년 만에 교회를 출석하게 되었다. 예수님을 구주로 믿게 되었다.

나는 말이 사람과 같이 호흡하며 사람이 가고 싶은 대로 사인을 보내면 그것을 알아듣고 순종하며 움직여 주는 말이 대견했다.

짐승도 교감이 되면, 의도대로 생각대로 잘 움직여 준다는 말이다. 그렇다면 오늘 주님을 모시고 사는 우리는 어떤가? 아니 나는 어떤가? 우리는 왜 성령님의 인도를 받지 못하는 것일까? 왜 살아계신 성령님과 교통이 안 되는 것일까? 성령님이 우리 안에 거하시고 매순간마다 우리와 함께하시며 우리에게 사인을 보내시는데 왜 우리는 성령님과 교감이 안 될까? 내 안에 계신 성령님은 우리를 지도하고 인도하시기 위해 이 땅에 찾아오신 하나님이시다. 성령 하나님은 내 안에서 끊임없이 나의 연약함을 돕기 위해 사인 하시며 말씀하시며 때로는 감동하시는데, 우리는 왜 성령님께 민감하게 반응하지 못하고 늘 내 자신의 생각과 뜻대로 살까?

"육신을 좇는 자는 육신의 일을, 영을 좇는 자는 영의 일을 생각하나니 육신의 생각은 사망이요 영의 생각은 생명과 평안이니라"(롬 8:5-6)

"무릇 하나님의 영으로 인도함을 받는 그들은 곧 하나님의 아들이라"(롬8:14)

사실 신앙생활에 있어서 중요한 것은 하나님의 자녀는 하나님의 영인 성령의 인도를 받아야 한다. 이것이 신앙생활이다. 그런데 오늘날 현실은 어떤가? 성령은 잊어진 하나님이 되어간다. 성령님의 인도를 따라 살아본 지가 언제였는지 잘 기억이 나질 않는다.

승마의 꽃 중에 꽃이 마장 마술이다. 말과 기수가 완전히 하나가 되어 최고의 기술을 연출하는 것이다. 기수가 원하는 대로 말은 장애물을 뛰어 넘고 기수와 말이 하나가 되어 최고의 연기를 보여줄 수 있다. 마장 마술에 사용되는 말은 거의 독일에서 수입해 온다. 독일은 말이 태어나면 어린 망아지 때부터 말 학교에 입학하여 매일 이런 교육과 훈련을 시킨다고 한다. 망아지가 일곱 살 정도가 되면 비싼 가격에 다른 나라로 판매된다.

우리나라는 이렇게 어릴 때부터 훈련되어지고 교육되어진 말을 비싸게 수입해서 사용한다. 이렇게 잘 교육되어지고 훈련되어진 말은 그 부가가치가 엄청나게 다르다. 듣기로는 한 마리당 약 10억짜리도 있고 20억씩 판매가 되기도 한다고 한다.

사람도 '절댓값'에서는 모두 같다. 그러나 얼마나 훈련되어지고 학습되어지느냐에 따라 부가가치가 다르다. 성령님께 잘 학습이 되고 훈련되어진 사람과 그렇지 못한 사람과는 똑같은 예수를 믿어도 부가가치가 다르다. 성령님께 잘 길들여진 사람은 주님과 함께 최고의 삶을 연출할 수 있을 것이다. 우리 인생의 최고의 가치가 있다면 바로 이것이다. 성령님께 길들여지는 것이다. 나를 구원하신 주님께 내 삶을 드리는 것이다. 마치 예수님께서 예루살렘에 입성하실 때 타셨던 나귀처럼 순종하는 것이다. 그래서 성령님께서 우리 인생을 마음껏 사용하실 수 있도록 하는 것이다. 이것이 진정한 신앙생활이 아닐까? 라고 생각한다.

성경에는 수많은 실패한 인생이 주님을 만나서 인생이 역전된 이야기가 수없이 많다. 누가복음 5장에는 밤새 고기잡이에 실패한 베드로에게 주님이 찾아오셨다. 그리고 주님은 베드로에게 한마디 하셨다.

"깊은 데로 가서 그물을 내려 고기를 잡으라."

"선생이여 우리들이 밤이 맞도록 수고를 하였으되 얻은 것이 없지마는 말씀에 의지하여 내가 그물을 내리리이다"(눅5:5)

주님의 말씀에 순종하여 그물을 내렸던 베드로에게 꿈같은 일이 일어났다.

지금도 주님은 우리에게 말씀하신다. 주님의 말씀에 순종하는 인생은 누구든지 꿈같은 일이 일어날 것이다.

여태까지는 불순종했을지라도 나는 주님께 순종하는 목회를 해 드리고 싶다. 내가 말 등에 올라탔을 때 교관은 나를 올려다보며 이렇게 말해 주었다.

"선생님 말을 타면 매 순간마다 말에게 사인을 보내셔야 합니다."

"왜 그렇지요?"

"말 들은 사인을 하지 않으면 등에 탄 사람을 무시하고 자기 마음대로 가버립니다."

"으음, 그래요?"

교관의 가르침은 영락없이 나에게 하는 말이다.

"그래서 끊임없이 사인을 보내야 합니다. 그래야 말은 내 등에 주인이 타고 있구나 생각하고 자기 마음대로 가지 않습니다. 선생님 아셨습니까?"

틀림없이 내게 하는 소리였다. 내가 바로 그런 자였다. 내 안에 계신 성령님께서 늘 사인을 보내시는데도 순종하지 않고 내 마음대로, 내 욕망이 원하는 대로, 육신의 생각대로, 내가 하고 싶은 대로, 내 성격대로 사는 내 모습이 부끄러웠다. 사실 목회도 그렇게 했던 것이다.

사람들과 대화를 할 때 종종 성령님은 내 마음속에 멈출 것을 사인을 하신다. 그런데도 성령님의 음성을 무시하고 끝까지 가는 경우가 많지 않았는가. 그날 그 교관의 가르침이 내게 유난히 크게 울려왔다. 주님은 오늘도 우리에게 말씀하신다.

> **TIP**
> 1. 성령님은 인격적인 하나님이시다.
> 2. 성령님을 사랑하고 존중하고 환영하시면 그분은 정말 기뻐하신다. 당신은 어떤가?

하나님 오늘 하루만 더…
기뻐할게요

"선지자의 이름으로 선지자를 영접하는 자는 선지자의 상을 받을 것이요 의인의 이름으로 의인을 영접하는 자는 의인의 상을 받을 것이요 또 누구든지 제자의 이름으로 이 소자 중 하나에게 냉수 한 그릇이라도 주는 자는 내가 진실로 너희에게 이르노니 그 사람이 결단코 상을 잃지 아니하리라 하시니라"(마10:41-42)

언제부터인가 목사를 대접하려고 매 주일마다 점심 식사를 정성껏 준비해 오시는 집사님이 계신다.

무척이나 부담스럽고 송구스러워서 집사님에게 누누이 그렇게 하시지 말라고 말씀을 드렸다.

그런데 집사님은 그럴 때마다 이렇게 말씀하신다.

"목사님 전 대접하는 것이 너무 행복해요.

맛있게 들어 주시는 것만으로도 감사해요. 그러니 절대 부담 갖지 마시고 드세요."

"집사님, 그래도……."

주일마다 식사를 정성스럽게 준비해 오시는 집사님 덕분에 늘 감사하며 식사를 맛있게 한다.

수년 전의 일이다. 그의 남편과 그녀가 어느 날 대판 싸웠다. 남편이 예수 믿는 아내가 늘 못마땅한 것이다. 그날도 싸움 끝에 교회로 부부가 뛰어왔다. 부인은 남편을 어떻게 해서든지 우리 목사님을 한번 만나게 하면 변화될 것 같다는 생각에서 싸움 끝에 부인이 교회로 도망쳐 온 것이다.

아내를 쫓아온 남편은 손에 뭔가를 들었다. 아내를 잡아서 죽이겠다는 것이다. 숨가쁜 상황이 벌어졌다. 지하실 교회 안은 아수라장이 되었다. 화가 난 남편은 부인을 잡아서 죽이겠다고 서슬이 퍼렇게 되어 뛰어다녔다.

나는 그 남편을 뒤쫓아 뛰었다. 지하실을 돌다가 부인 되는 집사님이 밖으로 뛰어나갔다.

그러면 우리도 뛰어나갔다.

파킹된 자동차 사이를 두고 가까스로 내가 먼저 남편을 붙잡았다. 남편을 꼭 붙들어 안았다.

"헉헉… 김 선생님 왜 그러세요?"

남편은 나에게 붙들린 채 소리를 질렀다.

"너 이리 와 내가 오늘 너를 죽이고 말거다… 그래 왔다, 너희 목사에게 왔다, 어쩔거냐 엉 이XXX아 엉!"

거칠게 숨을 몰아쉬면서 잡으면 죽일 것 같은 기세로 소리쳐 말을 했다.

나는 순간 내가 교인들을 잘못 가르쳤구나 싶은 생각이 들었다. 화가 난 집사님 남편 앞에 무릎이라고 꿇고 사죄를 빌고 싶었다.

그래서 남편의 손을 잡고 용서를 빌었다.

"김 선생님 제가 잘못했습니다. 정말 미안합니다. 제가 잘못 가르친 제 탓입니다. 김 선생님 한번만 용서해 주십시오. 제가 잘못 가르쳤습니다. 앞으로 이런 일이 없도록 하겠습니다."

"…헉헉헉."

집사님 남편은 집으로 돌아갔다.

"후유… 집사님 어떻게 된 일입니까?"

"……."

그날 부인 되는 집사님은 집에 죽어도 안 들어간다고 했다. 이제 매 맞고 사는 것도 이력이 났다는 것이다. 남편이 늘 자신을 때린다는 것이다.

"흐흐흑… 이제 더 이상 맞고 살기 싫어요…"

"……."

"이참에 이혼할 거예요."

"……."

가슴이 참 아파왔다. 우리 부부는 그날 밤 집사님을 설득해서 보냈다.

그날 이후 남편은 아내가 신앙생활하는 꼴이 보기 싫고 우리 교회를 출석하지 못하도록 멀리 이사를 갔다. 그런데 후에 아내가 가까운 교회로 옮기려고 하자 남편이 난리를 쳤다.

"세상에 많은 목사 중에 너희 목사님 같은 분이 없더라"며 절대로 교회를 옮기지 못하게 했다.

그래서 지금까지 한결같이 출석하고 있다. 주일밖에 봉사할 시간이 없기에 주일에 오면 개인기도실이며 닥치는 대로 일을 하고 집에서 준비해온 식사를 목사에게 정성껏 공궤한다.

하나님께서 어느 날 그 집사님 가정에 땅을 주셨다. 땅을 구입하고 나서 얼마나 좋아하는지 기쁨을 주체하지 못했다.

집사님은 땅 때문에 너무 기뻐하는 자신이 하나님께 죄송해서 이렇게 기도했다.

"하나님, 죄송해요. 땅을 주셔서 너무 감사하고 너무 기쁜데요… 제가 딱 1주일만 마음껏 기뻐할게요."

그런데 1주일이 지나도 기쁨이 가시지 않더라는 것이다. 그래서 "하나님 죄송해요. 딱 오늘 하루만 더 기뻐할게요. 네?"

집사님은 하나님께 죄송해서 그렇게 말씀을 드렸다고 한다.

"목사님, 그런데 참 이상하지요?"

"집사님, 뭐가요?"

"목사님, 제가 목사님 식사를 한 주간 준비를 하는데요, 정말 저는 기쁨으로 준비하거든요. 그래서 이번 주는 무슨 음식을 준비할까… 생각을 하면 주님이 말씀하시고요, 또 가르쳐 주셔요. 그리고 제가 너무 바빠서 준비를 못했을 때는 토요일날 누가 음식을 갖다 주기도 하고요. 또… 주님이 이렇게 음식을 준비시켜 주셔요."

"그래요?"

"네 목사님… 하나님이 살아계신 것과 성령님의 인도를 저는 목사님 식사를 준비하면서 경험해요."

"집사님 그러시군요."

언젠가 돌아가신 성남 제일교회 박용규 목사님의 천국과 지옥

간증을 직접 들은 적이 있다.

천국에서 천사들이 성도들의 집을 짓는데 갑자기 한 천사가 소리를 치더라는 것이다.

"재료가 올라온다. 재료가 올라온다."

그래서 바라보니 지상에서 건축할 재료가 올라오는데 이 세상에서는 구할 수 없는 진귀한 재료가 올라오더라는 것이다.

어디서 이렇게 보석보다 진귀한 재료가 올라오는가 하고 보니… 어느 78명 모이는 시골 교회 권사님이 새벽마다 78명 되는 성도들을 위해서 기도하더라는 것이다.

또 하나는 진귀한 재료는 계란 2개와 양말 3켤레로 목사님을 대접하는 것이 세상에서 본 적이 없는 가장 진귀한 재료가 되어 올라오더라는 것이다.

하나님은 참 좋으신 아버지시다. 그래서 하나님은 우리에게 상 주시길 무척 좋아하신다. 조그만 일에도 빌미를 잡아서 상을 주시는 아버지이다.

> **TIP**
> 1. 당신은 어떤가? 누군가를 기쁨으로 섬겨본 적이 있는가? 그때 하나님의 풍성함을 경험한 적이 있는가?
> 2. 섬김을 받는 자는 상이 없다. 그러나 섬기는 자는 상이 있다. 왜 그런가?

사랑과 집착

"네 보물이 있는 그곳에는 네 마음도 있느니라"(마6:21)

인도에 단기선교를 갔을 때 세계 7대 불가사의 중에 하나인 타지마할이라는 건축물을 보았다. 그 건축물에 얽힌 사연은 우리로 많은 생각을 하게 했다. 16-18세기까지 인도를 통치했던 왕조는 이슬람 왕조인 무굴제국이었다.

이 무굴제국의 5번째 왕인 "사자한"이라는 왕은 수많은 왕비 가운데 그의 두 번째 왕비인 "뭄타즈 마할"이라는 왕비를 무척 사랑했다. 이 왕비의 미모는 볼품이 없었다고 한다. 그런데 그녀가 왕의 총애를 한 몸에 받았던 비결은 지성과 애교, 밝은 성격으로 그녀는 왕의 마음을 잘 이해하고 늘 왕의 마음을 받아주었다고 한다. 결국 왕의 마음을 늘 이해하고 받아주었던 그녀에게 왕은 사랑의 포로가 되었다. 왕은 그녀 없이는 아무런 일도 할 수 없을 정도로 그녀를 지극히 사랑하게 되었다.

그런데 그토록 사랑했던 왕비가 14번째 아이를 낳다가 죽었다. 왕은 심한 충격과 슬픔에 빠져 하룻밤 사이에 머리가 하얗게 백발이 되어 버렸다. 그 후 왕은 죽은 왕비를 생각하며 그 사랑을 기리기 위해 아름다운 무덤을 건축하기로 결심을 했다. 그는 국가 예산의 1/5을 투입해서 왕비의 묘지를 만드는데, 최고급 대리석을 수입하고 인도 전역에서 최고의 조각가들과 세계 각지에서 건축전문가들을 초빙했다. 또 유채색 대리석을 비롯해서 루비 사파이어 모든 보석들을 아라비아로부터 대량 수입해서 왕비의 무덤를 장식하게 했다. 사랑하는 아내의 무덤을 위해 2만 명의 노예를 동원하여 무려 22년에 걸쳐 건축을 완공했다.

그런데 왕은 부인의 아름다운 묘지가 완성이 되자 아내를 너무나 사랑한 나머지, 두 번 다시는 이와 똑같은 건축물을 지을 수 없도록 공사에 참여했던 모든 조각가들의 손목을 잘라 버렸다. 또한 무리한 건축으로 국고가 바닥이 났다.

왕은 결국 자신의 3째 아들에게 권력을 빼앗기고, 그의 부인의 무덤인 타지마할이 바라다 보이는 아그라(Agra)성의 조그만 한 방에 갇혀서 8년 동안 지냈다. 폐왕이 된 그는 날마다 부인의 묘지인 타지마할을 바라보며 지내다가 외롭게 최후를 맞이한다. 죽어서 자신이 그토록 사랑한 여인의 무덤 옆에 나란히 함께 묻히게 되었다.

이렇게 완성된 타지마할은 신조차 부러워할 만큼 완벽한 아름다움의 결정체로 현재 유네스코문화재로 지정되었으며 세계 7대 불가사의 가운데 하나가 되었다.

이것은 사랑이 아니라 집착이다. 집착은 우상이다. 사랑이라는 가면을 쓴 집착이 오늘 우리 삶 속에 구석구석 배어 있다. 그렇다면 우리가 그토록 집착하는 것이 무엇인가? 우리의 내면을 잘 살펴보아야 한다. 예수라는 이름의 미명 아래 오늘 수많은 그리스도인들이 자신의 욕망의 집을 짓고 있지 않은가? 나는 어떤가? 나는 집착에서 자유로운가? 절대 그렇지 않다. 우리도 힘만 있고 조건만 주어진다면 인간은 누구나 충분히 그럴 수 있기 때문이다. 우리가 예수를 믿고 천국을 소망삼고 살아가지만, 천국에 그렇게 관심이 많지 않다. 왜 그런가? 사람의 관심은 보물이 있는 곳에 있기 마련이다. 내가 보물이라고 생각하는 것에 관심이 집중되어 있다. 그래서 우리의 관심이 천국으로 옮겨지기 위해서는 먼저 우리의 보물을 옮겨 놓아야 한다. 우리의 보물이 옮겨지기 전에는 절대 우리의 마음도 관심도 옮겨지지 않는다.

우리에게는 보물이 많다. 집착을 하는 보물이 많다. 우리가 소유하고 있는 많은 보물 가운데, 자식에 대한 집착과 돈에 대한 집착이 가장 크고 강하다. 자식을 위해 엄청나게 투자를 한다. 내 자식 만큼은 이 땅에서 잘 살게 해주려고 사람들은 엄청나게 노력하며 투자를 한다. 우리 나라 고위 공직자들은 자식들에 대한 지나친 집착 때문에 자식들을 군대에 보내지 않는 것이 관행이 되어 버린 것 같다. 자식에 대한 그릇된 사랑 때문이다. 이것은 자식을 올바로 사랑하는 것이 아니다. 한 나라의 국민으로서 개인의 의무를 충실하게 감당할 때 국가가 건강해지는 것이다. 아버지가 힘이 있어서 군대를 면제시키려고 할 때 올바른 자식 같으면 '아버지 제가 군대를 다녀오겠습니다'라고 아버지께 말씀드리는 것이 자식 된

도리일 것이다. 매번 인사 청문회 때마다 불거지는 자식들의 병역 문제가 서민들의 가치관에 혼란을 초래한다. 그런데 자식이 잘되게 하려면 자식에게 집착하는 것보다, 하나님을 제일로 사랑하라. 그런데 많은 사람들이 자식에게는 집착을 하는 데 반해 하나님을 사랑하는 일에는 인색하다. 하나님의 약속을 보자.

"하나님을 사랑하고 그 계명을 지키는 자에게 천대까지 복을 주시겠다"(출20:6)

주님은 약속하셨다. 말이 천대이지, 이것은 사람이 주는 복이 아니다. 하나님만이 주실 수 있는 복이다. 우리 부모들은 자기 자신을 위해서만 아니라, 자녀들을 위해서라도 예수를 잘 믿어야 한다.

그렇다면 유대인들의 삶의 타입은 어떤가? 그들이 이 땅에서 사는 삶의 이유와 목적이 2가지가 있다.

첫째는 하나님이다. 그들은 하나님의 영광을 위해 산다.

그래서 유대인들은 "너는 마음을 다하고 성품을 다하고 힘을 다하여 네 하나님 여호와를 사랑하라"(신6:4)는 말씀대로 실천하기에 힘을 쓴다.

유대인들이 사는 두 번째 이유와 목적은 자식이다.

그들은 자식을 위해 모든 것을 다 쏟아붓는다. 그러나 그들은 우리나라 부모처럼 자식들에게 세상학문을 위해 모든 것을 쏟아붓는 것이 아니다. 유대인들은 자식을 자신과 똑같이 하나님을 위해 살고 존재하는 아이들로 만들기 위해 철저하게 하나님 말씀으로 교육시키는 일에 모든 것을 투자한다.

태교로부터 출산과 유아기를 거쳐 13살이 되어 성인식을 할 때까지 이들은 모세오경을 다 암송케 한다. 이들은 하나님의 절대 주권 아래 순복하며 살아간다. 그래서 유대인들 가운데 세계적인 인물들이 나오는 것이다.

한번은 어느 가정에 등록 심방을 갔다. 자리에 앉자 주님이 말씀을 하셨다.

"이 딸이 내게 섭섭함이 많다."

나는 주님의 음성을 그대로 말씀드렸다.

"집사님 하나님께 무슨 섭섭함이 있으세요?"

집사님은 깜짝 놀라시며 입을 열었다.

"예… 몇 년 전에 하나 밖에 없는 아들이 죽었지요. 저는 내 아들을 데려가신 하나님을 도저히 이해가 되지 않았어요. 그래서 아들을 잃은 후로는 늘 하나님께 섭섭함이 있습니다."

집사님은 눈물을 글썽이며 말을 했다. 우리는 종종 하나님을 사랑한다고 하면서 착각할 때가 있다. 하나님을 사랑하는 것이 아니라, 하나님이 주신 선물들을 하나님보다 더 사랑할 때가 있다.

그래서 내게 주신 선물에 집착하다 보니 하나님을 사랑하는 것보다 하나님의 것들(?)을 사랑해서 그것이 하나님을 사랑하는 것처럼 착각할 때가 있다. 그래서 선물이 없어지면, 하나님을 원망하고 믿음을 저버린다. 이것은 사랑이 아니다.

하나님의 것들을 사랑하지 말고 하나님을 사랑해야 한다. 하나님만 사랑하라. 그러면 꿈같은 일이 일어난다.

어떤 집사님 가정에 등록 심방을 하러 갔다. 가정에 가서 앉자 주님이 말씀하셨다.

"죽도록 충성하라고 해라."

"집사님, 죽도록 충성하라고 하십니다."

그러자 집사님은 이런 이야기를 하셨다.

집사님은 어렵게 붕어빵 장사를 해서 남편 공부를 시켰다. 남편은 어렵게 공부를 해서 신학을 마쳤다. 그리고 강도사를 거쳐서 목사고시를 합격해서 목사 안수를 받게 되었다. 아내로서 정말 견디기 힘든 일이었지만 보람이 있었다. 이제 남편이 목사 안수를 받으면 붕어빵 장사를 안 해도 되었다. 그런데 목사 안수를 받는 날이었다. 남편이 교통사고로 유명을 달리한 것이다.

하늘이 무너져버린 것이다. 하나님을 원망하고 떠나버린 것이다. 그리고 수년 만에 돌아온 것이다.

우리는 예수를 잘 믿어야 한다. 사랑과 집착을 잘 분별해야 한다. 우리에게 주신 모든 것들은 하나님의 선물이다. 선물을 아끼고 소중하게 여기며 사랑하며 잘 살아야 한다. 그러나 주님보다 선물을 더 사랑해서는 안 된다.

선물은 어디까지나 선물일 뿐이다. 우리가 진정 사랑해야 할 분은 오직 주님이시다.

> **TIP**
> 1. 보물이 있는 곳에 마음이 있다. 당신은 어떻게 생각하는가?
> 2. 당신은 하나님을 사랑하는가? 아니면 하나님의 선물을 사랑하는가?

part 5

꿈, 비전, 행복

행복을 연습하라
어떻게 행복을 연습할까?
내 안의 행복세포
꿈, 비전, 환상
독수리 사랑

The Icon of Blessing

행복을 연습하라

"나 여호와가 말하노라 너희를 향한 나의 생각은 내가 아나니 재앙이 아니라 곧 평안이요 너희 장래에 소망을 주려하는 생각이라"(렘 29:11)

성경을 가장 현대적으로 해석한 학문이 긍정심리학(positive psychology)이다. 사람은 저마다 가치관이 다르고 관점도 다르며 세계관도 다르다. 가진 취미가 다르고 교육의 정도가 다르다. 백인 백태이다. 그러나 인간이라면 딱 한 가지 공통점이 있다. 바로 행복을 추구한다는 것이다. 사람들이 열심히 일하는 이유도 바로 행복하기 위해서다. 열심히 사업하는 이유도, 열심히 운동하는 이유도, 열심히 공부하는 이유도 행복하기 위해서다. 그것이 공학이든, 인문학이든, 심리학이든, 과학이든, 의학이든, 모든 학문도 결국 인간의 행복을 위해서 열심히 일하고 공부하고 연구한다.

얼마 전에 우리나라 신경정신의학회에서 대한민국 성인들의 행복점수를 조사했다. 1,000명을 대상으로 조사한 결과 100점 만점에 68.1이 매겨졌다.

그런데 지금보다 더 행복해지기 위한 조건은 남성과 여성이 달랐다.

여성은 첫 번째가 건강(37.1%)이었다.

남성은 첫 번째가 돈(33%)을 우선으로 제시했다.

그렇다면 정말이지 인생은 돈이, 건강이, 우리를 더 행복하게 할까? 생각해 보아야 한다.

병리현상이 없는 건강한 사람은 정말 행복할까?

돈이 많으면 정말 행복할까?

그렇다면 함께 생각해 보자.

앞으로 향후 5년 후에 아니면 10년 후에 다음 3가지 영역에서 우리의 삶을 생각해 보고 체크해 보자.

1. 나는 앞으로 5년이나 10년 후에 내 직장에서 내 수입과 연봉이 지금보다 훨씬 더 늘어날 것이다. 그래서 지금보다 내가 더 많은 돈을 벌게 될 것이다. 내 연봉이 많아질 것이다. 어떻게 생각하시는가? 그렇다( ) 아니다( )

2. 나는 앞으로 5년이나 10년 후에 지금보다 훨씬 더 건강해지고 내 외모가 지금보다 훨씬 더 멋있어질 것이다. 어떻게 생각하시는가? 그렇다( ) 아니다( )

3. 나는 앞으로 5년이나 10년 후에 내 자녀들은 좋은 성적으로 국내외 명문대를 들어갈 것이다. 아니면 내 자녀들은 지금보다 더 좋은 직장을 갖게 될 것이다. 어떻게 생각하시는가?

그렇다( ) 아니다( )

요즘 40세가 넘으면 그 대세가 어느 정도 결정이 된다. 앞으로 향후 5년이나 10년 후에 내 키가 더 자랄 수도 없다. 내 얼굴과 내 외모가 더 멋있어질 수도 없다. 금줄이 풀어지고 은줄이 풀어져, 더 늙고 외소해 갈 것이다. 우리의 연봉도 마찬가지다. 사회적인 지위도 더 달라질 것이 별로 없다. 내 자녀들이 더 좋은 직장으로 승진될 수도 있고 그렇지 않을 수도 있다. 이처럼 외적인 조건들의 대세는 어느 정도 이미 결정이 되었다.

이런 외적인 조건들, 즉 연봉이나, 건강이나, 외모나, 체력이 이미 대세가 결정되었다.

그럴지라도 누가 나에게 앞으로 1년 후에, 3년 후에, 5년 후에 당신은 지금보다 현재보다 더 행복해질 수 있느냐? 라고 묻는다면 여러분은 어떻게 대답할 것인가?

그렇다(　) 아니다.(　)

여러분의 대답은 어떤가?

긍정심리학자들은 'YES'라고 대답을 한다.

그렇다면 생각해 보자. 내가 지금 뭘 하면 행복해질 수 있을까? 내 통장에 돈 몇 억이 일시불로 들어오면 행복할 수 있을까? 아니면 지금 사는 아파트보다 넓은 평수로 이사를 가면 행복할 수 있을까? 아니면 여름휴가 때 7박 8일짜리 유럽여행 무료 티켓을 선물로 받았다면 행복할 수 있을까?

많은 사람들은 행복을 지금 내게 주어진 여건이나 환경에 어떤 변화가 있으면 행복할 것이라고 생각을 한다. 그러나 그렇지 않다.

정말 행복은 그런 것일까?

지금 내게 주어진 여건이나 환경에 어떤 변화가 있으면 행복해질까?

여러분은 어떻게 생각하는가?

쉬운 예로 돈, 권력, 명예, 영향력, 건강, 외모, 집, 자동차 등 나를 둘러싸고 있는 이런 외적인 조건들이나 환경이 바뀌어지면 나는 행복할 것이라고 생각한다.

그러나 행복은 그렇지 않다. 긍정심리학에서는 행복을 구성하는 구성요소를 다음과 같이 말한다.

행복의 3가지 구성요소

1. 타고나는 기준점 이것을 설정값(Set point)이다.
2. 환경 여건(Circumstance)이 있다.
3. 자발적인 대체 능력(Voluntary)이 있다.
H=Happyness(행복)은
1. S=Set point(설정값)
2. C=Circumstance(환경 여건)
3. V=Voluntary (자발적인 대체 능력)
그래서 H=S+C+V.
100(H)=50%(S)+10%(C)+40%(V)
행복(100)=기준점(설정값50%)+여건(10%)+자발적 변수(40%)로 구성되어 있다.

행복을 차지하는 비율을 보자. 타고나는 것이 50%다. 이것이 설정값이다. 그리고 환경 여건이 10%다. 그리고 어떤 사건이나 문제 앞에 자발적인 대체 능력이 40%다.

그래서 긍정심리학자들은 이런 행복 공식을 만들어 냈다.

100(H)=50%(S)+10%(C)+40%(V)

그런데 우리는 어떤가? 행복이라 하면 지금 내게 주어진 환경이나 여건(Circumstance)만 생각한다.

그래서 많은 사람들이 생각하기를 내가 지금 불행한 것은 돈이 없기 때문이야, 건강하지 못하기 때문이야, 집이 변변치 못하기 때문이야, 명예가 없고, 권력이 없고, 학벌이 없고, 못난 외모 때문이야, 행복은 지금 나의 여건이 바뀌면, 나는 행복해질 거라고 생각한다. 그렇다면 과연 그럴까?

사회 심리학자들이 과연 그런지 조사를 하고 통계를 내고 표준편차를 냈다. 그래서 과학적인 자료로 다음과 같이 입증을 했다.

사람들은 돈이 많으면 행복할 것이라고 생각한다.

1. 돈

대부분 사람들은 돈이 많으면 행복할 것이라고 생각한다. 편하게 살 수 있으니까. 내 욕구대로 살 수 있으니까. 그런데 실제로 성인 10,000명을 대상으로 조사를 해보았다. 그랬더니 돈이 행복에 미치는 영향은 실제로 2-3% 정도 미세한 차이가 났다.

그래서 국가별로 조사를 해보았다. 가장 행복한 나라는 방글라

데시였다. 아일랜드와 독일은 GDP 차이가 4배 정도다. 아일랜드가 독일에 1/4밖에 안 된다. 그런데 아일랜드가 소프트 산업의 발달로 GDP가 쭉 올라갔으나 행복도는 별로 안 올라갔다. 돈이 행복 도에 미치는 영향은 2-3%의 미세한 차이밖에 안 났다.

개인별로도 마찬가지다. 공식적으로 로또에 당첨한 사람 200명을 추적해 보았다. 어느 날 갑자기 당신에 통장에 억대의 돈이 들어오니까 당신의 인생이 행복해졌느냐? 1년 지나니까 그전과 똑같았고, 삶의 질은 오히려 더 떨어졌다고 한다.

왜 그럴까?

사람들은 어느 날 많은 돈이 생기면 대부분 아래와 같이 돈을 쓴다고 한다.

첫 번째가 집을 바꾼다.

두 번째가 차를 바꾼다.

세 번째가 연애 대상을 바꾼다고 한다.

속지 마라. 돈이 우리에게 미치는 행복도는 2-3%에 불과하다.

2. 직업

사람들은 대분은 좋은 직업을 가지면 행복해질 것이라고 생각한다. 우리 사회에서 가장 선호하는 직업이라면 전문직이다. 의사, 변호사, 교수, 기업의 CEO 등등, 그렇다면 과연 이런 전문직에 종사하는 사람들은 행복한지 조사를 해 보았다. 43%가 '행복하다'라고 대답을 했다. 그런데 노동직에 종사하는 사람 42%가 '행복하다'라고 대답을 했다. 관리직 34% '행복하다'라고 대답을 했다.

직업에서의 행복도는 겨우 1% 차이에 불과하다.

3. 교육

외국인 유학생으로는 처음으로 국내 대학 총학생회 선거에 도전했던 영국인 제임스 후퍼(25.지리학과3년)는 실패를 했다. 그가 출마한 이유는 "한국이 너무 좋아서 왔는데 학생들이 천편일률적인 성공관을 갖고 있고 좋은 학교 나와서 대기업에 취직하는 것만 인생 목표로 삼는 것이 안타까워서 좀 바꾸고 싶었다"라고 말했다.

그는 한국 학생들은 뭔가 억눌려 있다고 말하면서 정 많고 순수한 청년들이지만 자신의 미래에 대한 에너지가 부족하다는 느낌이 강했다. 후퍼는 "한국 학생들은 뭐든 자기가 하고 싶은 것을 하면 좋겠다. 자기가 좋아하는 것에 집중할 때 길이 보이고 전문가가 될수 있고 그게 바로 성공에 이르는 길"이라고 강조했다.

교육이 사람을 행복하게 할까? 그것도 아니라고 한다. 연봉 6천만 원을 받는 3부류 사람들이 있다. 고졸자가 있고 대졸자가 있고 대학원을 졸업한 석·박사가 있다. 누가 제일 행복할 것 같은가? 고졸자이다.

4. 외모

외모가 잘생기면 행복한가? 개성시대라고는 하지만 외모 지상주의가 판을 친다. 요즘 취업뿐만 아니라, 모든 분야에서 외모가 대세다. 사람들에게 가장 관심 있는 분야가 신체적 매력이다. 그런데 행복도와 외모도 전혀 관계가 없다고 한다. 그래서 성형수술을 한 사람을 대상으로 조사를 했다. 성형 후에 그 사람의 행복도가 얼마나 높아졌을까? 딱 1년 간다고 한다. 1년 지나면 그전과 똑같더라는 것이다. 그래서 2년째 되면 턱을 깎고 양악수술을 한다. 3년째 되면 딴 사람이 된다. 그래서 실제로 조사를 했다. 직업 모델들의 행복도를 조사해 보니 평균보다 훨씬 떨어졌다. 미래에 대한 불안 때문이라고 한다. 내가 몇 년간 이 일을 해야 하나… 이들은 외모로 평가를 받아야 하기 때문이다. 능력으로 평가를 받지 못하고 실력으로 평가받지 못하고 외모로 평가받기 때문에 언제나 불안하다고 한다. 외모와 행복도는 차이가 나지 않는다.

5. 건강

건강과 행복도를 조사해 보았다. 척수손상 환자를 조사해 보았다. 다치는 순간에는 행복도가 추락하지만, 2년이 지나면, 거의 정상으로 되돌아왔다. 인공신장을 달고 투석하는 만성 신부전증 환자의 행복도를 조사해 보았다. 정상인과 다른 것이 없었다.

사회 심리학자들이 이렇게 표본조사를 해 보니까 여건이나 환경이 행복에 미치는 영향이 별 차이 없더라는 것이다.

그래서 행복이란? 수학정석처럼 이런 공식이 나오게 되었다.

H=S+C+V (100= 50+10+40)

그렇다면 이런 공식을 어떻게 어떤 방법으로 만들었는가?

유전적으로 타고나는 것을 설정값이(Sctpoint) 50%이다. 이것을 어떻게 조사했을까? 일란성 쌍둥이를 200쌍 대상으로 조사를 했다. 100쌍은 같은 집에서 똑같은 조건에서 살게 하고 100쌍은 입양을 해서 한 아이는 가난한 집에서 살게 하고 한 아이는 부잣집에서 살게 한다. 한 아이는 추운 지방에서 살게 하고 한 아이는 따뜻한 지방에서 살게 한다. 한 아이는 고졸을, 한 아이는 대학원 졸업까지 각기 다르게 다른 환경에 입양을 시켜서 자라게 했다. 놀라운 것은 일란성 쌍둥이들은 행복도가 거의 똑같더라는 것이다. S=Setpoint 그러므로 사람의 행복은 타고난 성격이나 성품이 50%라고 결론을 내렸다.

어떤 사람은 신경질적인 사람이 있다. 어떤 사람은 아주 민감한 사람이 있다. 이처럼 타고난 성격이 행복을 구성하는 데 50%를 차지한다고 한다.

주어진 환경이나 여건이(circumstance) 10%이다. 건강, 돈, 교육, 직업, 환경, 외모 등 이런 여건이 행복도에 미치는 영향은 10%였다.

문제는 자발적인 대처 능력(Voluntary)이다. 그렇다면 도대체 행복한 사람들은 어떤 사람들인가? 바로 행복한 사람들은 공통적인 특징이 있더라는 것이다.

그것은 바로 어떤 사건과 문제가 주어지면 자발적 대처 능력(Voluntary)이 있더라는 것이다. 이 자발적인 대처 능력이(Voluntary) 40%를 차지한다고 한다.

TIP

1. 당신은 행복하십니까?

    행복(100)=설정 값(50%)+주어진 여건(10%)+자발적인 대처 능력(40%), 즉 H(100)=S(50%)+C(10%)+V(40%) 이런 공식을 어떻게 생각하십니까?

2. 지금 대세는 결정되었지만 당신은 앞으로 더 행복할 수 있습니다. 어떻게 생각하십니까?

어떻게 행복을 연습할까?

"항상 기뻐하라 쉬지말고 기도하라 범사에 감사하라 이는 그리스도 예수 안에서 너희를 향하신 하나님의 뜻이니라"(살전5:16-18)

요즘 젊은이들이 군대 가기를 싫어한다. 훈련받고 불편한 생활이 싫기 때문이다. 억압이 싫고 의무가 싫은 것이다. 편하게 살던 삶이 길들여져 버렸기 때문이다.

그런데 이상하게 해병대는 모집인원보다 매년마다 더 많은 사람들이 지원한다고 한다. 힘들고 어렵다는 해병대의 지원율이 높은 이유는 무엇일까?

훈련이 힘들고 군 생활 자체도 어렵다. 그런데 왜 사람들이 많이 지원을 할까? 그것은 모든 과정을 마치고 난 뒤에는 고난을 통과한 자만이 가지는 어떤 '자부심'이 있기 때문이다.

세상일도 그렇듯이 신앙생활도 마찬가지다. 우리는 인생을 쉽게 살기를 좋아한다. 그래서 무엇이든지 쉽게 하려고 한다.

그러나 힘든 훈련 과정 없이, 자기 자신을 포기하는 과정 없이, 고난 앞에서 기도하며 자신을 연단하는 과정 없이, 하나님의 말씀

앞에 자신을 굴복시키는 과정 없이, 우리는 쉽게 신앙생활을 할 수 있다. 그러면 학습이나 훈련이 되지 않는다. 믿음이 성장이 되지 않는다. 그래서 영적인 일에는 무기력할 뿐만 아니라, 하나님의 뜻을 이루어 나갈 수가 없다.

사람은 저마다 가치관이 다르고, 관점이 다르고, 가진 취미와 생각이 다르고, 교육 정도가 다르다. 그러나 모든 사람이 가지는 공통점이 있다. 바로 행복을 추구하는 것이다. 우리가 열심히 일하는 이유도 바로 행복하기 위해서이다. 우리가 열심히 사업하는 이유도, 우리가 열심히 운동하는 이유도, 학생들이 열심히 공부하는 이유도, 행복하기 위해서이다. 우리가 배우는 모든 학문을 하는 목적도 결국 인간의 행복을 위해서 열심히 연구를 한다.

그런데 아이러니하게도 인간이 유독 학습하지 않는 것 가운데 하나가 있다. 그것이 무엇인가?

바로 행복이다. 그렇게 행복에 목말라 하면서도 인간은 행복을 학습하지 않은 채 사는 방법만 열심히 배우며 학습을 한다. 그래서 많은 사람들이 끝없이 행복을 찾고 행복의 파랑새를 좇다가 지쳐서 인생을 마쳐 버린다.

오늘 우리는 어떤가?

여러분은 행복을 배워 본 적이 있는가? 아니 여러분은 행복을 연습해 보거나 학습해 본 적이 있는가?

아마 거의 없었을 것이다.

우리가 행복에 대해서 연습하거나 제대로 배워보지 못했기에 행복한 삶을 막연하게 추구하며 살아가기도 한다.

사실 인간은 모든 것을 학습하며 산다. 우리가 쉽게 사용하는 숟가락 젓가락도 제대로 사용하기 위해서 엄청나게 연습을 해야 한다. 그런데 정작 행복한 삶에 대한 학습은 배워본 적이 없다.

그런데 일반적으로 행복하게 사는 사람들은 조사를 해보니 다음과 같은 공통점이 있었다.

1. 뚜렷한 현실감각을 갖고,

행복한 사람은 자신을 잘 객관화시키는 사람이더라.
자신을 객관화시키는 사람은 사고가 개방적이며 융통성이 있다.

2. 자기 자신을 수용하는 사람이더라.

자기수용이란? 자신의 약점과 실패를 포함한 자기 존재의 모든 양상을 그대로 받아들이는 것을 말한다. 세상과 통하는 사람은 자신의 내부와 사회에서 생기는 갈등과 인간 본성의 여러 양상을 수용하며 잘 살아간다. 그래서 자신의 장·단점을 알고 충분히 수용하는 사람이다. 그러나 나의 단점을 인정하지 않는 사람은 언제나 남의 탓만 한다. 이런 사람은 항상 피해의식이 있다. 부모 때문에, 아내 때문에, 남편 때문에, 누구 때문에, 피해의식이 많다. 행복한 사람은 자신의 장·단점을 골고루 보며 자신을 수용하는 자더라.

3. 문제 중심으로 보는 안목이 있더라.

행복한 사람은 어떤 문제가 생기면 자기중심이 아니라, 문제 중심으로 본다.

자기중심으로 보는 사람은 신앙생활도 그렇다. '왜 나는 기도도 열심히 했는데, 이런 문제가 닥쳤어요? 난 열심히 신앙생활을 했는데, 하나님 이럴 수가 있어요?'

4. 매사에 자율적이고 능동적이다.

행복한 사람은 일을 할 때도 마찬가지다. 자율적으로 하는 사람과 타율적으로 하는 사람과는 다르다. 일을 시키면 "일을 주셔서 감사합니다."

계약직으로 일하는 직원이 일을 자율적으로 능동적으로 열심히 일하면 그 사람을 정식 직원으로 채용하고 싶은 것이다.

5. 포용적인 인간관계를 가지고 있다.

행복한 사람은 다른 사람을 배려한다. 다른 사람을 받아들인다. 작은 손해도 감수한다. 나하고 맞지 않아도 수용한다. 나와 다른 것은 틀린 것이 아니다. 다만 다를 뿐이다.

6. 유머 감각이 있다.

행복한 사람은 유머 감각이 있다. 요즘 70은 청년이라고 한다. 그런데 80이 된 부부가 건강검진을 하러 갔다.

검사 결과 이상이 없었다. 할아버지는 전립선이 약간 비대해져 있었다. 의사가 물었다.

"할아버지 화장실 자주 가시죠?"

"다녀와도 시원치 않아요."

"그러실 거예요."

그러자 할아버지가 궁금하다는 듯이 의사에게 물었다.

"선생님 그런데 한 가지 이상한 것이 있어요. 전 술만 먹으면 화장실을 더 자주 가는데요. 이상해요."

"뭐가 이상한데요?" 의사 선생님이 되묻자

"제가 화장실에 들어가면 불이 탁 켜지고 문을 닫으면 불이 꺼진단 말입니다. 선생님 제가 몇 번이고 화장실에 가면 그때마다 자동으로 불이 켜지고 꺼져요. 왜 그러지요?"

"글쎄요? 이상하네요."

의사 선생님은 궁금해서 보호자로 따라온 할머니에게 할아버지 증상을 이야기를 했다.

그러자 할머니는 정색을 하며 할머니는 손사래를 치시며 말씀하신다.

"아휴… 의사 선생님 말도 마세요. 우리 영감은요 술만 먹으면 아 글쎄… 냉장고를 열고 오줌을 싸요?"

유머도 학습이다. 외워서라도 하라. 자꾸 하다 보면 재미가 있다. 사람들은 재미있는 사람을 좋아한다. 유머가 있는 사람은 마음에 여유가 있는 사람이다.

7. 창조적인 취미활동을 하더라.

행복한 사람은 취미활동을 한다. 악기도 배우고 색소폰도 배우고 기타도 배우고 요리도 배우고 뭔가 창의적인 활동을 하라.

8. 미래에 대해 긍정적(낙관적)이다.

행복한 사람은 미래에 대해 긍정적이다.

언젠가 새벽 편지에서 읽은 내용이다.

"가불을 많이 하라! 할 수 있으면 가불을 많이 하라. 현찰 가불이 아니다. 미래를 가불하라. 10년 후의 이루어질 것을 미리 가불하여 그 이뤄진 것을 미리 신나게 기뻐하는 것이다. 자격증 딴 것을 미리 가불하여 기뻐하고 사랑하는 이와 결혼하여 아기가 태어난 것에 미리 감사하고 사업을 하여 놀라울 만큼 많은 돈을 번 것에 미리 넉넉하라. 내 주위에 미래를 가불하여 큰소리를 치는 두 사람이 있는데 그들은 미래를 미리 가불하여 넉넉을 소리치고, 기쁨을 소리치고, 감사를 미리 소리치고, 몇 년 후의 목표 달성을 소리쳤는데… 고지식한 나는 그들을 허풍쟁이라고 비판을 했다. 그 사이 그들은 나보다 수십 배나 큰 사업을 이루어 냈다."

9. 큰 틀의 목표가 있더라.

행복한 사람은 큰 틀의 목표가 있다.

하버드 경영대학원을 졸업한 학생들을 대상으로 조사를 했다. '당신은 미래에 대한 구체적인 꿈이 있는가?'라고 질문을 했더니 3%의 학생들만 '예' 나는 미래에 대한 구체적인 목표와 꿈을 기록해서 지니고 다닌다. 그리고 13%는 꿈을 글로 남기긴 않았지만 분명한 꿈과 목표가 있었다. 그리고 84%는 구체적인 꿈이 없다고 응답을 했다. 10년이 지난 후에 그 졸업생들을 대상으로 확인한 결과 구체적인 꿈은 있었지만 기록하지 않았던 13%는 꿈이 없었던 84% 학생들보다 평균 2배의 수입을 올리고 있었고, 분명한 목표를 기록해 두었던 3%는 나머지 97%보다 무려 10배가량 수입을 올리고 있었다. 큰 틀의 목표를 가져라.

10. 종교를 가졌다.

행복한 사람은 종교를 가졌다.

종교를 가진 자가 또한 가장 장수하더라.

행복은 주관적인 것이다. 행복은 주관적인 안정감이다. 행복은 내면에 있는 것이다. 그런데 행복을 방해하는 요소가 있다. 뇌를 연구하는 뇌 과학자들의 말에 의하면 우리의 뇌는 긍정적인 정서보다 부정적인 정서가 더 많이 장착이 되어 있다고 한다.

그래서 인간은 미래에 대해서 불안하고 초조하고 두려움과 공포와 미움과 원망과 불평 등 이런 부정적 사고와 정서는 노력하지 않아도 자연스럽게 찾아온다.

이런 부정적인 정서는 자연스럽게 아주 쉽게 우리에게 다가온다.

그래서 우리의 뇌는 구조적으로 이런 부정적인 정서가 많이 장착이 되어 있기 때문에 우리가 행복감을 느끼는 긍정적인 정서는 노력해야 한다는 것이다.

내가 행복한 노래를 듣든지, 내가 춤을 추든지, 행복은 내가 의지적으로 노력해야 행복감을 느끼는 긍적인 정서를 가질 수가 있다는 것이다. 그런 반면에 노력해서 얻은 행복한 감정은 너무나 짧다는 것이다. 그런데 부정적인 감정은 노력하지 않아도 얻어진다. 그리고 부정적인 정서는 아주 오래 간다. 그런데 긍정적인 정서는 아주 짧다. 우리 뇌가 그렇게 만들어졌다는 것이다. 그러므로 우리 자신이 행복하기 위해서는 내 자신을 훈련해야 한다는 것이다. 행복도 연습이 필요하다.

그렇다면 우리가 행복하기 위해서는 구체적으로 무엇을 어떻게 연습해야 하는가?

1. 감사의 일기를 써라.

"여호와의 구원을 너같이 얻은 백성이 누구뇨, 너처럼 구원받은 인생이 어디 있는가?"

우리는 행복한 자이다.

구원은 아무에게나 주시는 은혜가 아니다.

"창세 전에 예수 그리스도 안에서, 그의 기쁘신 뜻대로 선택하사 하늘에 속한 모든 신령한 복을 주시려고"(엡1:3)

우리를 부르신 것이다. 그래서 우리는 구원받은 은혜에 대해서 날마다 감사하며 감격하며 살아야 한다.

모든 것을 감사로 받으면 버릴 것이 없다.

그래서 감사 일기는 일상에서 일어나는 수많은 사건들이 가운데 1주에 한 번씩만 감사 일기를 써라. 행복한 인생으로 바꿔질 것이다.

2. 긍정적인 생각을 하라.

부정적인 정서는 노력하지 않아도 자연스럽게 얻어진다. 그리고 부정적인 정서는 아주 오래 간다. 그러나 하나님의 사랑을 알면 행복하게 살 수가 있다. 하나님이 우리를 향한 생각은 축복이다. "너희를 향한 나의 생각은 재앙이 아니라 평안이요 너희 장래에 소망을 주려는 생각이라"(렘29:11)

하나님이 우리를 향한 계획은 축복이다. 비전이다. 그러므로 우리는 매일 20분씩 이 사실을 묵상한다. 앞으로 1년, 3년, 5년 후 10년 후, 내 인생에 가장 잘된 나의 모습을 상상해 보는 것이다.

내가 상상할 수 있는 가장 합리적이고 이상적인 삶을 그려라. 여러분이 세운 목표가 이루어졌을 때를 매일 20분씩 그 모습을 상상하며 믿음으로 그려라.

3. 남에게 배려나 친절을 베풀어라.

1주일에 하루 날을 잡아서 작은 일이지만 봉사하고 섬기며 친절을 베풀어라. 그렇다면 이런 것들이 왜 우리를 행복하게 하는가?

우리 뇌를 연구하는 뇌 과학자들은 말을 한다. 이런 우리의 행위가 우리를 행복하게 하는 뇌 호르몬인 "도파민"을 리셋한다는 것이다. 왜 작은 친절이 나를 행복하게 하는지 친절을 베풀어 보면 안다. 그래서 행복도 연습이 필요하다.

결론이다. H=S+C+V 100= 50+10+40

오늘 혹시 나는 타고난 성품인 세 포인트도 엉망이고 내게 주어진 환경도 엉망이다. 또 나는 자발적인 대처 능력도 떨어진다. 이런 나같은 사람도 정말 행복할 수 있을까? 있다.

어떻게 행복할 수 있을까?

첫째, 바로 예수를 구주로 믿고 하나님의 자녀로 태어나라.

당신이 예수를 구주로 믿고 거듭나면 당신은 새로운 피조물이 된다. 타고난 성품인 세 포인트가 바로 50%가 된다.

둘째, 성령님께 민감하라. 그리하면 어떤 상황 속에서도 대처할 수 있는 능력이 나타난다. 자발적인 대처 능력이 40%가 된다.

"내게 능력주시는 자 안에서 내가 모든 것을 다 할 수 있느니라"(빌 4:13)

셋째, 믿음 생활을 잘하라. 하나님이 우리 아버지시다. 하나님은 영원한 우리의 공급자이시다. 기도하라. 아무것도 염려하지 말고 기도하라. 꿈같은 일들이 일어날 것이다

> **TIP**
> 1. 행복도 연습이 필요하다. 왜 그런가?
> 2. 지당신은 행복을 연습하며 사는가?

내 안의 행복세포

"사랑하는 자여 네 영혼이 잘됨같이 네가 범사에 잘되고 강건하기를 내가 간구하노라"(요한3서2절)

일평생을 신앙과 건강에 대한 상관관계를 연구한 의학자가 있다. 바로 노스캐롤라이나 대학의 헬럴드 코닉 박사다. 그는 평생 동안 신앙이 현대병 치유에 미치는 영향을 연구했다. 밥상을 보면 그 사람의 건강을 알 수 있듯이, 건강한 사람은 피를 검사해 보면 알 수가 있다. 정상적이고 건강한 사람은 피가 깨끗하다고 한다. 그렇다면 깨끗한 피란 어떤 피일까?

1. 산소가 충분하고 약알칼리성 피라고 한다.
2. 피부에 상처가 났을 때 곪지 않고 빨리 아무는 피라고 한다.
3. 주사기로 피를 뽑았을 때 건강한 피는 응고 속도가 느리게 응고된다고 한다.

그렇다면 이런 건강하고 깨끗한 피를 우리가 어떻게 소유할 수 있는가?

물리적인 방법으로는 건강한 피를 만드는 성분들이 들어있는 음식들을 종합적으로 잘 섭취하는 것이다. 정신적인 방법으로는 안정감을 갖고 정신적인 스트레스를 잘 극복하면서 기쁘고 즐겁게 사는 것이다. 닥터 헤럴드 박사는 네 그룹으로 피를 조사해보았다.

① 신경과민성 그룹은 피를 뽑았다. 늘 신경질적이고 원망하고 불평하는 사람의 피를 검사해 보았다. (1분에서 3분 만에 응고가 되었다.)

② 보통 건강하고 부족함이 없이 나름 행복하게 산다는 사람들의 피를 검사해 보았다. (4분에서 7분 만에 응고가 되었다.)

③ 규칙적으로 교회를 나가는 사람들의 피를 검사해 보았다. (8분에서 10분 만에 응고가 되었다.)

④ 교회 정규적으로 출석할 뿐만 아니라 하나님 은혜에 감사해서 교회에서 헌신적으로 봉사하고 섬기는 사람들의 피를 검사해 보았다. (11분에서 13분 만에 응고가 되었다.)

교회를 다니는 것만으로도 건강한 피를 가질 수 있는데, 교회에서 봉사하고 섬기는 사람들의 피가 왜 가장 깨끗하고 건강할까?

헤럴드 코닉 박사가 더 구체적으로 심도 있게 연구를 했다.

왜 교회를 규칙적으로 출석하는 사람의 피가 더 건강할까?

또 교회를 그냥 다니기만 하는 것이 아니라 교회에서 열심히 봉사하고 섬기는 사람의 피가 왜 더 건강할까? 그 메커니즘을 조사해 보았다. 헤럴드 코닉 박사는 하나님의 깊은 은혜를 발견할 수밖에 없었다고 한다. 인류에 대한 하나님의 간절한 바람은 우리가 모두 건강하게 사는 것이다. 그래서 주님은 말씀하신 것이다.

"사랑하는 자여 네 영혼이 잘됨같이 네가 범사에 잘되고 강건하기를 내가 간구하노라"(요한3서2절)

우리가 이 세상을 살아가면서 충격적인 일들이 많이 생긴다. 그 충격으로 우리가 순간적으로 미쳐버릴 수밖에 없는 상황이 수없이 찾아온다. 그럴 때 하나님은 우리 안에 스테로이드(Steroid) 호르몬을 막 분비시켜서 우리로 하여금 미치지 않게 잡아 주신다. 조절해 주는 것이다. 그래서 우리가 지금까지 안 미치고 살아온 것도 정말 감사해야 한다.

암세포 하나가 암으로 판명되려면 10억 개가 되어야 1센치가 된다. 암세포 하나가 10억 개가 되어 암 1기로 판명되는 1센치가 되는 데 그 기간이 무려 20년 걸린다. 유방암은 5-7년이면 10억 개가 된다. 암 1기로 판명이 된다. 위와 간은 암세포 하나가 10억 개가 되려면 15년이 걸린다. 그 외에 세포는 20년이 걸린다.

그런데 하나님께서 우리에게 "안식일을 기억하여 거룩히 지켜라"(출20:8)고 하신 이유는 그냥 하신 말씀이 아니다. 우리를 위해서 하신 말씀이다. 우리 몸속에는 하루에도 수없이 생겨나는 암세포들이 있다. 이런 나쁜 박테리아균, 악성 종양을 다 잡아 죽이는 모르핀인 다이놀핀(Dynorphin)이 있는데, 이 다이놀핀 호르몬이 펩타이드 엔케이펄린(Peptide-Enkepharin)로 바뀌면서 우리 몸속이나 핏속에 있는 모든 나쁜 박테리아 종양 병균, 암균을 다 잡아 죽인다.

그런데 다이놀핀이 언제 펩타이드 엔케이펄린으로 바뀌는가 하고 조사를 해보았더니 주일날 교회 올 때 알파파가 되더라는 것이다.

그래서 우리 몸에 모든 나쁜 박테리아 종양 병균, 암균을 다 잡아 죽인다고 한다. 노스캐롤라이나 대학의 닥터 헤럴드는 구체적으로 언제 어떻게 다이놀핀이 펩타이드 엔케이펄린으로 바뀌어서 암균이나 나쁜 박테리아를 잡아 죽이는가 하고 봤더니, 놀라지 마라. 성도들이 주일날 교회당에 와서 예배를 드릴 때 감동적인 찬양을 들을 때 선포되는 설교 말씀을 들을 때 그런 치유가 일어나더라는 것이다.

오늘 우리가 사는 세상에는 증상의학으로 해결할 수 없는 불치의 병들이 얼마나 많은가? 병원에서 해결할 수 없는 질병들이 얼마나 많은가? 그런데 하나님은 주일날 당신의 백성들이 하나님께 와서 예배하는 성도들에게 감동적인 찬양과 선포되어지는 하나님의 말씀과 권능 앞에 우리 온몸의 세포 하나 하나가 새로워지게 하셨다는 것이다.

그러므로 우리는 신앙생활을 대충 하지 말아야 한다. 교회를 대충 다니지 말아야 한다. 예수님은 우리 인생의 죽음까지도 치유하셨다.

"안식일을 기억하여 거룩히 지켜라"(출20:8)

> **TIP**
> 1. 당신은 어떻게 생각하는가?
> 2. 주일날 하나님의 생수로 성령의 기름 부으심을 받아라.

꿈, 비전, 환상

"하나님이 가라사대 말세에 내가 내 영으로 모든 육체에게 부어주리니 너희의 자녀들은 예언할 것이요 너희의 젊은이들은 환상을 보고 너희의 늙은 이들은 꿈을 꾸리라(행2:17)"

"여러분! 여러분들이 죽을 때까지 꼭 성취하고 싶은 꿈이 있으면 발표해 보세요."

독일의 어느 초등학교 교실에서 선생님이 반 학생들 한 사람 한사람에게 꿈에 대해서 발표하게 했다. 한 아이가 손을 들고 말을 한다.

"선생님 꿈을 간절히 열망하면 이루어진다고 말씀하셨지요?
저의 꿈은 분단된 동독과 서독이 통일되는 것입니다."

말이 끝나자마자 아이들이 그를 비웃기 시작했다. 그러나 소년은 마침내 그 꿈을 이루었다. 그가 바로 동독과 서독을 통일한 "콜"수상이었다.

오늘날 우리나라 청소년들이 꿈이 없어 고민하는 상담내용이 한국 직업 개발원의 진로 상담코너에 올라와 있는 글이다.

"저는 내 꿈이 뭔지 모르겠어요. 올해 고3인데요. 진짜 아무리 생각해도 내 꿈이 뭔지 모르겠어요. 전 공부도 잘 못하고 잘하는 것도 하나도 없어요. 그래서 미치겠어요. 공부도 못하는데 대학 가면 뭐해요. 등록금만 아깝잖아요. 어떤 책에서는 딱히 큰 꿈을 정하는 것보다 살아가면서 찾아가래요. 근데요 너무 불안해요 학교 갔다 학원 갔다 하느라, 시간도 없는데 갑자기 꿈이 어떻게 정해져요. 아직 전 진로도 안 정했고 목표도 없는데 이런 공부들만 하려니까 괜히 짜증도 나고 귀찮기도 하고 진짜 제가 원하는 삶은 뭘까요? 시간은 계속 흘러가는데 전 그저 매일매일 똑같게만 살고 있는 것 같아서 뭔가 서럽고 억울해요."

이런 글들이 3만 4천 건이나 떠있다. 중학생 고등학생들이 올린 글이 많지만 초등학생과 대학생도 적지 않다. 진짜 내 자신이 원하는 게 뭔지 몰라 괴롭다고 호소한다. 문제는 "내 꿈을 이룰 수 있도록 도와주세요"가 아니라 내 꿈을 모르겠다는 것이다. 내가 찾는 꿈이 무엇인지 나도 모르겠다는 비명이다.

청소년 시기에 꿈을 꾸고 꿈을 결정한다는 것이 현실적으로 그렇게 쉽지는 않을 것이다.

왜냐하면 우리나라 학교 교육의 '트랙'이 너무 단순하기 때문이다. 트랙이 단순하다는 것은 우리나라 모든 아이가 초등학교 때부터 오로지 꿈과 목표가 좋은 대학 입학이라는 한 목표를 향해 뛰기 때문이다. 이렇게 초·중·고 12년을 공부만 하다가 대학입시에 떨어지면 졸지에 낙오자가 된다. 대학에 들어가도 대학 간판 따라 일류, 이류, 삼류로 나뉘고 잘못되면 그것이 평생 가기도 한다. 그래서 대부분의 청소년들은 내가 찾는 꿈이 뭔지 나에게 맞는 길이 어느 쪽인지 생각해 볼 겨를조차 없이 청소년기가 지나가 버린다. 인생 설계를 위해서 할 수 있는 일이 단순하게 공부밖에 없다는 현실이 개인에게는 불행이고 국가적으로는 많은 자원을 낭비하는 셈이다.

독일에서는 초등학교 4학년이 되면 내가 대학까지 갈 것인가? 아니면 직업교육을 받을 것인가? 진로를 정하고 그에 맞는 상급학교에 진학을 한다. 우리 나라도 근본적인 교육문제를 해결하기 위해서는 아이들이 최대한 일찍 자기 진로를 찾을 수 있는 교육 시스템을 구축해야 한다. 그러기 위해서 트랙을 다양하게 만들어야 한다. 공부에 소질이 있는 사람은 그 재능을 발휘하도록 마당을 펴주고 다른 쪽에 적성이 있는 사람은 그 잠재력을 극대화시킬 수 있는 길을 터 줘야 한다. 이것이 우리 교육의 장점은 장점대로 살리면서 약점을 보완할 수 있는 방법이다.

예수 믿는 사람들은 영원한 꿈과 비전이 있어야 한다. 그것은 내가 공부를 열심히 해서 의사가 되든지, 과학자가 되든지, 정치가가 되든지, 교육자가 되든지, 사업가가 되든지, 세계적인 지도자가 되든지, 농부가 되든지 이 땅에 하나님의 뜻을 실현하는 것이 우리의 비전이요. 꿈이다.

그렇다면 꿈은 일찍 정해질수록 좋다. 10대 때 꿈이 준비되어지면 좋다. 왜 10대에 꿈이 준비되어지면 좋을까?

10대에 꿈이 준비가 되어지면 세계적인 인물이 된다. 20대에 준비되어지면 한 나라에 인물이 된다. 30대에 준비되어지면 그 도시에서 인물이 되어진다. 40대 준비되어지면 그 지역에서 인물이 된다.

50대 준비되어지면 그 동네에서 유명인사가 된다. 60대 준비되어지면 그 직장에서 영향력 있는 사람이 된다.

나는 법학을 공부해서 법관이 되는 것이 꿈이었다.

그런데 하나님을 만나고 매일 밤 부르짖어 기도하다가 진정한 내 인생의 꿈과 비전을 발견하게 되었다. 처음에는 기도가 잘 되지 않았다. 그런데 기도도 학습이요, 훈련이다. 하루에 3차례 시간을 정해 놓고 다니엘처럼 기도를 했다. 시간으로 치면 얼마 안 되는 시간인데 엄청난 은혜와 축복의 주인공이 되었다. 밤마다 부르짖어 기도하다가 성령을 받은 것이다.

인간적으로 나는 아무것도 가진 것도 없고 내세울 만한 것도 없던 자였다. 그런데 하나님의 약속을 붙들고 기도하다가 엄청난 은혜와 축복의 주인공이 되었다.

사람은 누구를 만나느냐에 따라 사람이 달라진다. 히딩크를 만난 박지성이 축구에 종가집인 영국 프리미어 리그에 진출해서 세계적인 축구선수가 되었다. 사람이 코치나 감독 하나만 잘 만나도 큰 인물이 될 수 있다. 그런데 사람이 전능하신 하나님을 만나면 어떻게 될까? 꿈과 비전과 환상을 갖게 된다. 정말 최고의 인생이 된다. 가치관이 달라진다. 꿈이 달라진다. 비전이 달라진다. 축복의 그릇이 달라진다. 꿈이 없던 인생이 꿈을 꾸게 되고, 비전이 생기게 된다.

하나님은 우리 한 사람 한 사람에 대한 꿈과 계획이 있다. 하나님께서 우리를 향한 꿈이 있는데, 그 하나님의 뜻을 깨닫기 위해서 우리는 기도해야 한다. 주님께서 가르쳐 주신 기도문에 보라.

"하늘에 계신 우리 아버지 이름을 거룩히 여김을 받으시오며
뜻이 하늘에서 이루어진 것같이 이 땅에서도 이루어지이다."

이 순서를 주목해야 한다. "하늘에서 이루어진 것같이 땅에서도 이루어지이다."

인간의 꿈과 인간의 뜻은 먼저 하늘에서 이루어진 후에야 비로소 땅에서 현실화된다는 것이다. 하늘이 먼저다. 내가 품은 뜻이 먼저가 아니다. 내가 품은 생각이 먼저가 아니다. 내가 품은 꿈이 먼저가 아니다. 하나님이 주시는 생각이 먼저요, 하나님이 주시는 뜻이 먼저요, 하나님이 주시는 꿈이 먼저이기 때문이다.

그래서 기도해야 한다. 하나님이 주시는 꿈과 생각은 반드시 기도를 통해서 잉태가 되며 이루어지게 한다.

> **TIP**
> 1. 당신의 꿈은 무엇인가?
> 2. 당신은 비전을 위해 기도하는가?

독수리 사랑

"…내가 어떻게 독수리 날개로 너희를 업어 내게로 인도하였음을 너희가 보았느니라"(출19:4)

가을비가 오는 어느 이른 아침이다.

광교산을 거니는데 문득 어릴 때 기억 하나가 떠올랐다.

어느 추석 명절 때었다. 추석빔으로 빨간 나일론 양말과 빨간 고무장화를 사 주셨다. 어린 마음에 얼마나 좋던지 정말 행복했다. 어두운 밤길이었는데 나를 업고 가시던 아버지가 즐겁게 콧노래를 부르시다가 나를 불렀다.

"아들!"

"아빠, 왜?"

"알지? 아빠가 사랑해…."

"엉… 아빠… 나도 아빠 사랑해."

내 말이 떨어지기가 무섭게 아빠는 기분이 좋으셔서 내 궁둥이를 힘 있게 주물러 대셨다. 나는 행복하게 소리지르며 아빠의 목에 매달렸던 기억이 난다. 사람처럼 자식을 등에 업어주는 동물이 있다.

독수리다. 독수리는 날짐승 가운데 왕이다. 그런데 하늘의 왕인 독수리가 제일 무서워하는 것이 있다. 바로 사람이다. 사람이 쏘아 올리는 화살을 제일 무서워한다.

독수리는 새끼를 이동할 때 힘 있는 발로 새끼를 움켜서 옮기지 않는다고 한다. 이동 중에 사람이 불시에 화살을 쏘면 새끼를 보호할 수가 없기 때문이다. 그래서 독수리는 새끼를 날개 위로 업어서 이동을 한다.

그토록 자식을 사랑하기 때문이다. 만약 사람이 불시에 화살을 쏘아도 어미 독수리를 뚫기 전에는 등에 업힌 새끼는 완전하게 살릴 수 있기 때문이다.

하나님도 우리를 업어서 키우신다.

"나의 애굽 사람에게 어떻게 행하였음과 내가 어떻게 독수리 날개로 너희를 업어 내게로 인도하였음을 너희가 보았느니라"(출19:4)

어느 날 산책을 하는데 주님이 찾아오셨다.

"아들… 난 너를 업어서 키웠다."

"주님이 저를 업어서 키웠다고요?"

나는 순간적으로 나를 업어서 키우셨다는 말씀에 개척교회 시절에 가장 춥고 배고팠던 시절을 생각했다.

성 프란체스코가 어느 날 꿈을 꿨다. 긴 모랫길이 펼쳐져 있고 그 길에는 네 개의 발자국이 길을 따라 나 있었다. 예수가 "이것이 네가 살아온 길"이라고 하자 프란체스코는 "왜 발 자국이 네 개냐"고 물었다. 예수는 "네가 나면서부터 내가 늘 함께 걸어 왔다"

고 했다. 발자국은 언덕을 넘고 사막을 건너서도 계속되었고 너무 높고 험한 산길에서는 발자국이 두 개만 나타났다. 프란체스코가 "왜 제가 가장 힘들었던 시기에 혼자 두셨습니까"라고 원망을 하자 예수는 "그 발자국은 내 것이다. 내가 너를 업고 걷고 있었다"고 대답했다. 인간은 연약해서 가시밭길을 가면서 시련이 닥칠 때 인간은 좌절한다.

나는 어렵고 힘들었던 시절을 생각하면서 주님께 말씀을 드렸다.

"그래요, 주님, 제 인생의 가장 힘들고 어려웠던 그때 주님이 저를 업어 주셨군요?" 그러자 주님의 대답은 뜻밖이셨다.

"아들아 아니란다. 나는 너를 항상 업고 다녔단다."

"네? 항상요?"

"그래 나는 너를 항상 업고 다녔단다. 왜 그런 줄 아니?"

"……"

"난 너를 그렇게 사랑한다."

"아… 그렇군요, 주님."

눈물이 핑 돌았다. 나는 정말 연약한 자다. 모든 면에서 부족한 것뿐이다. 매 순간 주님이 아니면 살 수 없는 자다. 인간적으로 너무 연약한 내 자신을 나는 잘 안다. 부모는 연약한 자식에게 언제나 마음이 간다. 내가 육신적으로 이렇게 연약하기에 주님이 늘 나를 업고 다니신 모양이다.

나는 철없이 주님께 물었다.

"주님, 제가 어디가 그렇게 좋으신데요?"

"……"

"주님! 말씀해 보세요. 그래도 주님이 보실 때 제가 어디가 그렇게 좋으세요?"

주님은 부드럽게 말씀하셨다. 나는 주님께 채근하는 아이처럼 물었다.

"……."

"주님, 제가 어디가 그렇게 좋으세요?"

"아들! 난 네가 그냥 좋다. 너의 모든 것이 다 좋다. 너의 눈짓 손짓 너의 웃음… 너의 뒷모습 너의 걸음걸이 모든 것이 좋다."

"왜요?"

"내 아들이니까."

그렇구나! 부모는 자신을 닮은 자식을 바라볼 때 그냥 좋은 것이다. 부모는 자식을 바라보기만 해도 그냥 좋은 것처럼 하나님도 그러시는구나.

아, 이렇게 무조건 좋아하시는 주님의 사랑이 결국 십자가에 나타나셨구나… 마치 어미 독수리가 새끼를 날개 위로 등에 업은 것처럼 주님이 나를 등에 업으시고 세상에서 날아오는 죽음의 화살을 내 대신 맞으신 것이다. 주님이 나의 영혼을 껴안고 피투성이가 되셨다. 십자가에서 흘리신 보혈의 피가 지금도 효험이 되어 내 작은 가슴속에 끝없이 흘러내리는 것 같았다.

"으흠… 아버지…."

산길을 내려오는데 주님은 여전히 나를 등에 업고 산길을 내려오시는 것 같은 감동이 밀려왔다.

"아들… 알지? 난 너를 항상 이렇게 업고 다닌다."

" …사랑해요."

주님이 우리를 날이 마치도록 보호하고 우리를 주님께서 당신의 어깨 사이에 목마를 태워 다니신다는 신명기 말씀이 생각이 났다.

"…여호와의 사랑을 입은 자는 그 곁에 안전히 거하리로다. 여호와께서 그를 날이 맞도록 보호하시고 그로 자기 어깨 사이에 처하게 하시리로다"(신33:12)

그날 아침 나는 감사의 눈물을 흘리며 산을 내려왔다.

> **TIP**
> 1. 사랑은 죽음보다 강하다. 과연 그런가? 예를 들어 함께 나누어 보라.
> 2. 신명기 33장 12절을 자기의 이름을 넣어 읽고 하나님께서 우리를 사랑하시는 모습을 서로 나누어 보라.

책을 마무리하면서

◦
◦
◦

작가 라게를뢰프의 가슴이 붉은 '진홍가슴새'가 생각이 난다.

하나님이 세상을 창조하실 때 가슴이 붉은 진홍가슴새를 만드셨다. 하지만 진홍가슴새는 이름만 진홍가슴새일 뿐, 실제 모습은 잿빛 깃털을 가진 참새 같은 새였다. 진홍색 아름다운 깃털을 가꾸려 했지만 아무리 노력해도 안 되었다.

그러던 어느 날 진홍가슴새는 하나님께 물었다.

"하나님, 저의 깃털은 잿빛인데, 왜 저의 이름을 진홍가슴새라고 지었나요?"

그러자 하나님은 이렇게 말씀하셨다.

"네가 언젠가 참사랑을 깨닫게 되면 그때 너의 이름에 합당하게 될 것이다."

그러던 어느 날, 잿빛 새가 사는 둥지 근처에 어떤 사람이 십자가에 매달려 죽었다. 잿빛 새는 날아가 보았다. 그 사람은 머리에 가시면류관을 쓰고 죽은 것이다. 잿빛 새는 너무 불쌍해서 그 작은 부리로 가시를 하나씩 빼기 시작했다. 가시 하나를 뺄 때마다 선홍빛 붉은 피가 튀기며 가슴에 깃털을 적셨다. 잿빛 새는 머리에 박힌 가시를 뽑다가 지쳐서 돌아왔다. 그런데 가슴에 묻은 진홍빛 피가 지워지지 않았다. 그때부터 그 잿빛 새가 낳는 새끼마다 가슴에 진홍 깃털이 생기게 되었다.

나는 볼품없는 잿빛 깃털을 가진 인생이었다. 그런데 십자가에 예수님 붉은 사랑 때문에 내 가슴이 진홍 가슴이 되어버렸다. 뜨거운 십자가의 사랑이 내 가슴을 온통 붉게 물들여 버렸다. 이제는 내 작은 가슴속에 십자가의 사랑만은 절대 지울 수 없게 되었다. 피 묻은 십자가에 복음을 가진 나에게 꿈이 생겼다. 주님처럼 많은 영혼들을 제자로 세우고 싶다. 그리고 그들과 함께 영혼들을 섬기며 교회를 섬기며, 지역을 섬기며, 민족을 섬기며, 열방을 섬기며 땅끝까지 십자가의 사랑을 흘려 보내고 싶다.

"행복을 위한 축복의 아이콘"

예수는 모든 사람들에게 축복의 아이콘이다. 모든 인생은 하나님의 은혜로 살기 때문이다. 그래서 예수 안에서는 고난도 복이 되고, 가난도, 실패도, 질병도 나에게 축복이 되었다. 살아계신 하나님은 고집스럽고 완고한 나를 가난이라는 손길을 통해서 변화시키고 철이 들게 하고 진리의 사람이 되게 하셨다.

오늘도 홍해를 건넌 수많은 사람들이 인생의 광야 길을 걸어간다. 주어진 환경이 척박하고 힘들지라도 축복의 아이콘인 예수 그리스도를 놓치지 않기를 바란다.

"우리가 알거니와 하나님을 사랑하는 자 곧 그 뜻대로 부르심을 입은 자들에게는 모든 것이 협력해서 선을 이루느니라"(롬 8:28)